奥羽武士団

関 幸彦

吉川弘文館

はしがき

陸奥・出羽をふくむ東北地方は、律令的行政区画では東山道に属した。陸奥・出羽にくわえて、下野・上野・信濃・飛驒・美濃・近江の八ヵ国が東山道に相当する。陸奥・出羽の両国は東山道諸国でも最大の領域を有した。両国の武士の動向は中世日本の縮図を考えることに繋がる。

本書は応仁の乱以前を対象とした。戦国期に武士団概念を措定するのは、はばかられるからだ。十一世紀以降「住人」的領主の登場する過程で、武士は二つの権力体に編成されていく。鎌倉幕府と室町幕府である。前者は治承・寿永の乱が、後者は南北朝の動乱が大きく作用した。

内乱が諸国武士団の成熟に少なからず影響を与えたとすれば、右の二つは群を抜き大きかった。前者にあっては鎌倉体制下での守護・地頭制が、後者の室町体制下では守護領国制である。地域ごとの武士たちの動向を整理することで、二つの内乱の意義をあらためて考える機会を提供したい。

『平家物語』も『太平記』も、ともどもが諸国の武士たちの活動を伝えてくれる手がかりとなる。そこには時として説話風味の内容もふくまれるが、これも中世という時代の意思だった。それらを〝切り捨てご免〟として論断するのではなく、中世武士のしたたかさを伝える素材として活用したい。

莫大な研究が蓄積されている武士および武士団研究を俯瞰しようとする場合、研究上での上澄み液の吸収も不可欠だろう。本書では個々の地域武士団を深掘りするにはいたっておらず、その点ではいささか物足りなさが残るかもしれない。ここでは専門レベルの個別研究を咀嚼し敷衍することを心がけたつもりだ。いずれにしても、地域レベルでの武士や武士団のあり方を探る一助となればと思う。それはともかくとして、本書のごとき試みを可能にしたのは、戦後における地方自治体史の成果が大きい。一九七〇年代以降、各自治体での編纂事業で次々に刊行された史・資料や通史の叙述の成果なくしては、こうした仕事は難しかったからだ。

以下、本書の視点として、まずは時代（時間）の大局を地域レベルでの政治権力の推移から概観することだろう。それをふまえつつ、全国レベルでの政治の変動（内乱）が、地域武士にどう影響を与えたのかを考えることにしたい。国内武士団の盛衰には地方・地域の固有の事件、たとえば荘園領主との確執など独自の問題もあったはずだろう。あるいは中央レベルでの軍事的緊張が、奥羽地域の武士の行動を律した場合もあろう。いずれにしても内乱期の武士という大きな視点と、中世社会を画する二つの内乱（治承・寿永の乱と南北朝の動乱）が、奥羽武士団に与えた影響如何が課題となろう。

次におさえるべき点として、地域に立脚した武士勢力の台頭の諸相である。本書の脊梁となる内容でもあり、陸奥・出羽両国の有力武士団を郡レベルで取り上げ、その盛衰を語ったものだ。それを通じ、中世武士の「一所懸命」を考えようとした。奥羽両地方が育んだ中世武士団の諸相を、地域を軸に素描することが眼目となろう。

既述したように本書の多くは地域・地方史研究の恩恵によっている。多くの情報を提供しようと、多用している各武士団の関係系図や本文の理解のための関係地図等々はそうしたものから引用したものも少なくない。

武士および武士団の研究は、たしかに中世史分野にとっては嫡流に位置している。が、それゆえに一方で細分化の流れが進行していることも事実だろう。そのため公約数的観点からの総合化の試みも要請されると思われる。本書がそのための布石となれば幸いと考える。

なお、各主要武士団の関係系図については、「諸家系図」や『姓氏家系大辞典』さらには地方自治体史に載せられているものを参考に、本文との関連も加味し作成した。

関　幸彦『奥羽武士団』目次

I

陸奥国

陸奥国を概観する　陸奥国は南から福島・宮城・岩手・青森の各県におよぶ広大な地域がふくまれる。「奥州五十四郡、日本国ノ半国ニ、兵数八四、五十万騎」、これは南朝の武人結城宗広《ゆうきむねひろ》が語った『太平記』（巻二十）の表現だ。多分に誇張だとしても、広大にして豊かな武力の供給源たる当国の本質が表明されている。陸奥国は東北地方の過半を占めた。奥羽両国を二分する山並みを背景に、太平洋側が陸奥に属した。その地域と地勢の概要は、古く吉田東伍《よしだとうご》の『大日本地名辞書』に詳細に語るところだし、近年は県別の各種の地名辞典にもふれるところだ。

明治初期、陸奥・出羽の東北地域は令制以来の名称を加味して、陸奥《りくおう》（青森）・陸中《りくちゅう》（岩手）・陸前《りくぜん》（宮城）・磐城《いわき》・岩代《いわしろ》（福島）・羽前（山形）・羽後（秋田）の諸地域に分けられた。

本書では便宜的に南部（福島県）・中部（宮城県・岩手県）・北部（青森県）の三つに分け、それぞれの武士勢力を俯瞰することとする。

福島エリアにふくまれる陸奥南部は、古代・中世の郡の分布としては、石城《いわき》・標葉《しねは》・行方《なめかた》・菊多《きくた》（浜通り）・白河《しらかわ》・石背《いわせ》・安積《あさか》・信夫《しのぶ》（中通り）・会津《あいづ》の諸郡が置かれた。この南奥方面は明治初期には、「岩代」・「磐城」に区分された。

中部の宮城エリアについては、刈田《かつた》・伊具《いぐ》・亘理《わたり》・柴田《しばた》・名取《なとり》・宮城《みやぎ》・黒川《くろかわ》・賀美《かみ》・色麻《しかま》・玉造《たまつくり》・志田《しだ》・栗原《くりはら》・新田《にいた》・長岡《ながおか》・小田《おだ》・遠田《とおた》・登米《とよま》・牡鹿《おしか》・桃生《ものう》・気仙《けせん》の諸郡が分置された。明治初期には、この中奥は「陸前」と呼称された。また岩手エリアについては、磐井《いわい》・江刺《えさし》・胆沢《いさわ》・和賀《わが》・稗貫《ひえぬき》・志波《しわ》・閉伊《へい》・久慈《くじ》・糠部《ぬかのぶ》といった、奥六郡をふくむ諸郡が置かれた。かつての奥州（平泉）藤原氏の基盤となった地域だ。明治初期は、「陸中」と呼称された。

さらに北奥は、近代明治には「陸奥」と呼称された。今日の岩手北部をふくむこの地域には、閉伊・鹿角《かづの》・久慈・比内《ひない》（二戸）・糠部（三戸《さんのへ》）等々の青森・秋田にまたがる諸郡もある。青森県最北の地域は、令制段階の編郡はなされず＊、諸郡の登場は中世以降に属す。この北奥地域は下北《しもきた》そして津軽《つがる》の二つの半島の広大な諸域もふくまれた。南部氏や安東《あんどう》（藤氏ら有力な一族が、中世を通じて覇権を争った。

地域的特性　十一世紀以降の武士団の成長を、陸奥方面での争乱から点描すれば、およそ次のようになろうか。「奥州十二年合戦」（前九年合戦）、さらに後三年合戦をへて（平泉）、藤原氏は奥羽の新秩序に大きな役割を果たした。軸足の差はあれ両国に君臨したこの勢力は、その後の歴史を規定した。関東の新政権・鎌倉の権力は、この奥州藤原氏と対峙し、攻め入り、自己の権力へと編入させた。治承・寿永の乱をふくむ「内乱の十年」の最終章に、この奥州との戦争が位置する。

陸奥の中世を規定した第一ステージは、鎌倉的武威の統合化のなかで推移した。その点で陸奥は他の諸国と比べても、鎌倉権力との関係が濃厚だった。中世の二つの内乱――治承・寿永の乱、南北朝期の動乱――は「鎌倉」と「室町」という二つの武権を創出させることになった。十二世紀末と十四世紀半ばの二つの内乱は、陸奥の武士勢力にどう作用したのか。広大な陸奥一国を地域的偏差を無視して語ることは無理がある。平凡だが陸奥を大きく三つのエリア（南奥・中奥・北奥）に区分し語るのが妥当だろう。

東北三関（勿来《なこそ》・白河・念珠《ねず》）以北が鎌倉に武力的に〝通分〟されたことで、平泉体制が崩壊する。奥羽の地に強盛を誇った藤原氏の後退で、東北に新たな秩序が展開する。関東武士団の「東遷」と称される状況が現出する。十二世紀末から十五世紀までの「奥州総奉行」・「陸奥将軍府」・「奥州探題」等々の権力機構は、陰に陽に東北武士団の動向を規定した。これらの諸機構の多くは、広大な陸奥の秩序の統合の核になった。本書で取り上げる武士および武士団については、多くが右の権力機構との関連を有した。律令制下の多賀《たが》国府や鎮守府の権能の部分的継承という側面にも留意しつつ、武的勢力の推移を概観することが、ポイントとなる。

歴史的特性　陸奥国が他の諸国と異なる特性があるとすれば、奥州武士団の少なからずが、東国・関東に出自を有していたことだ。いうまでもなく奥州藤原氏との対峙以降、内乱のなかで奥州の鎌倉体制への組み込みが完了する。鎌倉期以降に成長する武士たちの多くは、外来勢力として君臨したことになる。後述する伊達《だて》や南部《なんぶ》、あるいは曽我《そが》・葛西《かさい》・相《そう》馬《ま》・結城《ゆうき》等々の諸氏は、いずれも奥州合戦以降の論功で移住・同化した。その点では鎮西武士団と同じような傾向を有した。

中世を画する二つの内乱にともなう、諸国武士団の位相はおおむね似た性格を有した。諸国武士団の展開に共通の過程を認められるからだ。だが、奥州の場合、平安期での平泉勢力の強大さゆえに、十二世紀末の内乱段階の質的変化がより大きかった。それに比し、十四世紀段階の内乱での奥州武士の動向については、劇的変化があったわけではなかった。別言すれば、東北武士団の分水嶺は南北朝期ではなくて平安末の内乱期にあった。

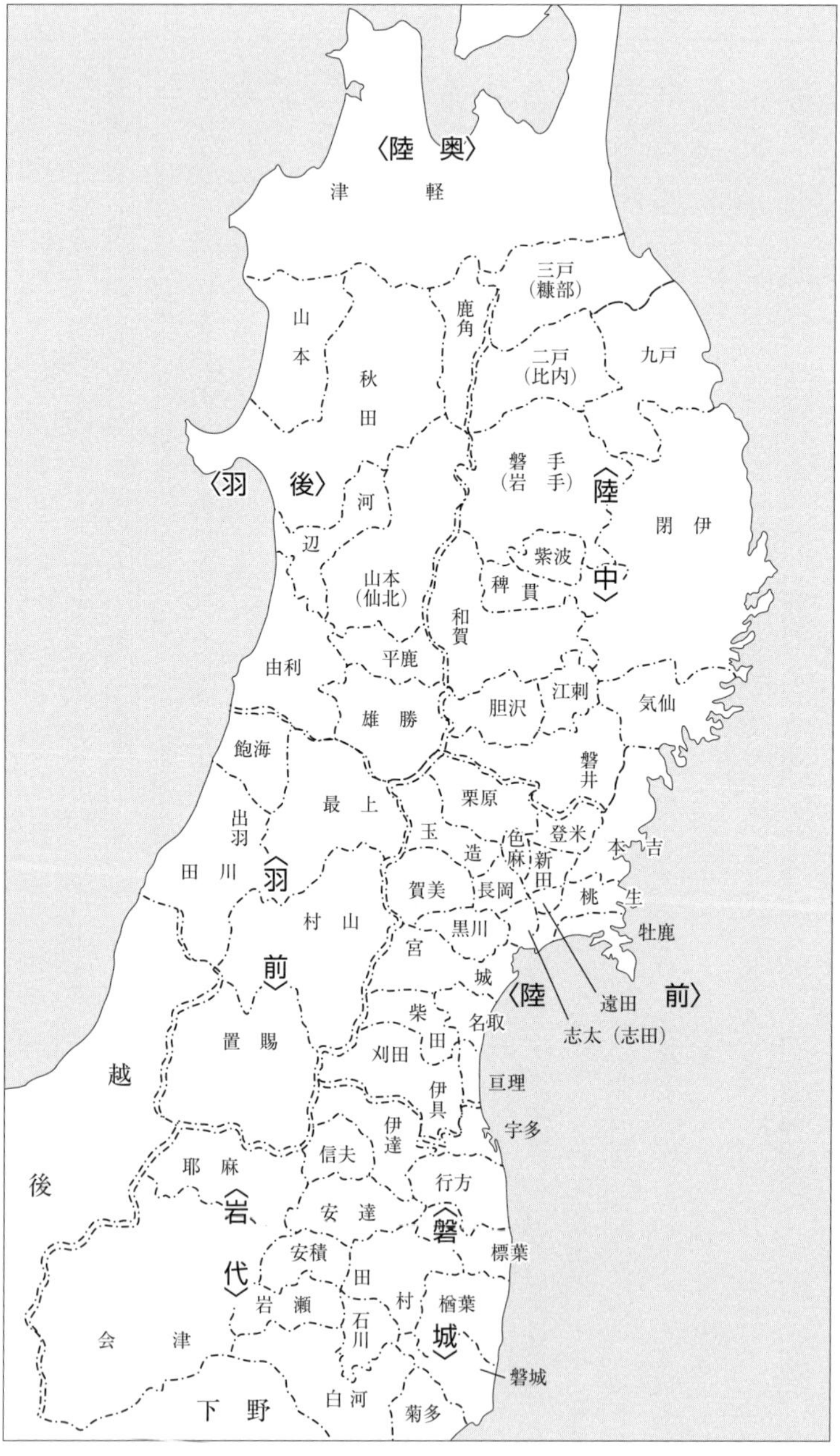

図1 東北地方の郡の分布(近代以降)

鎌倉以前での平泉勢力の大きさが、鎌倉勢力の東北入部に大きな規定性を与えた。「関東」と「東北」が面と面との激突の結果、関東勢力が奥州をおおうことになる。他の諸国の場合、荘郷規模という点レベルでの変化が多かった。だが、奥羽については郡を軸とする、面レベルでの転換がなされたことになる。平安末期以来の伝統的武士団は、奥州にあっては成長が阻まれた。当該地域の武士団の特質として、奥州藤原氏の一世紀にわたる支配の重みを考えねばならず、これが、その後における陸奥武士勢力の動向を規定したことは注目に値する。

＊　陸奥国の設置は七世紀末とされる。白河・勿来の両関が置かれ、東北経営前進基地となった。内国化の進展に対応し、九世紀初頭には両関は有名無実化する。この間、奈良期の養老二年（七一八）に石城・石背の二国が置かれたが、数年で再度陸奥へと編入された。

1 奥州武士団の沿革

◆平安期

前九年合戦の本質 前九年合戦（奥州十二年合戦）は、奥州の地の辺境性を減少させた。奥州藤原氏の登場には、さらに出羽を舞台とした後三年合戦を必要としたが、この二つの合戦は王朝国家段階での地域権力の自己主張として位置づけられる。奥六郡を基盤として安倍一族の強盛は（安倍氏の出自については諸種の議論がある）、源頼義《よりよし》・義家《よしいえ》の源氏勢力との抗争をもたらした。前九年合戦の歴史的背景をなすのは、奥州の俘囚《ふしゅう》地域たる歴史性に由来した。

八世紀以来の律令国家による東北経略のなかで、宝亀・延暦さらに弘仁段階へと約三十余年にわたる蝦夷《えみし》戦争の後遺症が残された。安倍氏による衣川《ころもがわ》以南への進出という流れで始まった前九年合戦は、中断の時期もはらみつつ、長期にわたる緊張を奥州の地に与えることとなった。蝦夷戦争後も蝦夷問題は、軍事的課題として十世紀以降の王朝国家に継承されていた。

律令国家から王朝国家への政策的転換は、請負制の創出にあった。俘囚勢力として陸奥の地に力を得た安倍氏による奥六郡への支配の請負化も、王朝体制のそうした流れによったものだった。

安倍氏の基盤をなす奥六郡のうち、中心の胆沢《いさわ》地域には東北経略の前進基地たる胆沢城が設置されていた。陸奥国の行政・軍事の中核の多賀《たが》国府は、平安初期に北方の胆沢城に軍事的拠点を移すことで、軍制との分離がはかられた。

対蝦夷戦の前線が陸奥中北部まで押し進められた（延暦二十四年〈八〇五〉）。安倍氏による奥六郡支配は王朝国家期による対俘囚政策の転換（〝夷ヲ以テ夷ヲ制ス〟との委任的政策）のなかで登場した。

奥六郡支配を委ねられた安倍氏について、「六箇郡ノ司ニ安倍頼良《よりよし》トイフ者アリキ、コレおなじく忠良《ただよし》ガ子ナリ、父祖トモニ果敢ニシテ、自ラ酋長《おさ》ヲ称シ、威権甚シクシテ」（『陸奥話記《むつわき》』）とある。同氏は郡司として王朝国家からその統治を委任されており、胆沢を中心とした奥六郡の統轄を容認されていた。かつての律令体制下でなされた強圧的な力攻政策からの転換があった。安倍氏の台頭は、そうした王朝国家の東北経略路線とともにあった。安倍氏に期待されたものは、俘囚勢力への〝安全弁〟としての役割だった。

前述の『陸奥話記』に安倍氏の二つの立場が語られている。「六箇郡ノ司」という国家的秩序下の立場、そして安倍氏自らが称した俘囚勢力の「酋長」的立場である。前九年合戦は安倍氏が担った二つの側面のバランスが崩れたところに起因した。安倍氏を介して展開される辺境支配の内実は、同氏の勢力拡大にともなう〝辺境名士〟としての自己主張でもあった。広大な陸奥国は平安期になると、前述のように軍政機能が多賀国府から分離され、北方の胆沢郡に移る。王朝国家は胆沢と多賀の両者が担った二つの機能を継承した。ただし前者は〝辺境名士〟ともいうべき安倍氏を介しての間接的支配、後者は中央貴族の直接支配として解することができる。

前九年合戦を考えるさいに、安倍氏に付与されていた二重の性格をおさえるべきだろう。

前九年合戦の経過を語ることはここでの主眼ではない。むしろその軍事的争乱（前九年合戦）の構図や構造に留意すべきだろう。前九年合戦は十二世紀の奥州藤原氏誕生の前提をなすからだ。奥州藤原氏の始祖清衡《きよひら》の血脈は安倍氏に繋がる。

他方、安倍氏と対峙した源頼義・義家父子の場合、中央軍事貴族として多賀国府に依拠し鎮圧の任を与えられる。陸奥守・鎮守府将軍たる立場で隣国出羽の清原氏の来援を得て、十二年の合戦を終息に導く。頼義軍は陸奥国府を基盤とする公的武力によった。王朝的軍事力を介し、地域の武的勢力たる安倍氏を包摂する方策といえる。

地域権力の自立化の排斥であり、それを通じて王朝勢力を直接支配下に収める方向だった。いわば陸奥（多賀）国府を介しての王朝的権力への再編が企図された。それを可能にしたのが十一世紀以降に本格化する王朝軍事機構の整備・強化であった。

そして、それを担ったのが後に「源平藤橘」で呼びならわされた王朝の「兵《つわもの》」たちだ。彼らの多くは中央権門に武的に奉仕し、諸国の受領《ずりょう》や鎮守府将軍を歴任、「軍事貴族」と呼ばれる存在に成長する。* 王朝国家はこれら功臣たちの末裔を軍事貴族として国家軍制に再編することで、地方で勃発した争乱に対処しようとした。

功臣の末裔と都鄙往還

構図的に見れば、前九年合戦での頼義と安倍氏の戦争の背景はそれであった。十一世紀は各地で成長しつつあった「兵」的勢力を王朝的軍制へと、再編させた時期ということができる。それは陸奥のみの固有の事情ではなく、諸国おしなべて共通していた。「兵」から「武士」への変容は、この十一世紀を通じてなされた。ただし、蝦夷・俘囚勢力と同居する陸奥にあっては、直線的な形態では進まなかった。安倍氏に代表される辺境の長者的名士との対峙のあり方が課題とされたからだ。これは隣国出羽での清原氏との関係も同様だった。

以上のことを窺わせる説話が『今昔物語集』（巻二十五—五）に見える。陸奥国を舞台とする二人の「兵」（余《よ》五将軍平維茂《これもち》と藤原諸任《もろとう》）の闘諍に取材したものだ。彼らはともに将門《まさかど》の乱を鎮圧した平貞盛《さだもり》と藤原秀郷《ひでさと》の子孫として、当国に利権を扶植していた。中央から下向した国守藤原実方《さねかた》に日夜奉仕するが、ついに二人の「兵」は戦いとなり、余五将軍維茂が勝利を収めるというストーリーだ。重要なのは天慶《てんぎょう》の乱の子孫が「兵」として、陸奥にまで触手を伸ばしていたという事実である。「国ノ内ノ然ルベキ兵ドモ……此ノ守ヲ饗応シテ……」とあり、この両人は陸奥国内での「然ルベキ兵」とされた。この説話は史実をふまえたものとされる。時代的にその登場人物から推して十一世紀初頭の出来事と考えられる。同説話では陸奥はまだ「兵」たる彼らにとって、魅惑の地として映じていた。国守として赴任した実方は、王朝期の歌人として歌枕に憧れた人物としての逸話を持つ（拙著『百人一首の歴史学』参照）。

それはともかく広大な陸奥とはいえ、中枢は国府（多賀）周辺にあり、王朝支配の波は実方中将という「無《ヤム》止《ゴトナキ》公達」や「然ルベキ兵」たる軍事貴族による都鄙の人物交流をさかんにした。

ただし、奥六郡をふくむ地域は彼ら「然ルベキ兵」にとっても、埒の外だった。けれども当該地域を基盤とする安倍氏に対しても、功臣勢力の自己増殖は進む。時としてそれは婚姻関係という形態を取る。前九年合戦にあって、安倍頼時《よりとき》の娘は秀郷流の藤原経清《つねきよ》に嫁していた。奥州藤原氏の祖清衡は、その両者の血脈から誕生する。経清が「亘理権大夫《わたりのごんのたいふ》」の肩書を有したことからわかるように、国府南方の亘理《わたり》郡を拠点を有した「兵」で、在庁官人として陸奥に勢力を築き、それが安倍氏との婚姻に繋がったとされる。よく知られているように、前九年合戦にあっては、経清は源頼義側から離反して妻側の安倍氏に加担している。経清のような存在が婚姻を介し、都鄙《とひ》を連結させる役割を担ったことが窺える。

経清のような功臣の末裔と地域名士との婚姻同化策も進展していたわけで、安倍氏との対立面を強調するのは正しくない。このことは『陸奥話記』有力在庁藤原説貞《ときさだ》・光貞《みつさだ》父子による安倍氏との婚姻にまつわる阿久利川《あくとかわ》事件にも共通する。不調に終わったとはいえ、説貞父子のような在庁官人との間に、婚姻問題が浮上していること自体、安倍氏もふくめた当該地域での有勢者との血縁は一般的と考えるべきだろう。

＊　十世紀の天慶の乱（将門・純友《すみとも》の乱）は諸国に功臣勢力の扶植を可能にさせた。「兵」と呼称された武的領有者は、一方でアウトサイダー的側面を有した。彼らの武力を活用することで、武力・軍事力の請負化が進行する。

当該期、軍制の王朝的再編が進展していた。その担い手をなしたのが天慶の乱の功臣たちの末裔だった。その始祖たる平貞盛・藤原秀郷・源経基《つねもと》らは、その武功により四位・五位の位階を授与され、軍事貴族として地位を与えられた。関東さらに東北は、その末裔たちの勢力扶植が進んだ地域だった。

◆鎌倉期

奥州藤原氏の登場

陸奥の十二世紀は平泉に象徴される。奥州（平泉）藤原氏の時代である。安倍氏の地域的版図と血脈を継承した奥州藤原氏の強盛は、清衡・基衡《もとひら》・秀衡《ひでひら》そして泰衡《やすひら》の百年におよんだ。十二世紀の治承・寿永の内乱をへて、頼朝の奥州入りでその栄華も終焉を迎えることとなる。奥州藤原氏の全容をここで云々するわけではない。重要なことは、陸奥国にとっての藤原氏の役割である。十二世紀は奥州藤原氏の祖清衡が、後三年合戦での成果を通じて衣川以南へと進出、陸奥中・南部が射程に入れられる。清衡の時代、関山中尊寺《かんざん》を中軸に基盤が据えられた。多賀国府をも一体化させる統治体制を創出させた。白河関《しらかわのせき》から外ヶ浜《そとがはま》にいたる奥大道《おくだいどう》、それは陸奥国全域をカバーしたものだ。陸奥は平泉を軸とする支配で、出羽もふくめた広大なエリアを実効支配した。それはかつて奥六郡を核とした安倍氏的支配と源氏の頼義・義家父子による王朝的秩序の統合に他ならなかった。

安倍の血筋と清原氏の地盤を継承した清衡は、衣川以南の平泉に自らの拠所を定め、その権力は多賀国府をも組み込むかたちで権益を拡大させた。

「御館」と「鎌倉殿」

藤原氏は十二世紀末の三代秀衡の時代には陸奥守・鎮守府将軍に任ぜられ、多賀国府の主役へと自らを転身させた。当該世紀は王朝権力の一分肢として、自らを位置づけると同時に、「御館《みたち》」と呼ばれるまでに成長した藤原氏が、奥州武士団の首長として君臨するという二重の関係を創出する過程だった。秀衡の陸奥守就任については、九条兼実《くじょうかねざね》『玉葉《ぎょくよう》』が語るように慨嘆と諦念、そして驚愕の感情がないまぜに表明された。陸奥の十二世紀は、藤原氏の成長のなかで地域権力を誕生させたことになる。

その十二世紀末に勃発した内乱は、奥州にも波及した。治承・寿永の乱につづく頼朝《よりとも》による平泉への進攻は、内乱の最終章に位置した。父祖の頼義の遺産を継承する頼朝は、かつての前九年合戦を再生・再現すべく、〝源家の故実〟を演出した。奥州入りした関東の武士たちにかつての前九年や後三年合戦の〝記憶〟を先祖以来の共通のものに加工した。そこでは源氏の頼朝による「正義」への演出を通じて、平泉の権力を無化しようとした。かくして内乱を通じて奥州の主役は、「平泉」から「鎌倉」へと転換される。鎌倉的武力に陸奥全域は同化を余儀なくされる。

関東武士たちの奥州入部のなかで、陸奥の純血的武士団の成長は阻まれることになる。この後の鎌倉・南北朝そして室町にいたる中世の武士団の推移にあって、当該地域の武的勢力の多くは、〝関東入植組〟により担われた。

右のことはともかくとして、「平泉」と「鎌倉」の間での権力の帰趨には大きな戦いがあった。阿津賀志山《あつかしやま》の戦いである。二つの勢力の武力衝突の場となった阿津賀志山は、平泉勢力の外縁に位置し、ここからの侵攻を阻止し得るか否かが、奥州の方向を決した。阿武隈川《あぶくまがわ》の要害を利用した阿津賀志の防塁（福島県伊達郡国見町）は、鎌倉勢への防波堤の役割を担った。今日の福島県北部に位置するこのエリアは、平泉の権力が死守すべき絶対防衛圏にあたる。

結果的には平泉は鎌倉の進攻で解体するが、平泉側の武力が陸奥南部のこのエリアで鎌倉勢と激戦を展開する。そのさい奥州側の対決姿勢に少なからず相違もあった。たとえば岩城郡の岩城一族と信夫《しのぶ》郡の佐藤一族は、ともに平泉勢力に属した勢力だった。だが、後述するようにこの南奥州の武士たちは両者異なる行動を示した。岩城氏は鎌倉に与党化することで、自己の命運を関東御家人として保持した。そして亘理郡を拠点とした佐藤氏の場合、鎌倉側に抵抗することを自身の存在証明とした。

阿津賀志合戦の意義

奥州合戦での鎌倉の陣容については『吾妻鏡《あずまかがみ》』（文治五年七月十七日条）に見えている。同書には陸奥南部の郡名も見えている。奥州追討軍のうち千葉《ちば》常胤《つねたね》・八田《はった》知家《ともいえ》率いる海道軍について、「常陸・下総ノ両国ノ勇士等ヲ相具シ、宇太《うだ》・行方《なめかた》ヲ経テ、岩城・岩崎ヲ廻リ、遇隈《あぶくま》河ノ湊《みなと》ヲ渡リテ参会スベキナリ」とある。ここに登場する宇太・行方・岩城・岩崎の四つの郡名は海道地域に属した（このうち岩崎の地は中世になって見られ、かつて岩城に隣接。現在のいわき市北西部・南東部）。頼朝率いる三軍構成のうち、最も東寄りのコースを進むものだった。海道地域は勿来関を越えた太平洋沿岸に所在する地域で、四郡はいずれも千葉氏らの率いる海道軍の攻略路に位置した。また、頼朝の山道（中央）軍は白河関越えのルートに対応する。「秋風ニ草木ノ露ヲ払ハセテ、君ガ越ユレバ関守モ無シ」と梶原景季《かじわらかげすえ》が詠じたのは、この白河関においてだった。関東の主力というべきこの二つの大勢力は、ともに勿来・白河両関ルートから陸奥へと進攻した。

これに対し平泉勢力は、既述のように現在の福島県北部の信夫・伊達《だて》地方に防衛ラインを置き、迎撃態勢で臨んだ。阿津賀志合戦は平泉勢力にとっての、最初で最大の激戦となった。緒戦の勝利は関東勢の陸奥国府への進攻を容易なものとした。阿津賀志の防衛ラインが突破されて、奥州勢にも動揺が広がり、その結果、平泉陥落が早まる。阿津賀志合戦は平泉権力と奥州の帰趨を占うものとなった。来たる十三世紀は奥州合戦で勝利した鎌倉側が、その権力をさらに磨きをかけるかたちで、新秩序を奥州に移植する段階となる。

「奥州総奉行」 陸奥国の十三世紀は平泉体制の解体をへて、鎌倉体制が浸透する段階だった。諸国にあっては一国制の軍政官たる守護による支配が一般的だったが、陸奥は出羽と同様に守護が置かれなかった。当該地域の特殊性が窺える。守護的役割に相当したのが奥州総奉行だ。合戦直後に御家人を統括するべき職責が葛西清重《かさいきよしげ》に与えられた。占領地における臨時軍政官ということができる。

奥州合戦の余韻は平泉滅亡後も続いた。出羽の大河兼任《おおかわかねとう》の乱である。陸奥をも巻き込んだこの争乱は、三ヵ月余で終息をみたものの、〝第二次奥州合戦〟の様相を呈したものだった。この兼任の乱への現地での対応は清重を介し令達されており（『吾妻鏡』文治六年〈一一九〇〉正月十三日条）、清重の職責が御家人の統轄を旨としたことがわかる。兼任の乱は、関東の勢力に進攻された平泉武士団なりの自己主張という面もあったが、本質的には占領政策での政治的混乱が表面化したものだった。翌建久二年（一一九一）三月の陸奥留守職《るすしき》の創設によって、行政的側面での混乱解消がなされる。伊沢家景《いさわいえかげ》の補任、これであった。

奥州総奉行の名は『吾妻鏡』（建久六年九月二十九日条）に葛西清重・伊沢家景の二人に対し「両人ハ奥州総奉行タルニヨリ」云々の記事にもとづく。御家人の統轄を旨とし軍政面と行政面の両者の統一機構として、奥州総奉行が誕生したことが了解されよう。その点では前者が幕府機構の侍所《さむらいどころ》に、後者は政所《まんどころ》に相当するとの理解もある。ともどもが陸奥の統治の布石として機能したが、葛西氏の場合、奥州合戦後の臨時的軍政官の色彩が強かったとされる。他方、伊沢氏の留守職は国政業務を主軸としており、多賀国府にあって留守《るす》氏を子孫が名乗った経緯もこれに関係する。

表1　東国武士の移住

南奥	• 中村(伊達)氏	〈伊達郡〉
	• 工藤(伊東)氏	〈安積郡〉
	• 二階堂氏	〈岩瀬郡〉
	• 結城氏	〈白河郡〉
	• 三浦氏(蘆名氏)	〈会津諸郡〉
	• 長沼氏	〈南会津郡〉
中奥	• 千葉氏	〈亘理郡・伊具郡〉→ 武石(亘理)氏〈亘理郡〉／国分氏〈宮城郡〉／東氏〈黒川郡〉
	• 畠山氏	〈葛岡郡(栗原郡の一部)〉
	• 和田氏	〈遠田郡・名取郡〉
	• 熊谷氏	〈本吉郡〉
	• 山内首藤氏	〈桃生郡〉
	• 葛西氏	〈牡鹿郡・胆沢郡・江刺郡・磐井郡〉
北奥	• 北条氏	〈糠部郡〉
	• 工藤氏	〈岩手郡〉
	• 河村氏	〈志波郡〉
	• 南部氏	〈糠部・八戸〉

十二世紀最末期のこの段階での陸奥は、葛西・伊沢両氏が軍政・行政を二人三脚体制で担い、十三世紀を迎えることとなる。内乱が終焉を迎え、鎌倉的新秩序が陸奥全域に浸透するための準備段階でもあった。

鎌倉的秩序が東北の地に浸透する十三世紀は、新旧武士の所領が大きく変化する。「天下草創」(『吾妻鏡』文治元年十二月六日条)を主張した鎌倉殿・頼朝の遺産は、奥州地域にどのような影響を与えたのか。広大な奥州は関東御家人にどのように分割されていったのか。以下、これをながめておこう。

関東武士の奥州移住　十三世紀は関東御家人が東北地域に移住し、各地域に地頭職《じとうしき》を与えられ、新たな秩序が展開される。陸奥南部エリア(福島)からその様子をながめておく。まず海道諸郡には相馬《そうま》氏以下の千葉一族庶子が地頭職を与えられる。安積《あさか》郡に工藤氏が、岩瀬《いわせ》郡には二階堂《にかいどう》氏が、白河郡には結城氏が、さらに会津《あいづ》方面には三浦(蘆名《あしな》)氏や長沼氏が入部する。そして伊達郡には伊佐（伊達）氏といった諸氏が自己の勢力を扶植していった。他方で田村・石川・岩城らの諸氏に代表される旧来からの伝統的勢力も存続し、田村荘・石川荘・好島荘《よしまのしょう》などにあって権益を保持した。これら東遷の武士の多くは、伊達氏を除き実際の下向は鎌倉時代も後期の段階だった。

陸奥中部（宮城から岩手南部）方面でも事情は同様だった。多賀城を有するこの地域は、かつて奥州藤原氏の膝下で、奥州武士団の中枢に位置した。亘理郡・伊具《いぐ》郡には千葉氏、牡鹿《おしか》郡には葛西氏が所領を与えられた。奥州総奉行に任ぜられた葛西清重は、陸奥全体の御家人の統轄の任を与えられた。この他、葛岡《くずおか》・栗原《くりはら》郡方面には畠山《はたけやま》氏が、遠《とお》田《だ》郡・名取《なとり》郡に和田一族が展開する。

彼ら東国武士たちに分与された地頭職は多く代官が任ぜられていたが、鎌倉末期以降は一族が移住し、現地支配に臨んだ。前述した千葉氏のうち、亘理郡に入った常胤の子孫武石《たけいし》氏（亘理氏）、宮城《みやぎ》郡の国分《こくぶ》氏、黒川《くろかわ》郡の東《とう》氏は有名である。また、千葉氏以外で本吉《もとよし》郡に入部した熊谷《くまがい》氏や桃生《ものう》郡の山内首藤《やまのうちすどう》氏も、鎌倉末から南北朝にかけて現地に下向したことが知られる。さらに岩手県南部の胆沢《いさわ》・江刺《えさし》・磐井《いわい》のかつての奥六郡に属した地域には、奥州総奉行の任にあった葛西氏が領有した。

そして陸奥北部（岩手北部から青森）にあっては、閉伊《へい》郡には阿曽沼《あそぬま》氏、和賀《わが》郡には佐々木氏、紫波《しわ》郡に河村氏といった諸勢力が入部した。また名馬の産地で知られる糠部《ぬかのぶ》郡には北条氏が所領を与えられ、工藤・曽我《そが》氏が地頭代の職に任ぜられた。さらに、南北朝期に台頭が目ざましい南部《なんぶ》一族の存在も注目される。甲斐国に本領《ほんりょう》（名字の地）を有した同氏は、やがて盛岡に入り近世南部藩の流祖となる。その南部一族は馬牧が多い北奥に移住、八戸《はちのへ》南部氏の師《もろ》行《ゆき》の時代に勢威を高めた。南部氏については、十三世紀の段階では陸奥移住は確かめられないが、八戸から三戸《さんのへ》方面に勢力を振るった武士団としておさえておくべきだろう。また、陸奥最北の津軽方面には南部氏のライバルとして、独自の活躍を展開した安東《あんどう》（藤）氏の存在も注目される。十三湊《とさみなと》を中心に交易により大きな足跡も残した。

以上、鎌倉期の奥州はかつての平泉藤原氏の勢力を御破算にして、関東勢として新たな秩序を扶植した。文治年間の末、出羽での大河兼任の反乱など旧来の平泉勢力との確執もあったが、関東御家人の奥州移住のなかで、所領分与された各武士団の地域との同化がなされるにいたった。本貫地の名字とは別に郡郷名を名乗り、住人化する武士団も少なくなかった。伊達氏はその代表的事例といえる。

◆南北朝・室町期

建武体制と奥州　十四世紀の陸奥の政治・軍事的震源は建武体制とその影響だろう。鎌倉末期の安東（藤）氏を中心とした津軽大乱は、北条氏得宗体制に綻びを広げた。つづく建武体制下で多大の影響を与えたのが、陸奥将軍府だった。北畠《きたばたけ》親房《ちかふさ》・顕家《あきいえ》が、さらに義良《のりよし》親王の多賀国府へ下向したことで、陸奥は関東の鎌倉将軍府と相並ぶかたちで、東北方面の政治的・軍事的拠点となった。けれども、数年後の建武体制の瓦解で陸奥も南北朝の時代に突入する。陸奥の十四世紀史の大枠は、この南朝の反足利勢力による東北各地での抵抗として推移する。

陸奥将軍府*は、建武政権下で、関東を牽制すべく設置されたとされる。「東国ノ武士多ハ出羽・陸奥ヲ領シテ其力モアリ、是ヲ取放サント議シテ」（『保暦間記』）とあるように、鎌倉政権下で奥州方面に移住した東国武士との勢力に楔を打ち、解体させる方策が看取されるという。関東と奥羽を切断することで、奥羽の武的勢力の結集軸が構築された。かつての多賀国府を再生、親王将軍を名目上の主に仰ぎ、公武一統の実現を東北に現出させる試みといえる。

再生された陸奥国府についていえば、それを「奥州小幕府」的要素を内包したと理解する立場が一般的とされる。鎌倉幕府が有した現実的存在意義を認識していた建武政府は、東北の北条氏の旧領を掌握し、併せて奥州武士勢力を手中にすべく、その権利を保証するための機構を創設する必要があった。陸奥国府にはその点で律令的国府機能の再生とは別に、武家的要素が加味されていたことになる。それはともかく、北畠を中心とする南軍側による東北武士団の再結集と、鎌倉攻略に向けられた行動力は注目されねばなるまい。多賀国府から霊山《りようぜん》へとその拠点が移され、抵抗

表2 北畠顕家の動向

1333(元弘 3)12月	北畠顕家，陸奥下向
1334(建武元)10月～11月	顕家，津軽方面へ出陣
1335(建武 2) 8月～12月	尊氏，斯波家長を奥州総大将に任命
	顕家，奥州多賀国府を進発(第1回)
	南部師行・葛西清貞・結城宗広らが随行
1336(建武 3・延元元) 3月	顕家，陸奥下向
1337(建武 4・延元 2) 2月	尊氏，石塔義房を奥州総大将に任命
8月	顕家，霊山より再出陣(第2回)
12月	顕家，斯波家長を鎌倉で敗死させる
1338(暦応元・延元 3) 5月	顕家・南部師行，和泉国大鳥郡石津で敗死

期間は必ずしも長いものではなかったが〝吉野への記憶〟はこの地に通奏低音のごとき響きを与えた。

陸奥の十四世紀は、一方では建武体制と対峙する足利氏の権力と、対応するかたちで推移する。

奥州管領について

十四世紀半ばに樹立され、後の奥州探題の前身ともいうべき奥州管領《かんれい》の設置は、陸奥の政治的磁場として機能する。尊氏が北畠体制に対抗するために斯波《しば》家長《いえなが》、さらに石塔義房《いしどうよしふさ》を派したのに始まる。貞和二年（一三四六）には吉良《きら》貞家《さだいえ》・畠山国氏《はたけやまくにうじ》が奥州管領に就任するが、観応《かんのう》の擾乱《じょうらん》が陸奥に波及すると両者も対立を深めた。その後、新管領に斯波家兼《いえかね》が任ぜられ、以前からの吉良・畠山・石塔ら諸氏も管領を自認、足利勢力相互の牽制・対立が続いた。

畠山氏については吉良氏と争い敗北、二本松へと拠点を移す。吉良氏も斯波（大崎）氏に安達郡の四本松に追われ、斯波（大崎）氏による統合が進むことになる。大崎一族はその後、加美《かみ》・玉造《たまつくり》・志田《しだ》・遠田・栗原の五郡を中心に勢力を拡大するが、既存勢力の葛西氏は、北上川沿岸から太平洋岸の牡鹿・桃生・登米《とめ》・本吉の諸郡に影響力を保持した。

伊達氏も南奥から柴田《しばた》・伊具・刈田へと勢力を拡大しつつあった。十四世紀は大崎氏の奥州探題の流れとは別に、葛西一族、そして伊達一族の三者が陸奥支配をめぐり争うという構図となった。十四世紀末、三代将軍義満《よしみつ》は関東（鎌倉）公方に対し、奥州全域の成敗権の移譲を認める。二代目公方氏満《うじみつ》の時代に義満を介し、奥羽両国の鎌倉府移管が実現された（明徳二年〈一三九一〉）。これを継承した三代目満兼《みつかね》は公方就任直後の応永六年（一三九九）、「陸奥出羽両国ノカタメトシテ、鎌倉殿御弟満《みつ》貞《さだ》・満直《みつただ》二人御下向、稲村《いなむら》・篠川《ささがわ》両所に御座ス」(『鎌倉大草紙』)とあるように、鎌倉公方の子孫を南奥に派した。郡山近傍に位置したこの二つの御所の存在は、鎌倉府の東北支配の要衝であり、足利氏の血脈的正統性を奥羽の地に因縁化させる役割を担ったことになる。

十四世紀最末期にあたるこの政治的措置は、陸奥国内の地域武士との関係に影響を与えた。白河関を越え北関東と接するこの地は、陸奥国を鳥瞰する軍略的拠点だった。陸奥中枢への進出は、奥州探題との関係や伊達氏との確執が予想された。その点で、鎌倉府の基盤たる関東に隣接する奥州南部が前進基地とされたことも首肯される。白河関に近いこの場は、関東と東北の接点に位置した。

鎌倉府の奥州進出　南奥の郡山方面の両御所は、奥羽支配の新たな〝代理人〟の役割を与えられた。しかし勢力は局部的なものとされる。二人の公方の下向にさいしては『余目記録《あまるめ》』に伊達氏を父、白河(結城)氏を母とするの文言が示されていたように、地域勢力の後楯として位置づけられた。だが、その足利勢力には三つの問題があった。一つは後見役たる伊達氏が篠川・稲村両御所の直轄地進上問題で反目があったことだ(応永七年〈一四〇〇〉)。その後も応永二十年に信夫郡で鎌倉府に反抗する姿勢を示した。詳細は本編に譲るとして、地域武士団との齟齬が鎌倉府の奥州支配を困難なものとした。二つ目は足利の血筋を有したもう一つの核、大崎氏との関係だ。奥州探題を仕切ったこの一族は、鎌倉府による自己の勢力圏への進出に警戒を強めており、鎌倉府体制への牽制があった。これも鎌倉府の奥羽直轄化への障害となった。さらに三つ目は十五世紀に顕著となることだが、関東での鎌倉府内部の相剋である。上杉禅秀《ぜんしゅう》の乱(一四一六年)、永享の乱(一四三九年)の争乱が、篠川・稲村両公方の動向にも影響を与えた。結果的には鎌倉府内の内訌により、奥州での公方勢力は衰退に向かう。

北奥武士団の動き　陸奥北部の事情はどうか。南北朝動乱期に八戸方面を拠点とした南部氏は、北畠氏の勢力下に一族あげて参陣し、南朝与党として北奥統治の任を与えられた。師行に代表される八戸南部氏は、建武体制の執行代理人(国代《こくだい》〈国司の代官の意〉)の地位に就き、北条勢力の駆逐に尽力、津軽方面にまで勢力を拡大した。しかし、

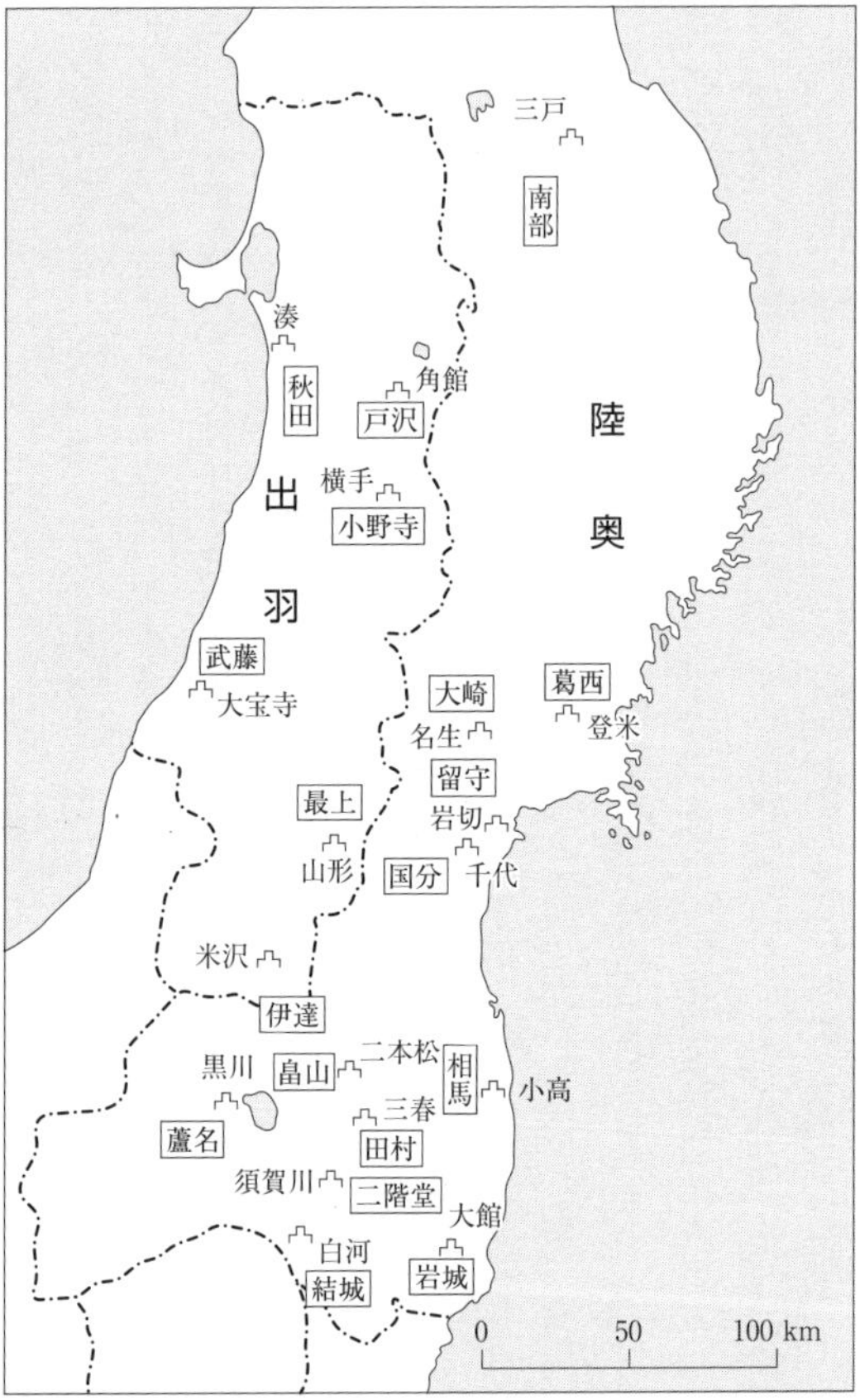

図２ 中世後期の勢力

南部氏は一方の八戸南部とは、別流の三戸南部の勢力も台頭する。足利氏と連携したこの三戸南部氏は、やがて十五世紀を通じて八戸南部氏を凌駕し、陸奥北方にあって有力な大名へと転身する。

同じく津軽方面に目を転ずれば、津軽安東（藤）一族の独自の動きが注目される。同氏の出自はベールに包まれ、十四世紀から十五世紀を通じ海の武士団として、十三湊を拠点に日本海交易にかかわり、北奥武士団の雄として南部氏と抗争を展開した。安東（藤）氏はその後、蝦夷地南方ともつながりを有し、最終的に一族は出羽の秋田方面に基盤を移し、秋田氏を称し戦国大名へと成長する。

陸奥における地域支配の進展

奥州での〝台風の目〟ともいうべき鎌倉府が、十五世紀前半の永享の乱で滅亡したことで、後半はその様相も一変する。十五世紀前半までは奥州は奥州探題と鎌倉公方という、二つの政治的磁場が秩序を保っていたが、その地域統合の核が応仁・文明の乱を皮切りに広がってゆく。別の言い方をすれば、人々が「主従」というタテの関係と平行しながら、「一揆」という地域でのヨコの結合をもつようになる。「一揆」の世紀ともいうべき状況がおとずれる。十四世紀後半から見られるこの動向は、奥州も同様だった。南奥での「海道一揆」や「仙道《せんどう》五郡一揆」はその象徴だった。南奥での鎌倉府勢力の消滅にともない、中奥での探題の力が衰退する。巨視的に見れば十五世紀後半以降の時期は、旧来の秩序から奥州が脱却する段階でもあった。＊＊それにかわり伊達を中心とした南部・葛西・蘆名等々の勢力が、戦国大名への途を歩み始めた。彼らの多くは鎌倉期に土着した関東武士の末裔だった。東北に根を張り開花するかたちで、地域支配を進展させた。

既述のように南奥で頭角を現したのは伊達氏だった。持宗《もちむね》や政宗《まさむね》の時代に鎌倉への蜂起をなし、一族の存立を示し、十六世紀に入ると着実に戦国大名へと脱皮する。稙宗《たねむね》の時期に桑折《こおり》の西山城を拠点に、陸奥国守護職に任命された。鎌倉期以来の伝統的武士団の最終形態として、この伊達の転身は地域武士団の雛型を提供している。

以上、世紀別に奥州武士団の動向をながめた。以下では、奥州を便宜上南部（福島）・中部（宮城・岩手）と北部（青森）の三つのブロックに分け、各地域ごとの武士勢力の推移・諸相について整理する。

＊「陸奥将軍府」の呼称は近世の『武家名目抄《ぶけみょうもくしょう》』で一般化したものだった。この十四世紀は陸奥にあっても、南北朝の動乱の影響が陰に陽に作用する。かつて建武体制下にあって、これに与した結城・二階堂・伊達の諸氏は「式評定衆」に任ぜられ、「引付」には結城・伊賀・伊東・伊達の諸氏が任命され、鎌倉御家人勢力との連携がなされた。その後の南北朝動乱段階では南党の二つの拠点――霊山城と宇津峰――の攻防をへて（一三四七・五三年）、この方面での衰退があきらかとなる。

この時期、関東からの武士団の移住がさらに拡大する。惣領制の解体のなかで武士団の結合が弛み、それが一族内での南北両朝への与党化に影響する。甲斐から入部した南部氏は当初、北条氏より北奥統治の任を受け糠部郡八戸に赴き、師行は八戸南部氏の祖となった。動乱当初は南朝方として岩手郡にまで勢力を広げたが、同族の三戸南部氏は足利側との連携で対抗、一族内では内訌が見られるとされる。

＊＊ 「一揆」は一味同心を目的として結合した集団、あるいはそうした集団を作ることが原義。同一の目的を有する小領主レベルの結合で『太平記』に登場する「白旗一揆」「平一揆」はその代表的事例だ。十四世紀段階にあっては武士団相互の繋がりを前提とした流れが認められた。だが「一揆」は結合する主体の階層区分に応じ、内容にも変化がもたらされる。十五世紀は武士団概念の意味が喪失し地域領主層間で階層的分化が進展する。それにともない大規模領主は史料上には「国人」として登場、中小規模の領主を「一揆」と呼称するようになる。「国人」と「一揆」、両者はともに「国衆」と呼称されるようになる。「国人」衆と「一揆」衆は対抗関係を有しつつも、地域の上級権力の動向を規定していった。

2　奥州武士団の諸相

【南奥地域】

以下では南奥、すなわち福島県エリアの武士の勢力事情からながめておきたい。近代明治期、南奥はかつての海道諸郡を中心に旧「磐城《いわき》」と、山道諸郡の旧「岩代《いわしろ》」の両者に分割された。前者には白河《しらかわ》・菊多《きくた》・岩城《いわき》（岩崎）・標葉《しねは》・楢葉《ならは》・行方《なめかた》・宇多《うだ》（以上福島県）・刈田《かつた》・伊具《いぐ》・亘理《わたり》（以上宮城県）の諸郡が属した。そして後者には岩瀬《いわせ》・会津《あいづ》・耶麻《やま》・安積《あさか》・安達《あだち》・信夫《しのぶ》・伊達《だて》（以上福島県）の諸郡がふくまれた。そこには令制下以来の郡名もあるが、中世的郡郷制の改編で新しく創設された郡もある。南奥に拠点を有した各武士団は、これらの郡あるいは荘郷を基盤に領主的経営を展開することになる。詳細は個別の武士勢力を紹介するなかで理解されるはずだが、大枠で語れば、十二世紀の内乱以降の関東武士団の入部は、他の中奥や北奥の地域に比しその割合が大きくなかった。また十四世紀の南北朝期の動乱との関係でいえば、南奥地域には霊山《りようぜん》・宇津峰《うつみね》両城の存在が語るように、吉野（南朝）勢力の拠点が置かれたことも注目に値する。

当該地域で活躍した一族として、平安以来の「海道平氏」に属した岩城氏や、奥州合戦で頼朝に抵抗した佐藤氏、そして関東に本貫を有した石川・岩代・白河結城《しらかわゆうき》・千葉（相馬）の諸氏がいた。さらに三春《みはる》氏、そして三浦一族の蘆名《あしな》氏、とりわけ屈指の奥州武士団の雄伊達《だて》氏も知られる。

◆岩城氏

岩城氏の出自

陸奥国東南部の磐城郡*を基盤とした勢力で、その出自については諸系図で一致をみない。中世該当部分の系譜を示すと図5のようになる。岩城氏は同郡内の好島荘《よしまのしょう》を進止下《しんしか》におき、同荘預所職《あずかりどころしき》の伊賀（飯野）氏を従属させた。岩城氏は桓武平氏・常陸大掾《だいじょう》流の平繁盛《しげもり》の子安忠《やすただ》を始祖にするとされる。これとは別に、国造《くにのみやつこ》の末裔とみられる岩城臣と系譜的に繋がる理解もある（「岩城国魂《くにたま》系図」）。

中世武士団の成立期とされる院政期は、この陸奥もふくめた諸国にあって都鄙間の交流が進み、〝源平藤橘〟から派した中央の軍事貴族の末裔が、婚姻を介して結びつく〝血の混交〟が進展する。十世紀以降の王朝国家は、中世武士団が地域的成長を遂げる準備段階にあたる。その意味で岩城氏が常陸から勿来《なこそ》（菊多）関を越え、南奥に進出することは自然の流れといえる。まして地勢的に一時的ではあれ当該地域は陸奥国と分離された経緯もあった。「海道平氏」と呼称された大掾流が、岩城氏と密接な繋がりがあろうことは推測に難くない。「海道」とは陸奥南部の沿岸諸郡で、今日の福島県の浜通り地域にほぼ該当する。

ちなみに系図上では安忠の子は、岩城次郎大夫と号した隆道《たかみち》（忠衡とも）にあたり、これが岩城氏の初代とされる。その岩城次郎の号は図5にあるように、隆道以降忠清《ただきよ》―清隆《きよたか》―師隆《もろたか》―隆行《たかゆき》と伝えられたとする。隆行は『寛政重修《かんせいちょうしゅう》家譜《かふ》』では、奥州（平泉）藤原氏の祖清衡《きよひら》の娘（養女）を妻としたと伝える。この隆行は成衡《なりひら》と同一人物とされているが、成衡は後三年合戦の関係者としても知られる。「海道小太郎」と称し、清原氏の真衡《さねひら》の養子とされた人物だった。このあたりは『奥州後三年記』（『群書類従』合戦部）にも語られている。

岩城氏と清原一族

前九年合戦で安倍氏の版図を継承した清原氏が、真衡の時代に後継として成衡（海道小太郎）を養子として迎えたことで、真衡の異父母・兄弟の清衡・家衡《いえひら》と対立する。これが、一般的に後三年合戦の原因とされる。岩城氏の一族として海道平氏に属した成衡は、清衡や真衡とも縁戚関係にあったことになる。

ついでながら『寛政重修諸家譜』では、隆行（成衡）は清衡の養女との間に隆祐《たかすけ》・隆平《たかひら》・隆久《たかひさ》・隆義《たかよし》・隆行の五人をもうけ、楢葉・岩城・岩崎・標葉・行方の諸郡を分与したというが、いささか疑念も残る。とはいえ、当該期の武士団の一般的所領分与のあり方からすれば、惣領制下の諸郡分与として〃いかにも〃な話ではある。

なお、いわき市内には有名な国宝の白水《しらみず》阿弥陀堂（願城寺）がある。その寺伝には、永暦元年（一一六〇）領主岩城隆道（則道）の後室徳尼《とくあま》が亡夫菩提のために建立したとある。徳尼は清衡の娘と伝える。いずれにしても岩城氏のルーツについて、清原・安倍両氏との関係は無視できないようだ。

好島荘と岩城氏

文治五年（一一八九）の奥州合戦では、岩城氏および同族の岩崎氏はともども頼朝に参陣し（『吾妻鏡』建久元年正月八日条）、所領を安堵された。同氏は基盤の好島荘を源氏の石清水八幡宮に寄進するなど、所領の保全をはかっている。当初、同荘の預所に三浦氏が任ぜられたが、やがて宝治合戦で三浦氏が衰えると、伊賀氏がこれにかわった**。文治五年に岩城太郎（清隆）以降は、好島荘の惣地頭職《じとうしき》を与えられた。その後、清隆の子孫が惣地頭の権限を継承、命脈を保った。一族は同荘内の各地域に定住した。元久元年（一二〇四）の関係史料では、「好

図3　福島県域の中世的郡・荘・保の成立　『中世奥羽の世界』より

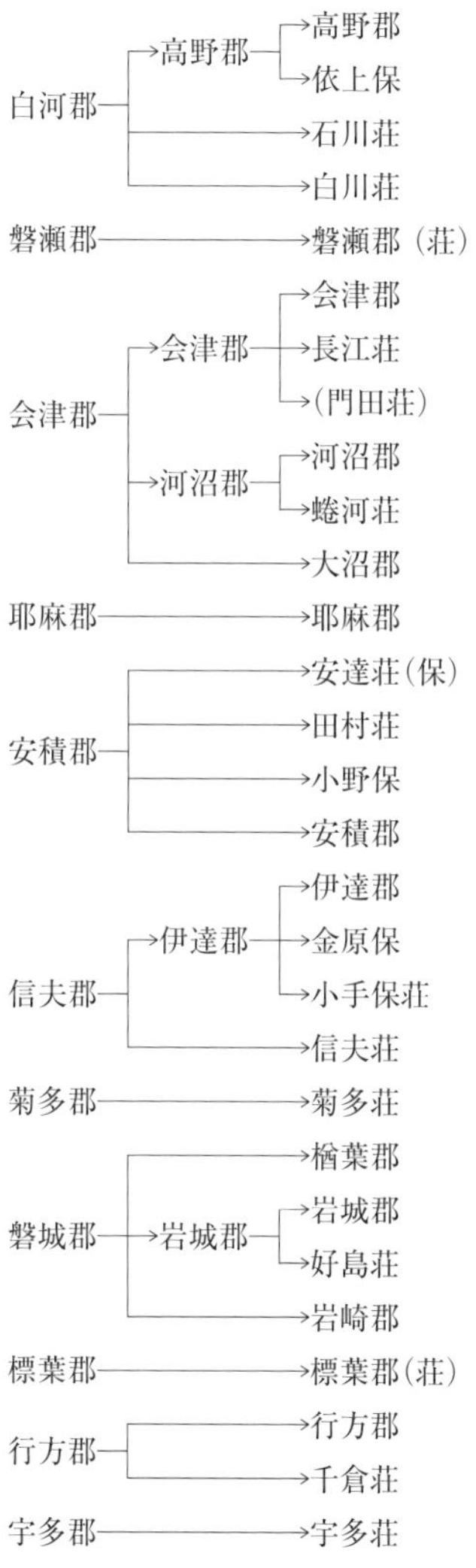

図４ 鎌倉時代のいわき地方 『福島県史』より

島三郎」以下多く「三郎」を冠した岩城一族が見えている。近年の研究によれば、好島荘の荘域の東側（東庄）は、比較的律令制の条理遺構が残されているのに比し、岩城氏の依拠した西庄は、同氏入部にともなう平安末期以降の開発とされる。

なお、岩城郡の南方には岩崎郡があり、同族の岩崎氏が基盤を有した。＊＊＊奥州合戦にあって、海道軍の進路は前にもふれたように、「常陸・下総国ノ両国ノ勇士等ヲ相具シ、宇多・行方ヲ経テ、岩城・岩崎ヲ廻リ、遇隈《あぶくま》河ノ湊ヲ渡リテ参会スベキナリ」（『吾妻鏡』文治五年七月十七日条）と見えている。岩崎氏に関しては、その後の建久元年（一一九〇）の大河兼任の乱にさいしてもふれるところだ。鎌倉側では鎮圧の追討軍が派されたが、海道の大将軍には、千葉《ちば》常胤《つねたね》が再び任命された。「東海道岩崎ノ輩ハ、常胤ヲ相待タズシトイヘドモ……弐《ふたごころ》ヲ存ゼサルカ、オノオノ隔心ナクコレヲ相具シ……」（『吾妻鏡』建久元年正月八日条）とあり、岩崎氏が岩城氏と同族の立場で頼朝の信頼を得ていたことがうかがわれる。

なお『太平記』（巻三）にも後醍醐天皇による元弘の乱での、笠置《かさぎ》山《やま》攻略軍である鎌倉勢のなかに岩崎弾正左衛門尉以下の名が登場する。隆綱《たかつな》の時期に一族の内訌があり、岩城氏と一体化したとされる。岩崎氏については、「磐城系図」「仁科岩城系図」その他で異同があり推定は難しいが、平安末期の隆行の世代に岩城氏から分流したと考えられている。

岩城・岩崎氏と南北朝

岩城・岩崎氏の南北朝の動向は、『太平記』にも所見する。そこには岩崎弾正高久孫三郎の名が確かめられる。系図から隆衡《たかひら》や隆守《たかもり》あたりに相当するとされる。彼らは好島荘の村落規模の地域領主として、鎌倉幕府の御家人でもあった。元弘の変にあっては幕府与党として動くが、建武体制下では北畠顕家《きたばたけあきいえ》と歩調を合わせている。当該期の岩城・岩崎一族の動向は中央政界と密接に関係した。この点では好島荘の預所職を鎌倉期以来掌握した伊賀氏も同様だった。ただし、執権北条氏と姻戚関係にあった伊賀氏と岩城・岩崎一族の両者は、預所と地頭との対抗から潜在的対立を有していた。

幕府滅亡のなかで伊賀氏もすみやかに建武政府に参じ、顕家の陸奥将軍府にあって式評定衆《しきひょうじょうしゅう》あるいは引付《ひきつけ》・諸奉行に配された。彼らは自己の領有した所領に対し、安堵の「国宣《こくせん》」を要請し建武体制に同調した。岩城一族で岩城郡国魂村《くにたま》（いわき市）の地頭だった行泰《ゆきやす》は、同族の隆直跡を北畠顕家の「国宣」により安堵されており、同族内部でも建武政府への対応の仕方が異なったことがわかる。行泰はその後も南朝側に属し、建武三・延元元年（一三三六）四月、行方郡小高《おだか》城の相馬光胤《そうまみつたね》を攻撃している。岩城・岩崎氏のライバル伊賀氏の場合、建武体制解体後は伊賀盛光《もりみつ》らが足利尊氏・直義《ただよし》に参陣、常陸の佐竹氏傘下に入ることとなる。

図5　岩城氏略系図

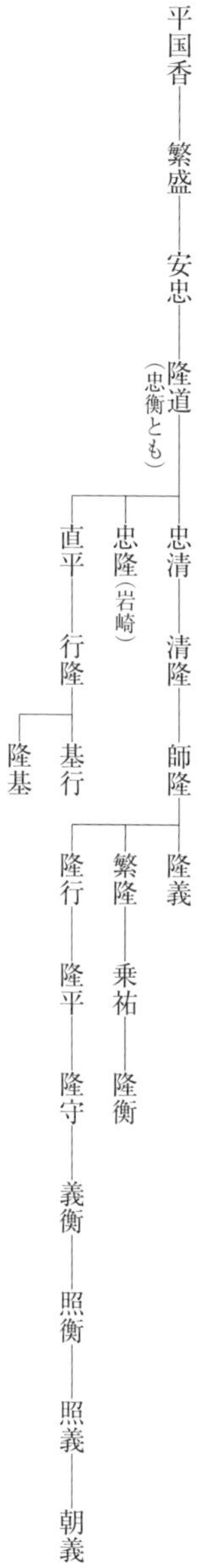

図6　伊賀氏略系図

多賀《たが》国府から伊達郡霊山へと拠点を移した北畠顕家は、延元二年八月に二度目の上洛のために西上するが、行泰もこれに従軍している。顕家の戦死後は弟の顕信《あきのぶ》に参じ、石清水八幡宮での戦いで降人《こうじん》となった。この国魂系の岩城氏のなかには、足利側に属した勢力もいた。岩崎郡金成出身の岡本一族は足利に与した。

国魂系の行泰の場合、降参人として所領の一部が没収されたが、その後は吉野勢力の当該地方での退潮にともない多くが足利側に与した。特に北畠親房《ちかふさ》の常陸経略が失敗した一三四〇年代半ば以降は、その傾向が強くなった。

その後は足利一門の畠山・吉良両氏の奥州下向で新局面を迎えた。当該期、南奥の吉野側の拠点、霊山・宇津峰両城への足利側の攻撃が激しさを増す。岩城・岩崎氏もそれに参陣したことは、残された軍忠状に語られている。そうしたなかで、行泰の子隆秀も父の没収地の回復に成功している。伊賀氏に関して足利与党の立場が認められ、文和二年（一三五三）には伊賀盛光は奥州東海道検断職《けんだんしき》に任ぜられている。一方で好島荘の支配権については、岩城・岩崎が在地支配の強みを生かし、伊賀氏の預所支配を排する動きを強めていった。伊賀氏はこれに対応すべく、代官派遣型の支配から地域密着型に自らも脱皮させ、名字も飯野《いいの》氏を名乗るなどし自己の地盤強化を策する。応安年間（一三六八—七五）には、岩城郡の検断権は伊賀盛光が掌握するところとなったとされる。

その後、南北朝の動乱が終焉を迎える十四世紀末には、岩城・岩崎氏の伊賀氏に対する優位がほぼ確定する。十五世紀段階の同地域の大きな政治的変動は　応永六年（一三九九）、足利満貞《みつさだ》・満直《みつただ》下向にともなう鎌倉府の奥羽直轄下の動きだった。隣接する郡山・須賀川方面に設けられた稲村《いなむら》・篠川《ささがわ》両御所とどう対応するか。岩城・岩崎一族にとっても課題が残された。

＊　現在のいわき市付近を中心とした当郡の設置は、大化の国郡制定段階とされる。養老二年（七一八）の段階で一時陸奥国の石城・標葉・行方・宇太・亘理および常陸国の菊多の六郡は、新設の石城国の管轄となった。しかし石城国は廃され陸奥国に再編された。「磐城」の呼称もこの時期とされる。中世的郡郷制への改変の後に楢葉郡・岩崎郡が分置された。岩城郡の内部に好島荘が所在し、中世武士団の岩城一族の基盤の一つとされた。同氏は鎌倉期を通して当荘の地頭職を有した。なお、今日のいわき市は近世には平《たいら》藩

十万石（初代鳥居《とりい》氏）の城下町とされ、「平」の由来は近傍の「飯野平」に由来する。岩城一族の拠点は、現在の平駅の南東の白土《しらど》にあったとされる。十五世紀末の文明十五年（一四八三）に、その飯野平に居館を移し、戦国大名への脱皮をはかったとされる。

** 伊賀氏は宝治元年（一二四七）に好島荘の西方の預所となった（東方の預所は千葉一族の大須賀《おおすが》氏）。同氏は陸奥を地盤とした武士ではない。本姓は秀郷《ひでさと》流藤原氏に属する。公光《きんみつ》の子公季《きんすえ》が伊賀守となり、五代目の朝光《ともみつ》も鎌倉期の承元四年（一二一〇）に伊賀守となったことで、以後伊賀氏を称した。承久の乱勃発時に長子光季《みつすえ》は京都守護となったが、上皇側に誅された。好島荘の預所として知られる光宗《みつむね》は光季の弟にあたる。光季・光宗の妹は北条義時《よしとき》の後室となった関係で勢力を得た。

*** 「海道」諸郡としては、好島荘の北方には標葉郡・楢葉郡の二郡があった。近代になり現在の双葉《ふたば》郡となった。このうち楢葉郡は鎌倉期までは好島荘との関係で岩城氏の支配となっていた。標葉郡については北の行方郡には相馬氏がおり、南の岩城氏との間隙をぬって標葉氏が自立していた。標葉氏は海道平氏の成衡の四男隆義《たかよし》を祖とするとの伝承もある。標葉郡にはこの他にも和田義盛《わだよしもり》の一族で越後の奥山荘にも地頭職を有した和田義基《よしもと》や同族の関沢氏（本拠は越後、奥山荘）が代官を派し、この地域に関与したことも知られる。南北朝期の標葉氏については相馬氏・岩城氏の両勢力が北党に与したのと異なり、南党として北畠氏に参陣した。その後、他の南奥の海道武士団と同様に、足利側へと転じた。

◆相馬氏

下総から奥州へ

南奥の海道地域での著名な武士団に千葉一族の奥州相馬氏がいる。下総の相馬郡を本領とする同氏は、奥州合戦の武功で行方郡を与えられた。『和名抄《わみょうしょう》』では、行方郡は相馬・鹿島・飯舘《いいたて》・小高《おだか》そして原町等々をふくむ。文治五年（一一八九）九月二十日、頼朝は平泉で「吉書始ノ儀《きっしょはじめ》」をなし、参陣の武士たちに論功行賞を行った。その際、海道軍の大将だった千葉常胤と一族については「千葉介最前ニコレヲ拝領ス、凡ソ恩ヲ施スゴトニ常胤ヲ以テ始メトスベキノ由」（『吾妻鏡』）と見えている。行方郡を与えられた次男師常《もろつね》以外に、亘理郡は三男武石胤《たけしたね》盛《もり》、好島荘預所職は四男大須賀胤信《おおすがたねのぶ》が、そして国分荘《こくぶのしょう》は五男胤通《たねみち》に、黒川《くろかわ》郡は六男胤頼《たねより》がそれぞれ拝領した。師常の

図7 奥州相馬氏略系図

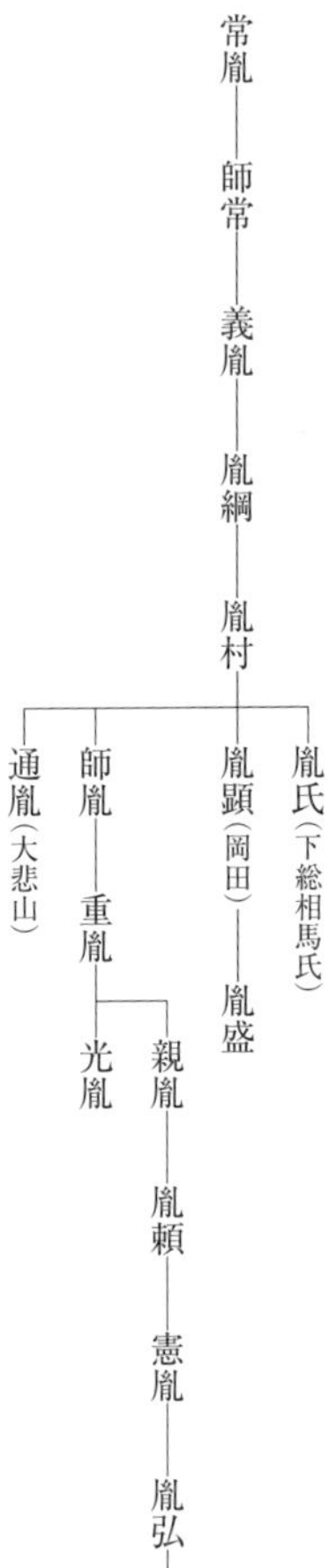

行方郡は、海道方面から阿武隈への進攻ルートにあたっていた。

師常の曽孫胤村《たねむら》の五男師胤《もろたね》は郡内に所領を分与、鎌倉末期の元亨三年（一三二三）重胤《しげたね》が奥州へと下向、相馬氏の祖となった。* 重胤の祖父胤村は十一人の子女がいたが、五男師胤は「当腹嫡子」とされ、長子の胤氏《たねうじ》についで多くの所領を分与、行方郡を領した。『下総相馬郡誌』などによれば、行方郡への移住については一族の所領争いも関係したとされる。鎌倉末、重胤とともに奥州に移住した一族に岡田・大悲山《だいひさ》らの庶子がおり、行方方面の地域武士団として成長していった。重胤の拠点は行方郡小高にあったとされる。**

重胤・親胤の活躍

重胤が生きた鎌倉末は元弘・建武の乱、そして南北朝動乱の入口にあたる。当初、幕府滅亡後の建武体制下にあっては、北畠顕家の「国宣」にもとづき、行方郡の所領安堵がなされた。権力の帰趨が定かではない時期、当面の流れに即したことは当然だった。その後、足利側による権力掌握という事態が進行し、重胤の相馬一族はすみやかにこれに対応、足利与党として旗色を鮮明にしている。***

尊氏は建武二年（一三三五）八月、斯波《しば》家長《いえなが》を奥州総大将として派遣しているが、重胤は子息親胤《ちかたね》・光胤《みつたね》ら一族を率い参陣している。家長に属した重胤は鎌倉で、北畠顕家軍と戦い法華堂で敗死する。行方郡の小高城には、重胤の次男光胤がここを守護し、顕家側の攻撃に備えた。しかし、小高城はその後落城する。けれども、建武四・延元二年（一三三七）には、斯波兼頼《かねより》の奥州下向や尊氏軍に属していた親胤の帰還もあって、小高城の奪回に成功する。親胤は斯波氏とともに、尊氏から奥州の軍政を委任された。さらに足利側から派された石塔義房《いしどうよしふさ》の命で、白河結城氏以下の南朝勢打倒の軍勢催促を受けている。

かくして一三四〇年代には、相馬氏をふくむ足利方の奥州の優位がほぼ決定した。さらに一三四〇年代後半には、新たに奥州管領《かんれい》に補任された吉良貞家《きらさだいえ》・畠山高国《はたけやまたかくに》の指揮下で南朝の拠点霊山城・宇津峰城などの攻略がなされた。これには相馬親胤以下結城顕朝《ゆうきあきとも》・伊賀盛光・国魂（岩城）行泰・石川兼光《いしかわかねみつ》等々も参陣した。それまで南朝与党として行動していた南奥武士団の多くが足利側に加担している。相馬一族にあっても胤平《たねひら》とその一族は以前から南朝に属す動きを示していたが、同様に北朝に転じた。

そして一三五〇年代になると、観応《かんのう》の擾乱にともなう足利一門の内訌により吉良・畠山両氏が反目し、畠山氏父子が敗北する。この混乱に乗じ一時的に南朝勢力が多賀城を占領するなど攻勢を示した。そのおり、海道勢力の要となる相馬一族へも、南朝側から海道四郡守護職補任などの条件での切り崩しがなされた。しかし親胤《ちかたね》以下の相馬一族内での結束は変わらなかった。正平八・文和二年（一三五三）五月に吉良貞家配下の親胤・胤頼《たねより》父子は宇津峰城を陥落させ、北畠顕信らを出羽へと追った。相馬氏の海道方面での勢力はこれにより安定期を迎え、一三六〇年代には胤頼は海道守護職への補任がなされた。また隣接する宇多郡支配の足場を確保するなど、親胤・胤頼そして憲胤《のりたね》と、惣領への順調な流れで支配を安定させた。

海道守護と相馬氏　南北朝動乱以後、次なる政治的変動がおとずれる。鎌倉（関東）公方勢力の浸透である。将軍義満によって奥羽両国の管轄権が鎌倉公方氏満に移譲され、応永六年（一三九九）、公方の血脈を継いだ足利満貞・満直が下向する。南北朝合一後の一四〇〇年代は、鎌倉公方体制の奥州への移植が開始された。行方郡の相馬一族にとって海道守護としての検断権を保持し、小高城を拠点に大悲山以下の庶子を従え、安定的支配を構築することが課題とされた。

応永十一年（一四〇四）仙道《せんどう》諸郡の一揆が成立する。この点は後述するが、安積・岩瀬方面を基盤とした伊東・田

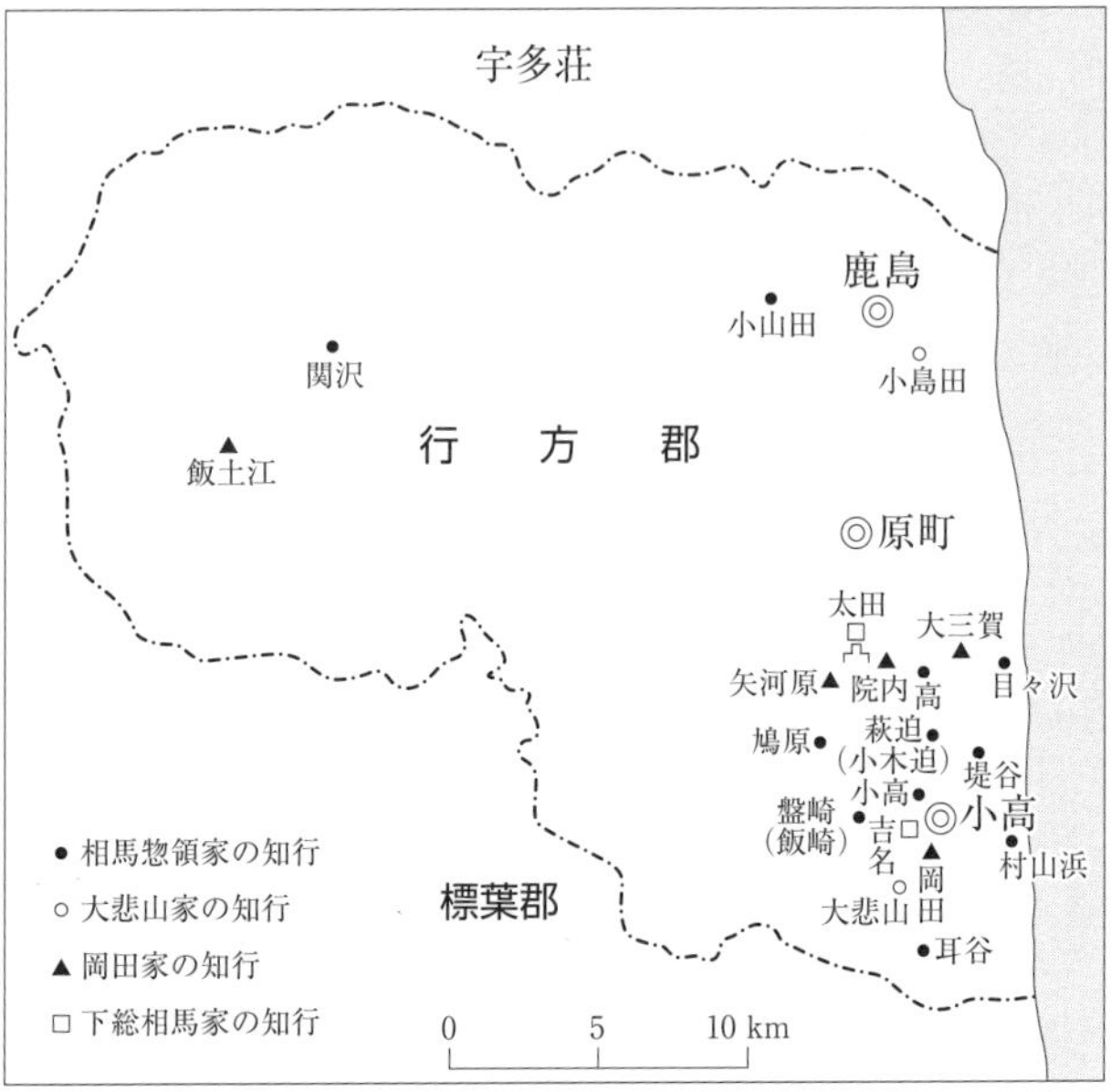

図８　相馬氏の所領分布 『福島県の歴史』より

村・石川諸氏らによる連合的結合だった。これとは別に相馬郡以下の海道五郡の武士が応永十七年「五郡一揆」を結んだ。岩城一族（白土・好島）や相馬さらに楢葉・標葉諸氏が参じたもので、仙道一揆に比べ規模が大きかった。両公方御所の膝元からいささか離れた海道諸郡にあっては、公方権力への対応に温度差があったとされている。

自立度においては「海道五郡」一揆の方がより強かったという。両公方への「忠節」云々よりは、一揆勢の「談合」（相談）が重視された。このことは海道一揆の有力構成メンバーたる岩城氏が、京都の将軍義持から軍忠状を与えられるなど、概して相馬以下の海道諸郡の武士団・国人《こくじん》勢力は親幕府派と目される。

応永年間（一三九四―一四二八）は右に見た仙道一揆や海道五郡一揆の動きとは別に、南奥北部の雄・伊達氏による反抗が相ついだ。篠川・稲村両公方による支配権伸長への抵抗だった。両公方からの軍勢催足がなされたものの、相馬氏は積極的参陣を見送っている。応永年間も後半にいたり、上杉禅秀《ぜんしゅう》の乱の勃発をみる。応永二十三年（一四一六）のことだ。篠川公方の要請により相馬氏以下の海道諸郡の武士勢力、蘆名《あしな》・白河結城・石川らの諸氏もこれに同心した。

その後、相馬氏は白河結城氏の勢力伸長あるいは伊達氏との関係のなかで、雌伏を余儀なくされその命脈を保つことになる。

* 鎌倉末期のこの時期、重胤の下向をうながした大きな事件があった。北条得宗家の御内人《みうちびと》の代表長崎思元《ながさきしげん》との所領トラブルだ。安《あ》達泰盛《だちやすもり》の霜月《しもつき》騒動に相馬一族の師胤が罪を得て、関係所領が行方郡太田村以下三ヵ所が没収され、それが長崎方に与えられた。だがその打渡しにさいし、近隣地域も混入されていたことから、下総相馬郡にいた重胤は、紛争解決のため奥州下向を決断したとされている。

** 惣領の重胤は今日の南相馬市太田の別所に館を構えた。その後建武年間に太田の南方約十キロの小高に居を移し、さらに十六世紀末の慶長期に中村（相馬市）へと移り、ここが近世相馬中村藩の拠点となった。なお、相馬氏の流祖師常（常胤の子）の供養塔（墓）は、鎌倉市扇ケ谷《おうぎがやつ》の浄光明寺裏側のやぐらに、それと伝えられるものがある（『新編鎌倉志』『鎌倉攬勝考』）。重胤移住以前の行方郡は不明の点もあるが、かつてここは海道平氏の拠点であり、行方郡小高館方面には海東小太郎成衡《なりひら》の五男行方五郎隆行《たかゆき》が居していたとされる。また隣接の標葉郡にも成衡の四男隆義《たかよし》がいたという。

*** 奥州相馬氏の祖は重胤から始まるが、南北朝期にその末裔は足利側に属し、惣領家の総州相馬氏の胤氏の流れは、当初吉野側に属した。その背後には惣庶関係での対立があったとされる。

◆結　城　氏

白河結城氏の登場

秀郷流藤原氏に属した奥州結城一族の拠点は、南奥白河の地だった（本貫地は下総国結城）。白河郡は律令制下の国郡制の制定で（『続日本紀』養老二年〈七一八〉五月条に初見）、神亀年間（七二四—七二九）に白河軍団も創設され、対蝦夷《えみし》戦での役割を期待された。蝦夷戦争における前線基地として、勿来（菊多）とともに重視された。ここは東山道の畿内からの終点でもあり、「道ノ奥」（陸奥）の起点という性格を有した。地勢的に極めて重要な場所で、奥州藤原氏の「奥ノ大道」はこの白河から始まっていた。『吾妻鏡』文治五年（一一八九）七月二十九日条に梶原源太景季が奥州入りのおり、「秋風ニ草木ノ露ヲ払ハセテ君ガ越ユレバ関守モ無シ」と詠じたことでも知

図9　白河結城氏略系図

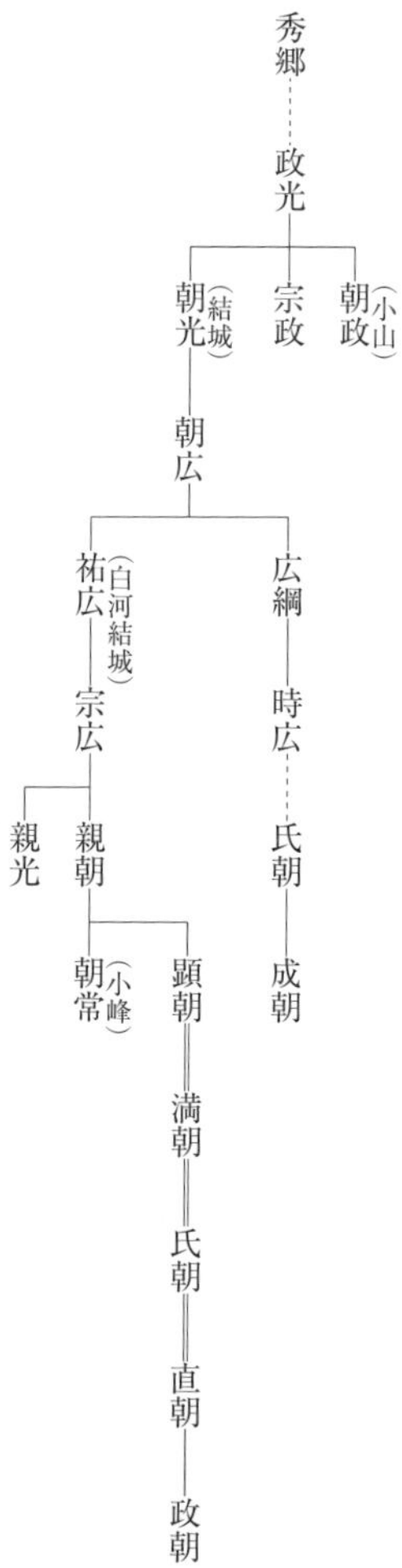

られる。「関守モ無シ」云々には多分に鎌倉殿への忖度がはたらいたとしても、「関」としての軍略的役割は喪失していたことは動かない。ただし白河の地は「秋風」的意味合いに由来する名所・旧跡として、人々に記憶されていた。白河の字義と語感からくるイメージによった。*

地勢的に重視されたこの地は、奥州合戦以後、当郡周辺には結城氏（白河郡）・二階堂氏（岩瀬郡）・伊東氏（安積郡）らの諸氏が配された。とりわけ白河結城氏については鎌倉期以来の名族で、南北朝期に自己主張した武士団といえる。白河結城氏の基盤となった白河荘は、隣接する岩瀬郡をふくむ広大なエリアで、当初は藤原信頼《ふじわらののぶより》の所領だった。十二世紀半ばの平治の乱後に平重盛《たいらのしげもり》領とされたが、その後、平家没官領《もっかんりょう》の一部として関東領になった。本家は後白河院の可能性が指摘されている。奥州合戦の武功で、この地の地頭職は流祖結城朝光に与えられることとなった。

結城宗広の執念

朝光の孫の祐広《すけひろ》の時代にこの地に移住、白河を称した（「白河結城系図」）。祐広の子宗広《むねひろ》は当初、北条得宗家に接近し勢力拡大につとめた。元弘の乱では討幕軍に加わり鎌倉を攻略する。建武政権下で北畠顕家とともに陸奥の国務に参画、『建武年間記』によれば、宗広は顕家の多賀国府での八人の式評定衆の一人だった。中先代の乱（一三三五年）後に顕家軍に従い上洛、以後は反足利の立場で吉野側に与した。顕家敗死後、宗広は奥州での南朝勢力の再建に尽力し、伊勢で病没する。

ちなみに顕家の敗死後も吉野側は、勢力扶植を推進しようとした。その中心となったのが白河を基盤とした右の結城宗広だった。『太平記』（巻二十）にはその結城入道宗広について、以下のような逸話を残している。

彼は「奥州五十四郡、アタカモ日本ノ半国ニ及ベリ」と発言、その兵力を擁して上洛すれば、京都の奪回も夢ではない。かく主張をして、暦応元年（一三三八）伊勢大湊《おおみなと》から出航するが、暴風のため伊勢に戻される。執念の武人宗広は自身が病に冒されながら、再度奥州への渡海を試みる。宗広の語る奥州の底力こそが、吉野再生のカギとの発想がそこには窺える。『太平記』に載せるこの話には、宗広は日頃から殺生をこととしたため、その死に臨み悪相が現じ、地獄に落ちたともある。臨終にさいし宗広は、「齢七十で余執はないが、自分の後生を弔おうと思うなら、朝敵（足利側）の首を墓前に持参せよ」と語り、太刀を抜き歯がみしつつ没したとある。奥羽の要の白河結城氏ならではの地域武士の意地が伝わる。

そこにはまた、下総の本家とは異なる立場で、庶子家の地位向上に尽力する姿も垣間見られる。強烈な個性を『太平記』に残した宗広は、その点では南北朝期を象徴する武人だった。宗広の個性は次男の結城親光《ちかみつ》にも伝えられた。親光は「三木一草」（楠木《くすのき》・名和《なわ》伯耆守《ほうきのかみ》・結城・千種《ちくさ》）の一人に数えられ、忠臣とされた。元弘の乱では六波羅攻略に参戦、後醍醐天皇の信任も厚く、建武政権下で恩賞方・雑訴《ざっそ》決断所《けつだんしょ》のスタッフに任ぜられ、反尊氏の急先鋒だった。南北朝直前の京都合戦（一三三六年）で偽って尊氏に降参するが、見破られて敗死している。

親朝の選択

その親光の兄が親朝《ちかとも》だ。父の宗広がその死に臨み、敵人首級を墓前に供することを託した人物である。白河結城氏の嫡子として家督を譲られた親朝は、本拠の奥州白河（居所は白河市東部の搦目《からめ》城）で、情勢を読むことを嘱望された。守るべき白河の本領にあって、勢力温存も期待されていた。父宗広と次男親光は結城氏の別動隊として北畠軍に従軍した。家督を譲られた嫡子親朝の立場は難しいものがあった。

常陸入りした北畠親房は、常陸南西の小田城から吉野への参陣をこの親朝に幾度となく要請した。だが、親朝は旗色を鮮明にしなかった。父の遺言にもかかわらず親朝は、最終的に将軍（足利側）方を選択する。白河結城氏存続の

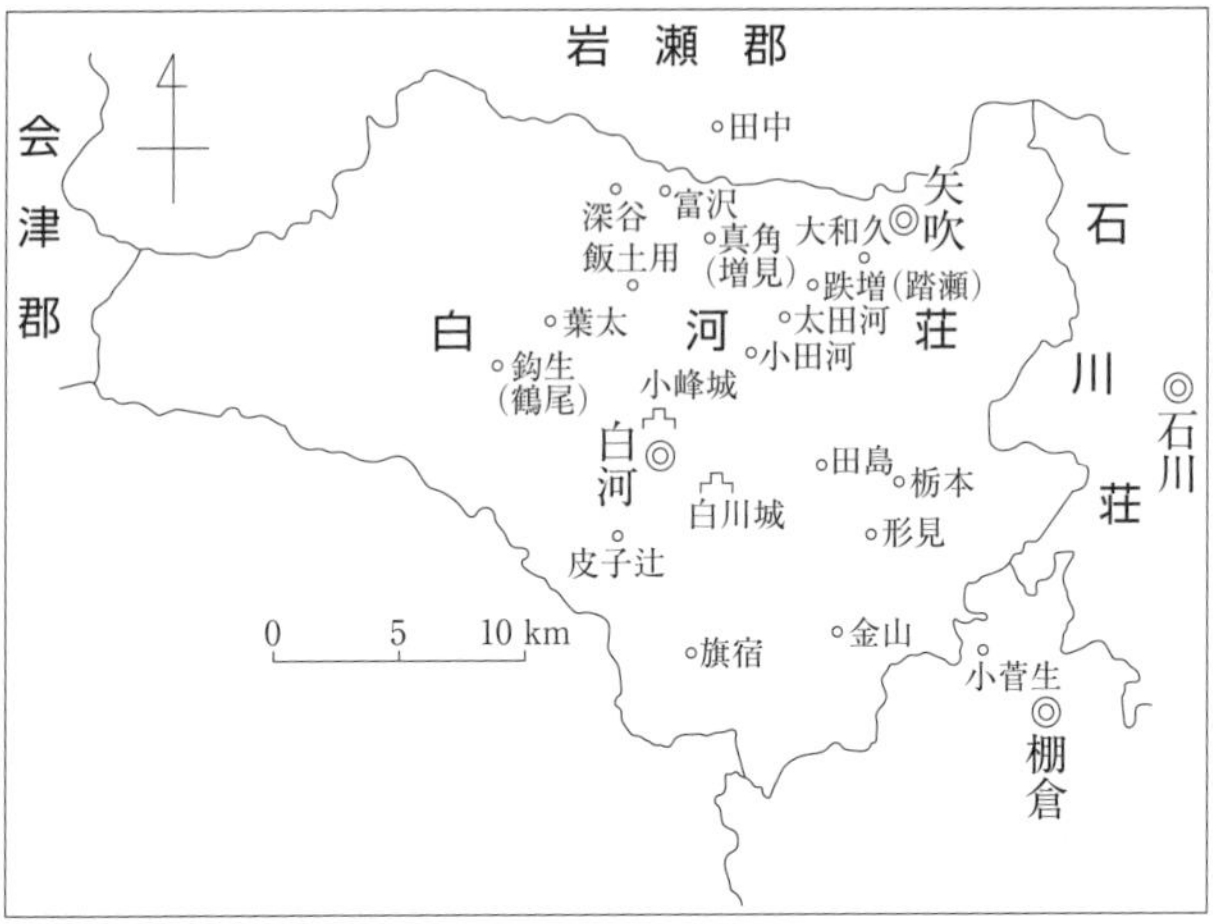

図10　鎌倉時代の白河荘とその周辺　『福島県史』より

ための苦渋の決断だった。観望《かんぼう》主義・日和見《ひよりみ》主義と後世の『大日本史』では非難されたとしても、一族の存立を優先させようとした親朝の判断は、当該期の武士たちの行動に共通していた。

関東にあって正義を標榜した親房は、自身の陣営に白河結城氏を味方にするために、七十通を超える書状をしたためている。理を説き、忠を貫くことの意義の重要性を格調高く語った。けれども、揺らぎつつあった親朝を決断させることはできなかった。一族の今後を見据える慎重さと冷静さが、北畠親房への傾斜をおしとどめた。

改めて指摘するまでもなく、武士団云々の概念が適合するのは、十五世紀の応仁の乱以前である。同族を主軸とした武的集団で、内部にヒエラルキー的階層秩序を有する、との規定を想起するなら、彼らの行動様式が顕著な内乱の時代は、その浮沈をかけ存立が問われた段階だった。家祖を鎌倉初期の朝光に有した結城氏は、惣家の下総結城と協調関係にあったが、世代をへるなかで対抗の意識が醸成されている。南北朝期はそれが多くの武士団で顕著な時期とされる。惣領制の変質・解体が拍車をかけたことになる。

白河結城氏の場合、吉野の後醍醐天皇からの惣領の認定が行動の源泉となった。武家を採るか、天皇を採るかの選択にも繋がった。本来の惣家の下総結城は前者を、白河結城は後者を採ることで行動の指針とした。宗広以降、下総惣家とは異なる庶子家の自己主張が看取される。

話を元に戻せば、親朝が基盤とする奥州白河の地は、吉野勢力の再生のため期待も大きかったはずだ。常陸で関東経略を推進する親房にとって、白河結城氏の動向は、奥州の大勢を占う試金石だった。最終的には白河結城氏の親朝の判断は、後世の批判はあるにせよ、〝種の保存〟（一族と家の継承）を一義とした対応として理解されるべきだろう。

白河結城氏の去就

この白河結城氏の行動が語るように、南北朝期段階までは、「個と個」あるいはせいぜい「家と家」との対抗・対立が戦闘を規定した。その限りでは武士団概念の有効性は当該期くらいまでで、地域統合の原理が働く段階では武士団は守護大名の台頭にあわせ、家臣団へと埋没することになる。ともかく、白河結城氏は嫡流の親朝が康永二・興国四年（一三四三）足利側に転じたことで、本領を安堵され家は継承された。

この親朝の長子顕朝《あきとも》は父の名代として奥州管領吉良貞家に従い、貞和二・正平元年（一三四六）霊山・宇津峰両城を攻撃、その武功で足利氏から白河・奥州諸郡の検断職に補任された。親朝は次子朝常《ともつね》には小峰《こみね》家を創設させ、所領を分与した。親朝の去就問題で尊氏から全幅の信頼を得られなかったが、一三五〇年代の観応の擾乱で一時的には南朝帰順に傾きかけたものの、尊氏による安堵状で一族の足利帰順が決定した。その後一三六〇年代に入り、尊氏から義詮《よしあきら》の時代に、高野郡の安堵や石川荘泉郷の新恩が顕朝に給与された。

その後顕朝は所領を満朝《みつとも》（小峰家から養子）に譲った。満朝は鎌倉公方氏満に属し、奥州の稲村御所（郡山市）にも協力した。さらに関東管領上杉禅秀に従軍し、赤館《あかだて》合戦で伊達氏攻略軍に参陣している（『鎌倉大草紙』）。

その後の白河結城氏

白河結城氏は親鎌倉府派で篠川・稲村両公方とは近い関係にあった。一四〇〇年代の奥州は将軍義満の政策で奥羽両国が鎌倉府の所轄となったが、これに対抗する反鎌倉府の勢力も少なくなかった。その代表が伊達氏だった。伊達氏は鎌倉府の権力浸透に対抗するために、かつての多賀国府近辺に力を有した斯波（大崎）氏と連携しつつ、牽制の挙に出る。白河結城氏はその地勢的位置関係から両公方の後見的役割を担った。

この白河結城氏の動向が語るように、南奥に影響を有した鎌倉府にどう対応するかが課題とされた。最終的には京都幕府と鎌倉府との潜伏的対抗という構図がこの奥州にも持ち込まれ、それが各武士団の去就にも影響を与えた。

南奥の北部の伊達氏と南部の白河結城氏の両雄は、去就云々では異なる動きをした。伊達氏は鎌倉府への抵抗勢力としてあった。応永二十年（一四一三）の伊達持宗《もちむね》の乱でも、伊達氏の自立志向は表明された。持宗の乱については後述するが、持宗は信夫郡大仏《だいぶつ》城に拠り鎌倉府に抵抗し、伊達氏自身の存立を表明した。結城氏の場合、南北朝期での南朝親派の前科にもかかわらず、小峰から本家に入った直朝《なおとも》の時代には周辺諸郡に大きな影響力を有し、戦国大名への助走に向けて動きだすことになる。

伊達持宗の乱の数年後の応永二十三年に「鎌倉大乱」（『鎌倉大草紙』）とも呼称された上杉禅秀の乱が勃発した。これには南奥武士団も関係する。とりわけ白河結城氏の去就は大きく、当初、白河結城一族は禅秀（氏憲）に加担したが、後には足利持氏に転じた。その後、紆余曲折はあったが、戦国期以降も命脈を保つことになる。

その後十五世紀半ばの直朝の時代に、岩城一族の内紛に介入するなどした。また会津の蘆名氏と協調しつつ勢力拡大をはかったが、最終的には直朝曽孫義親《よしちか》の時代に伊達の傘下に入った。

＊白河関は勿来（菊多）関・念珠《ねず》関とともに奥羽三関と知られる。昭和三十四年（一九五九）から五年間にわたり、白河市・福島県教育委員会共催の発掘調査が実施、「関ノ森」の伝承の地はJR白河駅南方十キロ・栃木県境北方五キロの山間に位置し、現在は白河神社が祀られている。付近には白河藩松平定信《まつだいらさだのぶ》の「古関蹟碑」（寛政十二年〈一八〇〇〉）が建立されている。柵列《さくれつ》跡・住居跡・鍛冶場跡の遺構が発見されている。「関ノ森」擬定地として①白河市旗宿《はたじゅく》、②同市の境明神《さかいのみょうじん》の二つが候補とされてきたが、前者の地が有力とされる。

◆石川氏

石川氏のルーツ 南奥の武的勢力として石川荘の石川一族も知られる。石川の地は山道（中通り）の白河郡に属しており、中世的郡郷制の改編以後に石川郡が登場する。ちなみに明治初年の段階では、ここも磐城国に該当した。白河郡から石川荘が成立したのは、院政期の十一世紀後半とされる。同荘は平治の乱で敗れた藤原信頼の所領だったが、その後は平重盛の知行とされた。内乱期以後に、鎌倉幕府から地頭に任ぜられたのが石川氏だ。同一族は源満仲《みつなか》の子で、大和源氏の頼親《よりちか》の子頼遠《よりとお》を流祖とする。頼遠が前九年合戦に従軍、戦死後にその子有光《ありみつ》が勲功として石川郡を与えられたという。

石川氏はその有光の末裔だった。『尊卑分脈』以外にも、「石川系図」その他によれば、有光以降は、まちまちで定かではない。半ば伝承の域を出るものではないが、有光については源義家《よしいえ》の奥州経略にさいし、これに代わり「仙道七郡ヲ統治」することを許されたとの話もあるが、定かではない。ちなみに石川荘は院政期に立荘された荘園群と解されている。中央権門の地方での立荘の趨勢に合わせて、現地へと下向したのが有光とされる。

石川の地を領した有光は、石川城（三蘆《みよし》城）を築きここに住した。その子基光《もとみつ》（元光）は、後三年合戦で義家に従軍、武功をなしたという。家督は光義《みつよし》が継ぎ、庶子の季康《すえやす》・政光《まさみつ》には、それぞれ所領が分与された。十二世紀末の内乱期に生きた広季《ひろすえ》の時代は奥州合戦の段階で、鎌倉軍の先導役として活躍したとある。なお『尊卑分脈』では有光の孫光義の子光治《みつはる》は、承久の乱の勲功として美濃国市橋荘《いちはしのしょう》の地頭職を与えられている。

鎌倉末期石川地域をふくむこの地は、北条得宗家の所領となる。石川氏は北条氏との血縁を足場（たとえば光貞は北条泰時の息女を妻とした）に、御内人《みうちびと》としての性格を強めていった。このことは元亨三年（一三二三）の北条貞時《さだとき》の十三年忌法要にさいし、各種仏事の遂行のため一八〇人余の御家人が砂金を献上したが、そこには長崎氏以下の御内人とともに、石川一族も名を連ねており、その立場が推測される（『鎌倉市史』『円覚寺文書』）。

なお、石川氏は蒲田《かまた》城（古殿町）も拠点としたが、十五世紀半ばの宝徳年間（一四四九―五二）に近隣の白河結城氏の直朝に攻略され、石川一族の多くが結城勢力の傘下に属した。石川氏は地勢的に周囲を岩城氏・田村氏・蘆名氏などの諸勢力に囲まれていた関係で、それらと敵対しつつも最終的に伊達氏に臣従した。

石川氏は岩城氏や佐藤氏と同じく、平安期以来の古豪的武的勢力で、いずれも軍事貴族にルーツを有しその末裔として地方に下向、開発領主として成長したと考えられる。ただし、下向の契機はさまざまで当初は、「留住《りゅうじゅう》」（都と

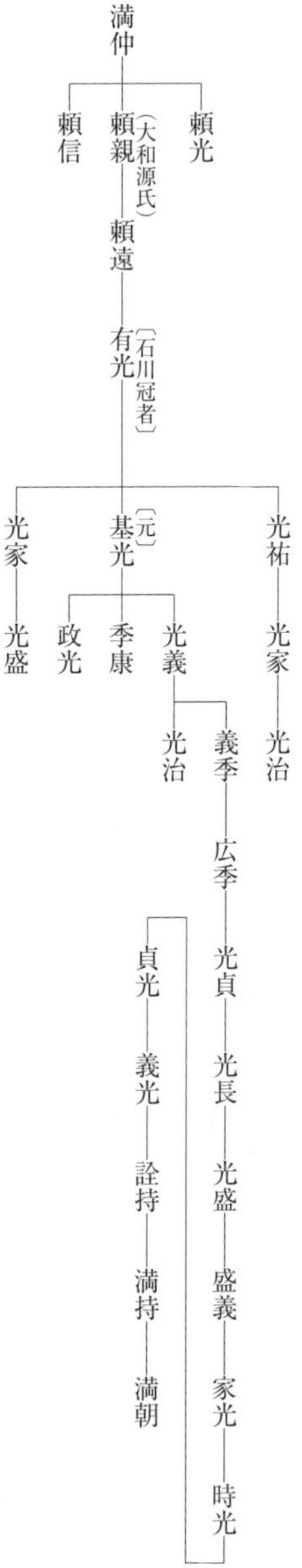

図11 石川氏略系図

地方の両方に基盤を有する双方向的立場）的要素も保持したと思われる。その後「土着」の方向に進むことになるが、その契機は、中央権門の荘園管理の委任による場合もあったであろうし、あるいは在庁官人化しつつ武的勢力へと転身するケースもあったと思われる。

石川一族の南北朝 その後惣領の石川時光《ときみつ》から義光《よしみつ》の時代は、鎌倉末・南北朝期にあたり石川一族は鎌倉攻略軍にも参じる。特に義光は新田義貞《にったよしさだ》軍に属し、稲村合戦で軍忠をなした。この石川一族の軍忠に対し、建武政権下では石川荘内の所領が白河結城氏に分与されるなど正当なる恩賞がなかった。このため建武政権に反旗をなし、義光は尊氏に従軍、上洛した。その後、湊川《みなとがわ》合戦に転戦したが、建武三・延元元年（一三三六）の坂本合戦で敗死した。その恩賞として岩瀬郡袋田《ふくろだ》などが与えられた。一方で石川荘内の白河結城氏との相論は鎮まらず、河辺八幡宮はその余波で焼失した。結城親朝と石川貞光《さだみつ》（光念）らの武力対立が原因とされている。恩賞問題が南北両党の帰属に深くかかわっていた好例である。その後も石川一族は足利に属し上洛、転戦する。この間、しきりに同氏に対しては吉野への誘降と一族内の切り崩しがなされたようだ。一三四〇年代初期は、北畠顕信が奥州へ下向、石川一族ともされる五大院兵衛入道が南党に移ったり、さらに一族の中心的存在時光も宮方に転ずるなど、従来、足利与党として一枚岩だった石川氏が惣領・庶子間で別の行動をとることとなる。

紆余曲折の末、最終的に同一族は一三五〇年代に入ると、足利与党勢として定着する。文和二年（一三五三）五月の宇津峰城の攻防戦には、惣領以下一族が足利軍として参戦したが、石川荘の領有は部分的には白河結城氏に握られたままだった。ちなみに石川一族は惣庶の対抗もあり、系図も異同が少なくない。したがって、軍忠状での人物比定も議論があるようだ（詳細は『福島県史』を参照のこと）。

◆田村氏

謎の多き一族

「奥州屈指ノ大族ナリ」（『姓氏家系大辞典』）とあるように、南奥の武士団として、南北朝期に存在感を示した。生粋の関東武士ではなく、『吾妻鏡』にもその名は登場しない。田村氏が基盤とした田村荘は、建武二年（一三三五）十月の『結城文書』に初見する。ここは、『和名抄』所見の安積郡小野（保）を基礎に成立したとされる。十一、二世紀の成立とされる田村郡との関係からすれば、田村荘は隣接の小野保とともに、同郡からの分出の地ともされる。今日、郡山市を流れる阿武隈川《あぶくまがわ》の東岸以東が田村郡で、阿武隈山系に位置する。その南方は岩城・石川・岩瀬の諸郡が、北方は安達・標葉・行方・信夫の諸郡があった。

田村氏の出自には、坂上《さかのうえ》氏出自説と藤原氏出自説がある。前者については田村麻呂《たむらまろ》の後胤で、「田村系図」には田村麻呂の四男浄野《きよの》（清野）の曽孫古哲《こてつ》を流祖とする。以下は伝承レベルでの話だがその古哲について、九世紀末の寛平期に活躍、よく故事に通じたところから、これを名としたという（『姓氏家系大辞典』）。古哲以後、系図では子孫はいずれも「顕」を通字としたようで、「古哲―顕谷―平顕―友顕―忠顕―吉顕―家顕―実顕―長顕」と見えている。この長顕から八代目の輝顕《てるあき》の時代に「北畠顕家ニ属ス」と見え、顕の字をはばかり、輝定と改名したとある。以後の系図の満顕《みつあき》、持顕《もちあき》あるいは義顕《よしあき》等々は室町将軍の偏諱《へんき》を名乗っており、建武体制から室町体制への移行期は、田村氏にとっても大きな転換期だったようだ。

図12　田村氏略系図

坂上田村麻呂―清野―内野―顕麻呂―古哲―顕谷―平顕―友顕―忠顕┬家顕―実顕―長顕―（七代略）―輝顕〔輝定〕―家吉
　　　　　　　　　　　　　　　　　　　　　　　　　　　　　　　└吉顕

ただし、「顕」云々の統一的な整然感が、逆に系図作成上での作為を抱かせることも事実だ。このあたりは南北朝期に浮上した、地域武士団の田村氏の歴史への自己主張の仕方とも関係する。その点で同氏が隣国の下野《しもつけ》小山《おやま》氏の乱に関与したことは、その存在感を示すことにも繋がった。小山義政《よしまさ》・若犬丸の乱と呼称されたこの乱は、南北朝の動乱の最終段階に勃発する。康暦二年（一三八〇）の義政の蜂起から子の若犬丸が応永四年（一三九七）の敗死するまでの十八年におよぶ長い争乱だった。

田村一族の自己認識

「田村・若犬丸の乱」とも呼称されるように、これに加担したのが田村則義《のりよし》・清包《きよかね》父子だった。けれども、彼らの名は系図には記されておらず、時期的に該当するとすれば、先述の輝顕（輝定）以後に属する。系図上での人物としては輝顕（顕定）の子孫満顕・持顕あたりの時期と対応している。則義・清包父子の存在は『鎌倉大草紙』に見えている。そこには小山義政の乱にあって、後継の小山若犬丸（隆政）が父義政の敗死後、この南奥の田村氏のもとに身を寄せ、再挙をはかったとある。応永三年（一三九六）二月二十八日、鎌倉公方足利氏満は関東十ヵ国の兵を率い鎌倉を出発、六月には白河の結城満朝の館に入った。長期におよんだこの反乱も最終的に田村荘司父子が退散、公方の氏満も翌月には帰鎌、若犬丸自身も会津に逃れたものの翌応永四年正月に自害し乱は終息をみる。

田村氏と小山氏の連帯がいつの時点で成立したかは明瞭さを欠くものの、応永二年秋には田村荘内で「田村御退治」の戦いがあり、両者の連携はこの時期にはなされていたようだ。いずれにせよ、小山氏の乱は、その後半は奥州を巻き込む長期戦の様相を呈しており、田村氏の存在がそれを支えたことは明らかであった。

『鎌倉大草紙』は、その田村氏について以下のように説明する。「此ノ田村庄司ハ、征夷大将軍坂上田村丸、陸奥守ニテ下向ノ時、我ガ出生ノ地ニ、子孫ヲ一人残シ給ヒ、代々則チ田村ノ庄司ト号ス、北畠殿国司ノ時ヨリ、宮方ニテ、代々関東へ属セズ、自立ノ志アリシカバ……」と見えている。田村麻呂の末裔云々はいかにも附会的説明ながら、田村一族が北畠顕家に与し、吉野と気脈を通じ、「自立ノ志」の強い勢力と解されていたことは疑いない。

かつて建武体制下にあって北畠顕家の散布した〝吉野〟の種子は、南奥にあって特に顕著だった。顕家の死後も弟顕信が須賀川《すかがわ》と郡山にまたがる宇津峰城を拠点に、足利勢と敵対し続けていた。田村庄司の一族は白河の結城親朝の傘下で活動していたが、他方では田村一族には北畠親房側から「田村庄司一族中」の異変を警戒する状況もあり、異《こと》旗《はた》を立てる動きもあったようだ。惣領たる宗季は南党に軸足をおき、北畠顕信を擁して多賀城攻略に参じている。

また宗季は劣勢であった常陸の関城《せき》にいる親房の下に、支援のため銭千疋を贈ったという（一三四三年）。その後、宇津峰城は陥落するが、その防衛戦に参じた主な勢力がこの田村氏と伊達氏だった。相馬・岩城・伊賀・石川、そして結城は攻略軍に参じたという。田村氏には庄司系とは別に三春系もあり、宇津峰落城後は、この三春系の田村氏が北党に属し戦い、後の田村氏の本流となってゆく。他方、かつて南党の庄司系は宇津峰陥落以前に投降、所領の一部は温存されたという。

「自立の志」の再生

田村郡の近傍が吉野（南朝）の拠点となったことで、田村一族にとって「自立ノ志」の再生に繋がった。南奥吉野側の拠点は霊山から、その後は宇津峰城へと移ったが、田村一族は周辺勢力が足利参陣の情勢下にあって、吉野に与する数少ない武士団の一つだった。小山義政・若犬丸父子はその蜂起の当初、「吉野方ト号シ」挙兵した。『鎌倉大草紙』所載のこの記事は、〝賞味期限〟が失効した〝吉野の力〟を義挙の名目とした。かくして〝吉野〟はことあるごとに、劣勢に立つ側に呼び出される記憶となった（この点、新田一郎『太平記の時代』、拙著『敗者たちの中世争乱』も併せ参照）。そこには南奥の田村氏との連携も視野に入れられた。

その「田村・若犬丸の乱」にさいし、新田《にった》義宗《よしむね》の子息たち以下の「上州・武州ニ隠レタル宮方ノ末葉」が多く参集したとの指摘にも、この乱の規模の大きさが窺える。＊田村氏はまさに南奥の〝宮方勢力〟の橋頭堡だったことになる。

一方、三春系の田村一族の動向は、明瞭を欠くようだ。室町後期にあっては、海道の相馬氏、さらに蘆名・伊達あるいは白河結城氏等々に囲まれ、勢力拡大は限界があったとされる。田村氏は義顕以後に、その拠点を北方の三春に移すことになるが、やがて伊達氏の傘下に入る。三春に拠点を移した一族は「平姓」を名乗っており、あるいはそれまでの田村庄司一族とは、別系の田村氏の可能性もあるとされる。

＊参考までに、田村庄司父子と若犬丸の連携について、『鎌倉大草紙』は次のように伝える。
「応永三年ノ春ノ比、小山若犬丸、奥州へ逃下リ、宮方ノ余党ヲ語ラヒ隠レ居タリシガ、奥州ハ関東ノ分国ト成リテ、鎌倉殿ヨリ代官・目代、数多下リテ隠家モナカリシカバ、奥州ノ住人田村庄司清包ヲ頼ミ、古新田義宗ノ子息新田相州、并ニ其ノ従弟刑部少輔ヲ語ラヒテ、大将ト号シ、白川辺へ打ッテ出ケル間、上州武州ニ隠レ居タル宮方ノ末葉、悉ク馳セ集リケル」

◆二階堂氏

吏僚派武士団の代表

二階堂氏が南奥に領有したのは岩瀬郡とされる。岩瀬郡については鎌倉期の史料には登場せず、岩瀬荘として名をとどめる。ここは十二世紀半ばの平安末に左大臣源有仁《みなもとのありひと》が領有した荘園として知られる。白河郡の北方、石川・田村両荘の西方に位置した岩瀬郡は、須賀川市の西方の旧長沼町を中心とした地域だ。近代は一時的に岩代国に位置した。

二階堂一族は本姓藤原南家で武智麻呂《むちまろ》の流れに属す。鎌倉期に台頭した名族である。奥州合戦がやはり画期だった。地域武士団としての成長は、南北朝期以降とされる。『尊卑分脈』には平安中期の維遠《これとお》から五代目の行政《ゆきまさ》が鎌倉幕府の政所《まんどころ》執事として活躍、二階堂氏発展の基礎を築いた。岩瀬郡の基盤は同郡の西方に領有していた地頭職にあった。

南北朝期に北畠親房が白河結城氏の親朝に、二階堂時藤《ときふじ》（道存《どうぞん》）跡として宛行っており、以前には行村《ゆきむら》の時藤系二階堂氏が知行権を有した。かつて建武新政の段階のおり、陸奥将軍府を補佐する式評定衆の一員に、行村—時藤系とは別の行光《ゆきみつ》系の清行《きよゆき》（行珍）・顕行《あきゆき》の名が確認でき、テクノクラート的吏僚武士団たる同一族の性格が窺える。政権上層部の変更にかかわらず、行政手腕を有した一族の強靭さは注目される。ちなみに二階堂氏と岩瀬郡との関係は、泉《いずみ》親衡《ちかひら》の乱に与した和田一族の胤長《たねなが》が二階堂氏に預けられ、岩瀬郡鏡沼《かがみぬま》で誅されており、二階堂氏とこの地域との繋がりを推測できる。

二階堂氏は別に、信夫《しのぶ》郡にも行村系統の二階堂氏の所領があり、南奥のいくつかに地頭職の権限を有していたと考えられる。ただし、他の武士団と異なり地域領主として、根を張った勢力にはならなかったと思われる。行光系・行村系、いずれもが南北朝動乱初期には、かつて岩瀬郡に有した二階堂氏の権益は、一時的に結城親朝に預けられた。その後の吉野側の退潮で、再度二階堂氏の復権がなされた。

二階堂氏は十五世紀半ばに為氏《ためうじ》が現地に下向するまでは、代官による間接支配だったという。須賀川を基盤とする現地下向組の二階堂氏については、かつての時藤（道存）の末裔と目されているが、行実《ゆきざね》系と解する系図もあり一定しない。

新たな政治的磁場

なお、岩瀬郡に長沼の地名があるが、これについては下野国の秀郷流に属した長沼宗政《ながぬまむねまさ》（小山氏の一族）の流れともされる。長沼氏の下向は、結城氏との関係によったとされる。南北朝期に活躍した宗秀《むねひで》の子息たちのうち、朝実《ともざね》・秀直《ひでなお》の時代の可能性が高い。元来、結城氏と長沼氏は小山氏の同族に位置した。岩瀬郡西方の長沼の地は白河荘にも近く、結城親朝の子を長沼氏は養子としたことで、長沼氏による岩瀬移住が推進されたという。

一三四〇年代、北畠勢力の撤退後に、長沼氏は結城氏とともに足利側に転じこの地域との縁を深める。

一四〇〇年代に入り、二階堂氏の基盤だった岩瀬郡の須賀川方面には、新たな鎌倉府の影響が強まる。稲村御所として足利満貞が鎌倉（関東）公方満兼の連枝の立場で下向した。この地は二階堂氏の須賀川域から南西四キロの地にあ

図13 二階堂氏略系図

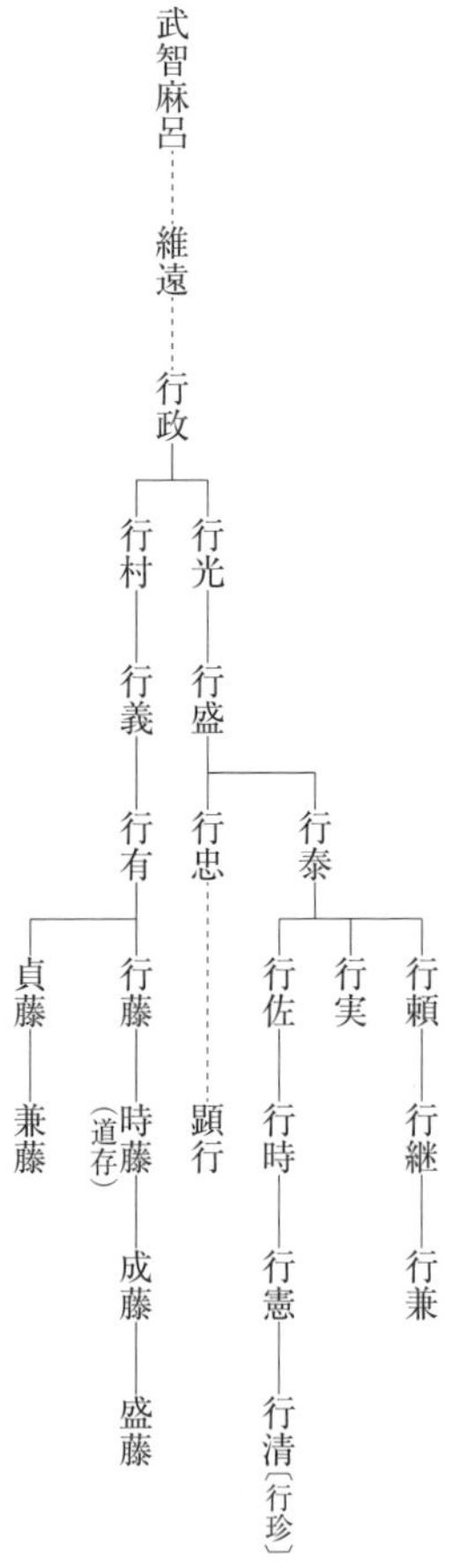

り、阿武隈川支流の丘陵地に位置した。二階堂系図に見える行藤《ゆきふじ》は稲村七郎と号したとされ、同地域が二階堂氏の支配エリアだったことが窺える。いずれにしても二階堂氏の基盤は稲村御所の膝元にあって、これを補佐する関係にあった。安積伊東氏の項でも指摘するように、応永年間の仙道一揆にさいし、二階堂氏が伊東・田村・石川諸氏の媒介役となったことは留意すべきとの指摘もある。

その応永年間には、上杉禅秀の乱（一四一六年）が勃発、この乱では二階堂一族は鎌倉公方持氏派と禅秀派の両派に分立して争った。特に須賀川二階堂一族の祖為氏は持氏与党として、禅秀勢を攻撃したとされる。

◆伊東氏

安積郡と伊東氏 岩瀬郡の北に位置した安積《あさか》郡に関係した武士団に伊東一族がいる。* 東方は田村、北方を安達の両荘が、そして西方には猪《い》苗代湖《なわしろこ》を擁するエリアが安積郡で、今日の郡山市は同郡の東方に位置した。同じく旧岩代国である。

「安積伊東氏」と称し、伊豆の伊東氏の庶流にあたる。前記の二階堂氏と同じく、南家武智麻呂流で、工藤・狩野《かのう》らの伊豆武士団と同祖とされる。彼らの血縁的ネットワークについては『曽我物語』などにもよく登場する。伊東氏と安積郡との関係はいうまでもなく、奥州合戦以後に属する。『吾妻鏡』(文治五年〈一一八九〉七月十九日条)によれば、伊豆方面の武士として伊東一族とともに工藤祐経《くどうすけつね》・景光《かげみつ》・行光《ゆきみつ》・狩野親光《ちかみつ》・宇佐美《うさみ》祐茂《すけもち》らの名が見えている。従軍した伊豆武士団は武功を顕し、伊東一族も所領分与にともない安積方面に所領を与えられた。

伊東一族のなかで、安積郡と関係ある人物として登場するのが伊東六郎祐長《すけなが》だ。彼は例の工藤祐経の子息にあたる。泉親衡の乱の恩賞で同郡を与えられたともされる。さらに和田一族を預った人物として伊東六郎祐長・八郎祐広《すけひろ》の名が見えている(『吾妻鏡』建保元年〈一二一三〉二月十六日条)。二階堂氏が和田胤長を預かったと同様に、奥州に所領を有したこの伊東氏に和田義直《よしなお》・義重《よししげ》が預けられたのであろう。

兄祐時《すけとき》が本領である伊豆の伊東に拠点を置いたのに対し、祐長は安積六郎左衛門尉と通称されているように、安積郡を名字の地とした。地域武士団として鎌倉後期にはこの地方に下向していたと推測される。石塔塔婆などの点在具合も加味した場合、伊東祐長一族の同郡の基盤は、郡山市内の富久山《ふくやま》・安積方面が候補とされるようだ。点在する塔婆は、鎌倉初期の承元から後期の弘安年号を有するものとされる。「堀ノ内」の地名を残す喜久田町《きくたまち》が、安積伊東氏の拠点と推測されている。

南北朝期の安積伊東一族

祐長の子息たちのなかで、祐能《すけよし》の末裔が安積の地に在住したとされる。南北朝動乱期の伊東氏については「伊東家系譜」に記されている(『郡山市史』)。「安積系図」などによれば多くの南奥地域の武士団と同じく、元弘・建武の乱では北条氏から建武政権に、そして足利に服属というコースをたどったと考えられている。足利側への積極的加担は、一三四〇年代の結城氏の南党からの離脱後とされる。安積伊東氏の動きには惣領のこうした動向とは別に足利側に参じた庶子もおり、惣庶間での相違もあったことも窺える。当該期武士団の常とはいえ、共通した現象だった。

図14 伊東氏略系図

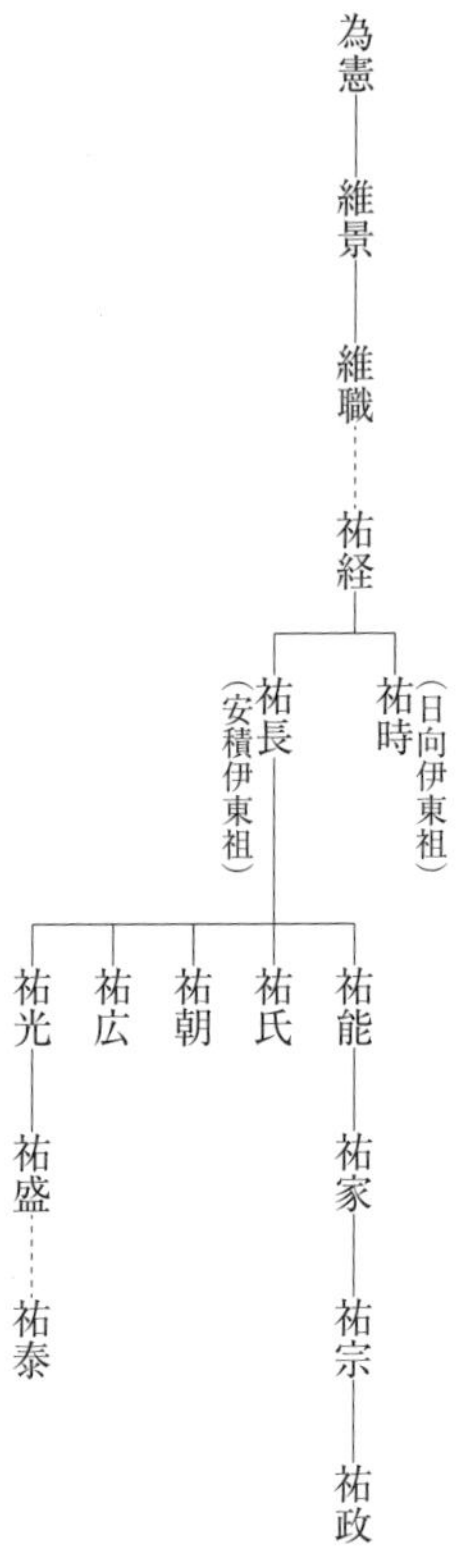

その後一三五〇年代、観応二年（一三五一）三月には田村氏と一揆の約定がなされ、軍事・所務・雑務にいたるまで相互同盟が結ばれており、足利氏の奥州管領府からのタテの統轄秩序とは異なるヨコの同盟も登場していることに留意を要す。この契状には惣領とおぼしき人物も名を連ねており、地域領主として安積伊東氏の自立が窺える。この一揆の流れは、一四〇〇年代に加速される。応永六年（一三九九）鎌倉公方に属した満直・満貞両御所が篠川・稲村に下向、地域的に近いこともあり、これを支える武力として期待されることになる。

鎌倉公方勢力は奥州での基盤作りにさいし、惣領統轄権が比較的弱い安積・岩瀬・石川・田村等々の武士勢力を基盤とした。彼らの諸勢力を連結させることで、その与党化がはかられた。「仙道一揆」の約状冒頭に、公方の「上意ニ応ジ、同ジ忠節ヲ致スベシ」と、見えているのはその証しといえる。

伊東・田村・石川の武士団は一族庶流の分立傾向が強く、同じ仙道（山道）諸郡に勢力を有した伊達・蘆名・結城白河諸氏らの有力武士団とは、様相を異にした。安積伊東氏をふくめた応永十一年（一四〇四）の仙道一揆の登場の背景には、こうした流れがあった。いわば公方勢力と一揆勢力両者の利害合致があった（『福島県史』）。なお、当該の一揆結成の領導的役割を果たしたのは、同じく武士団規模としては小さい二階堂氏だった点も留意を要す。鎌倉公方勢力の与党たる二階堂氏を推進役として、仙道一揆が浮上したことは国人領主層の台頭とあわせて、かつての武士団の統合秩序が変質しつつあったことを示す。

＊ 伊東氏が拠点とした安積郡の北方に安達郡が位置する。ここもまた、鎌倉武士との関係が知られる。頼朝の股肱の臣として著名な安達《あだち》盛長《もりなが》と繋がりもあるとされる。ただし同氏がこの安達郡と関係するとの確証は定かではない。安達氏は山蔭流藤原氏の流れに属した。かりに安達氏がこの地域に何らかの権益を有したとしても、間接的支配で、地域領主としての在住性はなかったと思われる。諸種の伝承は存在するにしても、確実な足跡は不明である。

◆蘆名氏

三浦氏の分流、会津の雄

相模の名族三浦氏の分流に蘆名氏がいる。流祖は三浦義明《よしあき》の子佐《さ》原《わら》十郎義連《よしつら》である。本拠の三浦半島西岸の蘆名にちなむ。義連の子盛連《もりつら》からの名乗りとされる。鎌倉中期の宝治合戦（一二四七年）で惣家の泰村《やすむら》の家系滅亡後、その名跡を継承した。盛連の子息、盛時《もりとき》・光盛《みつもり》・時連《ときつら》らの兄弟は、本惣の三浦氏には味方せず北条時頼側に参陣した（『吾妻鏡』宝治元年六月二日条）。盛時らの母矢部禅尼は北条泰時に嫁し時氏《ときうじ》（時頼の父）を生み、佐原氏に再嫁した。

奥州合戦の武功で会津＊を給与されたとされるが（『新編会津風土記』）、確証はない。蘆名氏の下向は鎌倉中期の盛連の子光盛以降とされる。光盛は盛時の弟にあたるが、宝治合戦以後、蘆名氏もふくめ佐原系三浦氏は会津方面に所領を有したとはいえ、北条得宗家の強盛の前に低調だった。奥州の蘆名氏の飛躍は、やはり鎌倉末・南北朝以降だった。元弘・建武の乱で蘆名盛員《もりかず》は、当初北条側に属し後醍醐追討軍に属していた。その後の中先代の乱ではこれに呼応し、建武二年（一三三五）の片瀬川合戦で戦死した（『太平記』『葦名系図』）。

家督を継いだ直盛《ただもり》は、会津の黒川（のち若松と改名）に拠点を定めたという。『真《ま》壁《かべ》文書』などによれば、直盛は十四世紀半ばの文和年間には会津方面で活動しており、この段階には地盤を南奥会津に移していたことが推測される。

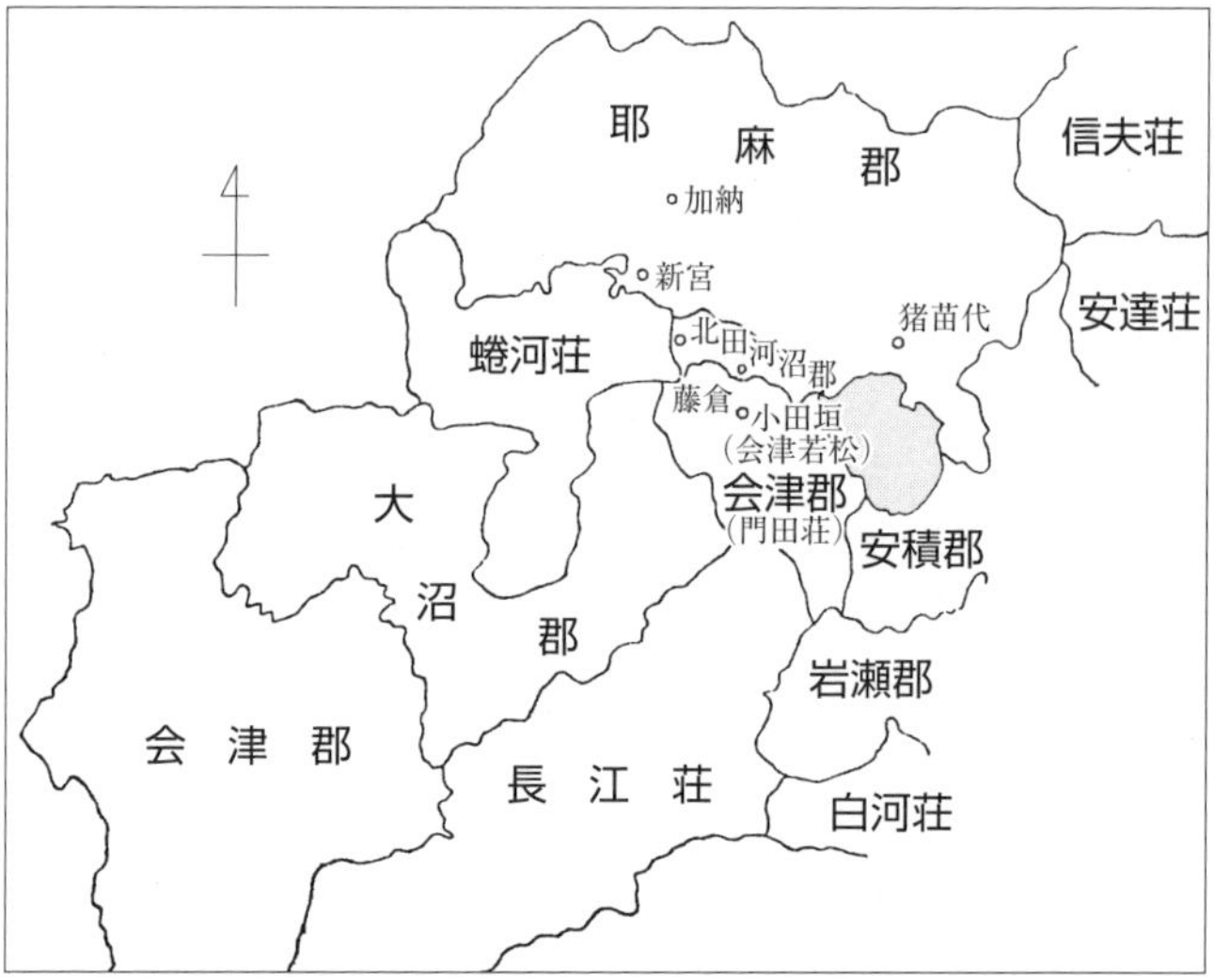

図15 会津の地図 『福島県史』より

したがって武士団としての会津蘆名氏の誕生は、光盛を皮切りに歴代北条氏の被官として、会津方面での基盤の強化にあたったと考えられる。最終的には足利勢に与党化することで、直盛以後に会津への〝地ならし〟が進展したと解される。** ちなみに直盛については『太平記』（巻三十一）にも名が見えている。

直盛の子詮盛《あきもり》は弾正少弼《だんじょうしょうひつ》の肩書を有し、応安（一三六八—七五）から康暦（一三七九—八一）年間での活躍が知られる。また十四世紀最末の応永七年（一四〇〇）、満盛が黒川城に本拠をかまえ、伊達氏と結び篠川御所と敵対するなど、蘆名氏の反服常ならざる事情が理解される。

さらに修理大夫盛政《もりまさ》は会津守護（代）を称し、応永二十三年（一四一六）の上杉禅秀の乱では、鎌倉公方足利持氏と対立した。その後、一族の内紛で新宮《しんぐう》氏と対立抗争を続け小布瀬城を陥落させたという。蘆名氏は盛久《もりひさ》・盛舜《もりきよ》・盛氏《もりうじ》と続き戦国期に最盛期を迎えるが、その後は歴代の若死に続き、天正の時期に伊達政宗との戦いで敗北、滅亡する。

＊ 会津郡の由来は諸説あるが、よく知られているのが『古事記』の四道将軍伝承だ。四道将軍大比《おおび》古命《このみこと》と健沼河別命《たけぬなかわわけのみこと》がここで出会ったことから「相津」の地名が起こったとされる。同郡は大化の国郡制定のおり建置され、養老二年（七一八）に陸奥国の会津・白河・石背《いわせ》・安積・信夫の五郡を割いて石背国とした。数年後には石背国は廃され、会津郡は再び陸奥国へと編入、平安初期には会津郡から耶麻《やま》郡さらに大沼郡が分立したとされる。中世には会津の地は門田《もんでん》郡と表記され、近世にはかつての会津郡のエリアは会津・

大沼・河沼《かわぬま》・耶麻などの諸郡で構成されるにいたる（以上についての詳細は『福島県の地名』も参照）。ちなみに会津の中心会津若松は会津盆地の東南に位置し、同地は「黒川」と呼称され、本文にも記したように蘆名氏の拠点だった。直盛は小高木（小田垣《おだがき》）に館をなした。戦国大名としてここに入部した蒲生《がもう》氏郷《うじさと》は、かつての「黒川」を改め、氏郷の出身近江蒲生郡若松にちなみ「会津若松」と命名した。

＊＊　ちなみに会津盆地の武士団としては蘆名氏以外にも、長沼氏（秀郷流藤原氏）・河原田氏（下野の小山氏の流れで、同国の河原田が本貫）・山内氏（秀郷流藤原氏。相模の鎌倉山内荘を本貫とする）の諸氏があった。十六世紀末まで「会津四家」と呼称され、威を誇ったとされる。その詳細は『会津若松史』や『福島県史』を参照されたい。なお会津はその地勢によって南北の二つに分けられ、蘆名氏は主に盆地北部の米作地帯に、他の三氏は会津南部・丘陵地部に所領を有したという。また、蘆名氏は会津郡の北方の耶麻郡に基盤を拡散させた。分出した同族として地名を名字とした義連の長子経連《つねつら》が猪苗代《いなわしろ》氏、次男の広盛《ひろもり》が河沼郡北田に住し北田氏を、そして三男盛義《もりよし》が藤倉氏を、四男の盛時が耶麻郡の加納を領し加納氏を、五男の光盛は蘆名氏を称した。さらに六男の時連が喜多方方面で新宮氏を称したとされる。

図16　蘆名氏略系図

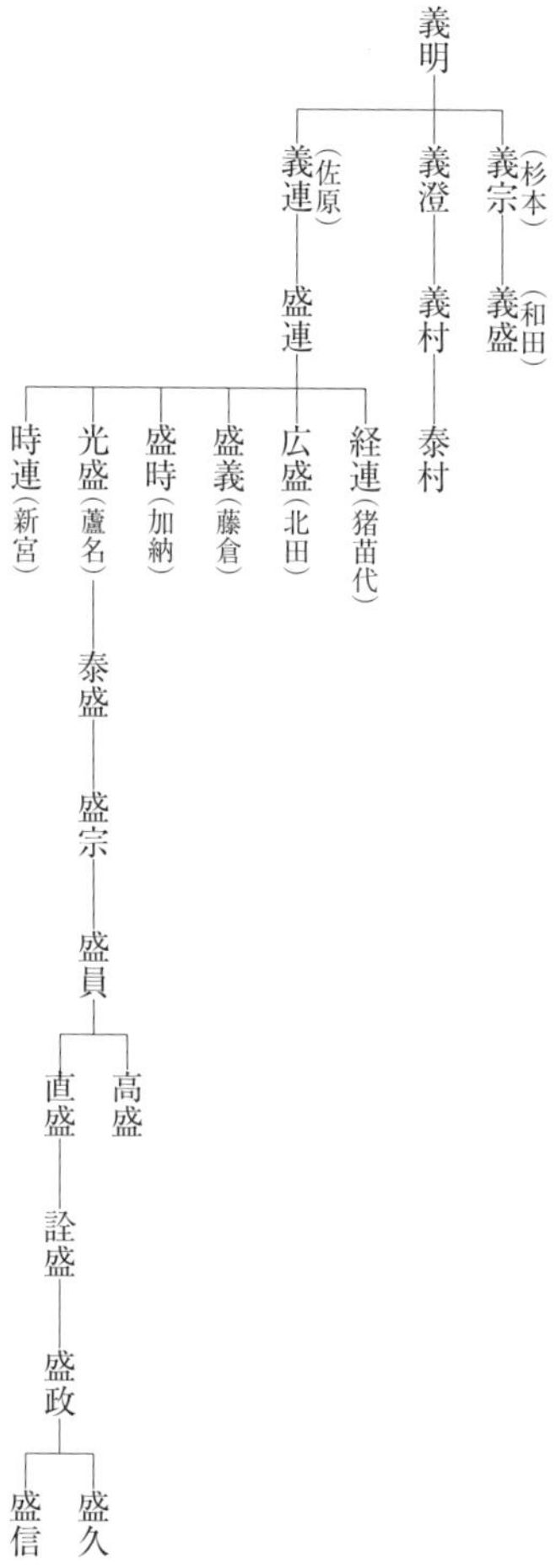

◆伊達氏

常陸から奥州へ　伊達氏は鎌倉期以来の奥州屈指の名族だ。本姓は藤原氏。藤原山蔭《やまかげ》六代の子孫実宗《さねむね》が常陸国伊《い》佐荘《さのしょう》中村（茨城県筑西市）に住し、伊佐または中村を称したことに始まる。一族の飛躍は頼朝の奥州合戦（一一八九年）で従軍した朝宗《ともむね》（念西）*の時代におとずれた。伊達郡石那坂《いしなざか》での武功が大きかった。信夫庄司佐藤一族と戦い、その武功により伊達郡が与えられた（『吾妻鏡』）。奥州入りした他の関東武士団と異なり、比較的早く現地に下向、所領経営を展開したこともその後の伊達氏の発展に繋がった。

朝宗（念西）は長男為宗《ためむね》を常陸の本領に残し、自ら他の子息ともども伊達の地に移住、郡地頭として領主支配に臨んだとされる。伊達の惣領は次男の宗村（為重《ためしげ》）の流れが継ぐことになる。朝宗の拠所は伊達郡の中心の桑折《こおり》に近い高子岡《たかこがおか》とされる。

為重は『吾妻鏡』建久六年（一一九五）の頼朝の東大寺供養の随兵《ずいひょう》として名をとどめている。その子義広《よしひろ》は「伊達判官代」と称し、『吾妻鏡』暦仁元年（一二三八）の頼経《よりつね》将軍上洛の記事に見える。さらに建長年間（一二四九―五六）にはその子政依《まさより》、さらに宗綱《むねつな》―基宗《もとむね》―行朝《ゆきとも》（行宗）と代を重ね、鎌倉末期にいたったことが関係系図からわかる。伊達氏のターニングポイントは『太平記』の時代、すなわち鎌倉末・南北朝期に活躍する行朝の時期におとずれる。行朝は建武政権下で構想されたとされる「奥州小幕府」体制の中心を担っていた。結城氏とともに、奥州に派された北畠顕家の支柱をなした。

行朝は陸奥国府に設置された式評定衆および引付にもその名を列した。建武政府からその功が認められ、陸奥北部の糠部郡の旧工藤氏の所領跡を給与されるなどした。

行朝から宗遠へ　行朝は顕家上洛戦に結城宗広とともに、「伊達信夫の勇兵」を率い参陣している。伊達一族は

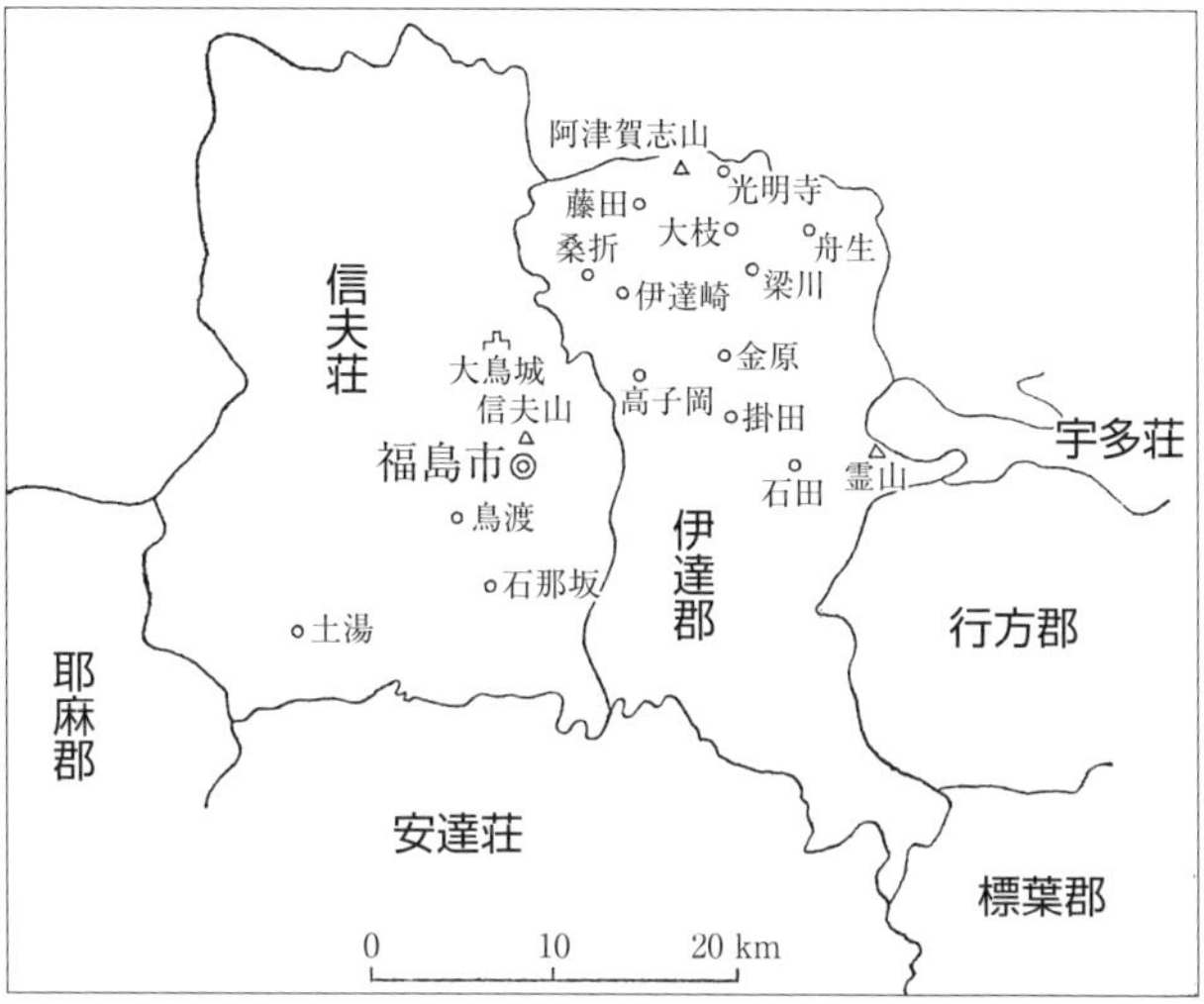

図17　鎌倉時代の伊達郡と信夫荘　『福島県史』より

図18　伊達氏略系図

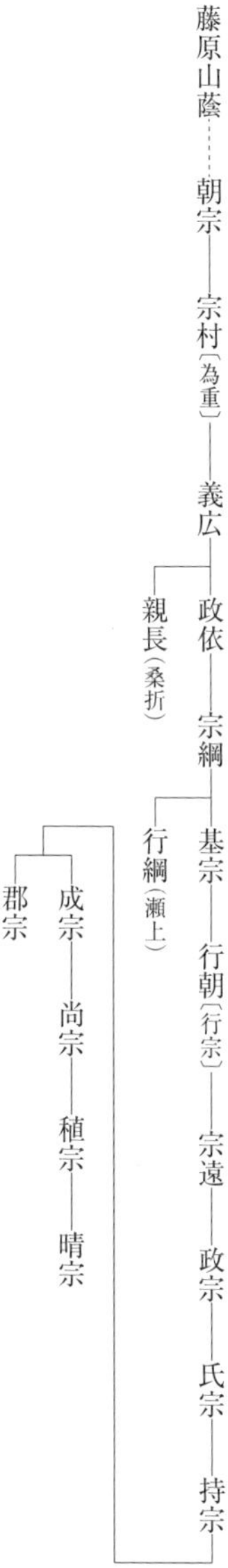

多賀国府から霊山へと拠点を移した北畠顕家・義良《のりよし》親王勢力の支えとされた。建武四・延元二年（一三三七）九月の二度目の顕家軍の上洛にも従軍した。行朝は顕家敗死後、弟の北畠顕信に従い暦応三・興国元年（一三四〇）から康永二・興国四年（一三四三）にかけて南奥の宇津峰から北進し、葛西氏の牡鹿《おしか》郡さらに八戸そして岩手郡・斯波《しわ》郡へと転戦、足利勢力と戦った。しかし、南党側の常陸での拠点の関城・大宝《だいほう》城の陥落で、伊達氏側にも歩調の乱れが生じる。当該期伊達氏へ尊氏側からの誘降もあり、桑折氏系の政長らは「当知行地半分」の領有を条件に足利方に転じるなど異なる動きに出る。しかし惣領の行朝と子息達らは、依然として吉野側に属し、抵抗を続けた。

行朝死後の伊達氏の中心は子息の宗遠《むねとお》だった。宗遠は田村一族とともに観応の擾乱を機に、多賀国府の一時的奪回に成功するが、最終的には足利側による勢力回復で撤退を余儀なくされた。南奥の反足利氏の中心勢力であった伊達・田村も一三五〇年代に足利側に属することになる。ちなみに行朝の妻は田村一族から迎えられており、両者は姻戚関係もあった。

足利一門の陸奥での支配の中心は奥州管領（府）だった。従前の奥州総大将の流れを継承する管領（府）には、吉良貞家・畠山国氏《はたけやまくにうじ》が下向・統轄にあたった。伊達氏も田村・石川・岩崎の諸氏とともに管領（府）の一翼を担うことになる。

政宗から持宗へ、南奥の抵抗勢力

一三〇〇年代後半、康暦年間（一三七九―八一）に勃発した北関東の小山義政・若犬丸の乱は十数年の長きにわたり、奥州へも飛び火した。田村一族もこれに与同、鎌倉府は公方足利氏満が南奥に進軍し「田村退治」を伊達氏にも令達するが、同氏はこれに与せず静観した。当該期、伊達氏の惣領は宗遠から政宗《まさむね》の時代だった。政宗の妻は、将軍義満の生母良子《よしこ》の妹にあたる。伊達郡は亘理郡をへて中奥の多賀国府にも近く、大崎氏との連携も小さくなかった。

一三〇〇年代末、明徳段階での奥羽両国の鎌倉府への管轄権の移譲で、新たな変動が生み出されることとなった。幾度かふれたように、稲村・篠川両御所の設置は、南奥の政治地図の変更をもたらした。奥州管領との支配権の確執が想定された。伊達氏の場合も、この鎌倉府の代理勢力の南奥進出が、自己の権益の喪失に繋がることから抵抗の姿勢を示した。

両御所下向の一年後の応永七年（一四〇〇）、政宗は会津の蘆名満盛とともに反乱を起こした。この時期、伊達氏は出羽の置賜郡《おきたまぐん》にも勢力を拡大しつつあった。同郡所在の関係地域の鎌倉府への権益割譲をめぐる対立が原因とされる。『余目記録《あまるめきろく》』には伊達氏に対して公方側から過大な料所（直轄領）要求があったためとする。政宗はその後赤館（桑折）に城を構え、上杉氏憲（禅秀）率いる鎌倉府勢を迎え討った。この赤館合戦で禅秀側は大勢力で包囲したものの、陥落させ得なかった（『鎌倉大草紙』）。

政宗の孫持宗《もちむね》の時代、応永二十年、伊達氏は再び蜂起する。持宗は信夫郡大仏城（福島市杉妻）に籠もり、鎌倉府に反旗を翻した。この戦いにあっても、鎌倉府側の公方勢力は伊達氏を鎮圧できなかった。この鎮圧には鎌倉公方持氏から、二本松の畠山国詮《くにあきら》に追討の令達がなされた。白河結城氏以下の奥州武士の多くが、不参加だったことも大きかった。政宗や持宗による鎌倉府への反抗の背景には、幕府と鎌倉府との対抗関係のなかで、伊達氏が幕府の後楯を得たことが少なくない。鎌倉府内部も応永年間後半における上杉禅秀の乱（一四一六年）や続く永享の乱（一四三八年）で、奥州支配に支障が生じていた。とりわけ後者の永享の乱で四代公方持氏が敗れ、鎌倉府が実質上の終焉を迎えたことは大きかった。

将軍義教《よしのり》政権下で勃発したこの幕府との内訌で、伊達氏は他の南奥の諸氏とともに、持氏追討の命令を篠川御所**を介し受けている。その篠川御所満直も、この永享の乱後に二本松の畠山氏や石川氏により滅ぼされ、四十年間続いた南奥の鎌倉府の基盤は喪失された。伊達氏は政治的磁場の喪失のなかで、南奥における地域統合の核として浮上する。

陸奥守護と奥州探題

伊達氏の勢力拡大の背景には京都幕府との密接な関係があった。持宗の子成宗《しげむね》は二度にわたり上洛している。文明十五年（一四八三）十月の成宗の上洛日記（『伊達家文書』）には、在洛中の進物の品々の件が見えている。前将軍足利義政《よしまさ》・夫人日野富子《ひのとみこ》ら有力者に太刀や馬・砂金などの大量の進物が献ぜられたという。持宗そして成宗《しげむね》時代での中央とのパイプが、その後の一族の発展に役立ったことになる。

関東と接する東北の伊達が鎌倉府と対抗するためにも、幕府との関係は重要だった。くわえて奥州方面での覇権掌握を目ざす同一族にとって、伝統的権威たる陸奥守護職や奥州探題への就任は飛躍につながった。幕府との良好な関係の成果は、成宗の孫稙宗《たねむね》の時代に実現した。大永二年（一五二二）のころ、稙宗は守護職に任ぜられた。鎌倉期以降、陸奥には守護が置かれなかった。十五世紀以来、鎌倉公方の衰退で奥羽両国は幕府直轄となっていた。名目上、これまで奥州支配は奥州探題（管領）の大崎氏が保持していた。稙宗による守護職就任により、奥羽はこの伊達氏を軸として動きはじめる。稙宗は十四男七女の子宝に恵まれた。入嗣・入嫁の婚姻関係を利用して、相馬・蘆名・大崎・二階堂・田村・葛西などの有力諸家との安定的な外交関係を結ぶことに成功した。多くの婚姻が稙宗の守護職就任以後のことであってみれば、やはり同職の重みは大きく、伊達氏がこれら諸家を従属させ得る状況が醸成されつつあった。

稙宗と『塵芥集』 婚姻を介しての外交とともに、稙宗は内政面でも大きな役割を果たした。伊達家の家法として知られる『塵芥集《じんかいしゅう》』の冒頭は「先々の成敗においては、理非を糺《ただ》すにをよばず。今よりのちは、この状を相守り、他事にまじはるべからず」（『中世政治社会思想』所収）ではじまる。『貞永式目《じょうえいしきもく》』以来の武家の普遍的道理を前提に、奥羽地方の個別の規範も加味した構成となっている。いわば普遍性と特殊性を合体させた内容で、地頭領主層を念頭に、百姓たちの年貢未納の犯罪規定なども記されている。そこには、領主層を介しての伊達氏の領国支配への志向が体現されているという。この時期、伊達氏は本領の伊達・信夫両郡をテコに支配領域を拡大し、福島県北部・山形県南部さらに宮城県中部までも勢力圏とした。さらに宮城北部から岩手南部に勢力を有した葛西・大崎両氏の支配地域にも、伊達氏の力が波及しはじめていた。

＊　伊達入道念西については朝宗と解する立場とは別に、朝宗の子宗村《むねむら》（為重）をこれに当てる系図もある。この宗村＝念西の時代に伊達郡を与えられたとしている。鎌倉期の説話集『古今著聞集《ここんちょもんじゅう》』に見えている（詳細は『福島県史』参照）。

＊＊　篠川・稲村の両御所のうち、前者の篠川御所満直が幕府に接近、他方の稲村御所の満貞は鎌倉府に近かった。応永二十三年（一四一六）の上杉禅秀の乱にあっては、南奥勢力の少なからずが禅秀側に加担するが、『鎌倉大草紙』によれば篠川御所・足利満直が仲介したとされている。当初、禅秀と共同歩調を取った篠川御所もやがて幕府と連携をはかることになる。当該期両御所の確執のなかで、親幕派の篠川御所が優位さを増したとされる（この点『福島県の歴史』および『福島県史』も併せ参照）。

◆佐藤氏

信夫郡司佐藤一族の立場 安達郡の北方に位置した信夫郡にも鎌倉以前に名族がいた。奥州藤原氏に殉じた佐藤一族である。今日の福島市域を基盤とした。福島県の北部に位置した佐藤氏の所領は、関東勢迎撃の最前線に位置した。平泉の権力にとっては信頼度抜群の存在だった。文治五年（一一八九）奥州合戦にさいし、阿津賀志山《あつかしやま》、さらに石那坂《いしなざか》合戦で勇名を馳せた。最大の激戦がなされたのも、この地域が奥州藤原氏にとって勢力保持の重要拠点だったからに他ならない。佐藤一族は合戦にさいし、泰衡《やすひら》の負託に応ずるべく戦闘に参じた。

佐藤基治《もとはる》の忠節は『吾妻鏡』の関係記事にも詳しい。佐藤氏の来歴は明瞭さを欠くが、秀郷流藤原氏に属し、流祖秀郷の子千常《ちつね》の子孫と伝えられる。佐藤の名字は陸奥をはじめ、日本全域に広く繁茂する。* 十世紀の天慶《てんぎょう》の乱での武功で、鎮守府将軍となった秀郷とその子孫は、北関東から東北方面に勢力を拡大させた。奥州藤原氏の初代清衡の父経清《つねきよ》も、陸奥国在庁として亘理権大夫を称し、秀郷の流れを汲む人物とされる。既述したように母方の安倍氏との婚姻で、亘理郡に地盤を有した地方名士（軍事貴族）だった。貴族的要素（秀郷は従四位の位階を授与）と豪族的要素たる在地性の両者が一体化するなかで、奥州藤原氏の基盤が築き上げられた。その点で平泉体制下の佐藤氏は、譜代《ふだい》の臣ともいうべき存在だった。清衡以降、頼るべき存在として勢威を信夫郡方面に保持したと思われる。

佐藤一族と奥州藤原氏の関係

この佐藤一族と奥州藤原氏との密接なる関係については、前述の基治と近い血筋と思われる信夫郡司（大庄司）季春《すえはる》についての話が興味深い。季春が奥州藤原氏二代目の基衡《もとひら》に忠節を尽くしたとの逸話だ。説話『古事談《こじだん》』『十訓抄《じっきんしょう》』（ともに鎌倉中期の成立）には、その佐藤一族と奥州藤原氏との主従の絆が伝えられている。白河院の近臣である宮内卿藤原師綱《もろつな》が陸奥守として下向したおり、平泉の基衡は陸奥一国を押領して「国威ナキ」状況だったという。新任の師綱は国内の検注を強行しようとしたため、これを阻止しようとした基衡側の勢力と武力紛争にいたったという。そのおり、基衡の意を受け国司側に実力で刃向ったのが乳母子《めのとご》季春だった。刃傷沙汰に発展したことから、国司側は基衡の責任を問う事件に展開してしまう。そのおり季春は主君基衡の窮地を救うべく、自らが責を負い死についたというものだ。

右の説話に載せるこの話は、おそらく実際の事件に取材したものだろう。

登場人物のなかで検注を強行した国司師綱は、康治年間（一一四二―四四）に陸奥の国司を辞しているので、これ以前の出来事に属した。基衡の活躍した時期とも大きな齟齬はない。** 信夫郡の地頭大庄司季春は残された系図上から氏名は確認はできないが、該当者がいた点は動かない。文治の奥州合戦で戦った佐藤基治はその名から推して、季春の父か祖父に比定できるとの見解も多い。

義経と佐藤兄弟

義経の従者として、対平氏戦の西海合戦で活躍した、佐藤継信《つぐのぶ》・忠信《ただのぶ》兄弟の父はこの基治であった。佐藤兄弟はかつて奥州の秀衡（基衡の子）のもとに身を寄せていた義経が、兄頼朝に加勢すべく平泉を出立するさいに秀衡から与えられた家人でもあった。この点、『吾妻鏡』の奥州合戦の条に詳しく記されている。

武士団としての佐藤一族の足跡は、伝承に彩られ明瞭を欠くものの、信夫郡を基盤とした同一族の来歴に手がかりを与えてくれる。

なお、佐藤季春は信夫郡の「地頭大庄司」とあるように、彼は郡規模の地頭で大庄司だった。ここでの地頭は鎌倉時代以前の地域での有勢者の私称と解される。そしてこの季春が他方で郡司であり、大庄司であったとされる以上、信夫郡は一郡規模で荘園化されたものと推測される。

以上、『古事談』『十訓抄』を足場に佐藤氏と奥州藤原氏との主従関係を紹介したが、この主従は季春の一代限りのものだったわけではなく、十二世紀末の基治やその子息継信・忠信まで継続したことだろう。継信・忠信兄弟の父基治は佐藤兄弟の世代から推して、基衡・秀衡の時代に活躍した家人だろう。泰衡《やすひら》の時代、その指揮下であったとはいえ、阿津賀志山合戦での戦いでの様子から老練な武者振りが想像される。そして子息たちは、秀衡の要請で、義経の従者として西海合戦で活躍する。佐藤兄弟は秀衡を介しての平泉の存在証明という面もあった。義経がこの奥州へ最終的に戻ったことは、結果的に佐藤兄弟が奥州藤原氏と源氏の義経を結びつける役割にも繋がった。いずれにしても信夫郡に勢威を有した佐藤一族の命運は、平泉とともに終焉を迎えることになる。

＊ ついでながら、西行《さいぎょう》は俗名を佐藤義《のり》（憲）清《きよ》といい、奥州合戦以前の文治二年（一一八六）、藤原氏の縁者であったことから、重源《ちょうげん》の要請で東大寺再建の勧進のため奥州に赴いた（『吾妻鏡』同年八月十五・十六日条）。そのおり、西行は鎌倉の鶴岡八幡宮に参じ

頼朝と対面している。佐藤姓を有する西行と奥州の佐藤一族がどの程度の繫がりを有したかは明瞭を欠くものの、彼が秀郷流藤原氏に属した平泉藤原氏や信夫郡佐藤氏と縁があったことは疑いない。また佐藤兄弟の死後、奥州に赴いた義経や弁慶は佐藤館を訪れ、亡き兄弟の死を彼らの母に報じる場面に取材した謡曲「摂待《しょうたい》」も、架空の話ではあるが興味深い（この点、『義経とその時代』所収「虚構の皮膜」参照）。

＊＊　奥州藤原氏内部の基衡→季春、そして秀衡・泰衡→基治・継信・忠信という関係に、南奥方面にまで勢力を有した奥州藤原氏の主従制を看取できそうだ。一般に平泉の権力が奥羽地方に威を振るった時期は、王朝国家の段階に対応した。信夫郡の佐藤氏との主従関係も、そうした奥州藤原氏による王朝体制下での地域支配の委任のなかで、醸成されたものだった。本文で紹介した基衡と季春の主従関係が、官職的（公的）秩序での関係ではなかった点に留意したい。この点、基衡─季春の行動を規定したのが、まずは乳母子云々との擬制的血縁にあった。それのみではない。最終的に国司師綱の国家的・公的な伝統的秩序に屈したとはいえ、それに抗すべく行動の支えとした、私的主従制が看取される点だ。両者は表面上は基衡が「押領使《おうりょうし》」という国衙《こくが》系の検断所職を有し、季春も「信夫郡司」という律令系譜の職責を担った側面が否定できない。けれども、彼らの行動（対国司への検注拒否）の源泉は、むしろ、他方で『十訓抄』に見えるように、基衡の「在国司」という非律令的職責であり、季春もまた「信夫郡大庄司」という立場での行為だった。地域世界での実力に裏打ちされた武力こそが、両人の行動力の源泉だった（この点、拙著『国衙機構の研究』参照）。譜代の家人として基衡以後、秀衡・泰衡と継承される連続性こそが中世的主従制の源泉だった。

ちなみに伝承云々に属するものの、福島市平野の医王寺には佐藤一族の墓があり、基治や佐藤兄弟の供養塔が伝えられている。また信夫山の西方の大鳥《おおとり》山中腹部はこの基治の拠所とされ、戦国期に再防備された大鳥城もある。系図には基治の父は師治とあり、かりに「師治」が「師春」とすれば、「季春」の可能性もあるとの説もある（『福島県の歴史』旧版）。

【中奥地域】

南奥に続いて陸奥中部の武士勢力に話をすすめる。かつて陸前《りくぜん》・陸中《りくちゅう》と呼称された地域の各武士団を以下でながめ

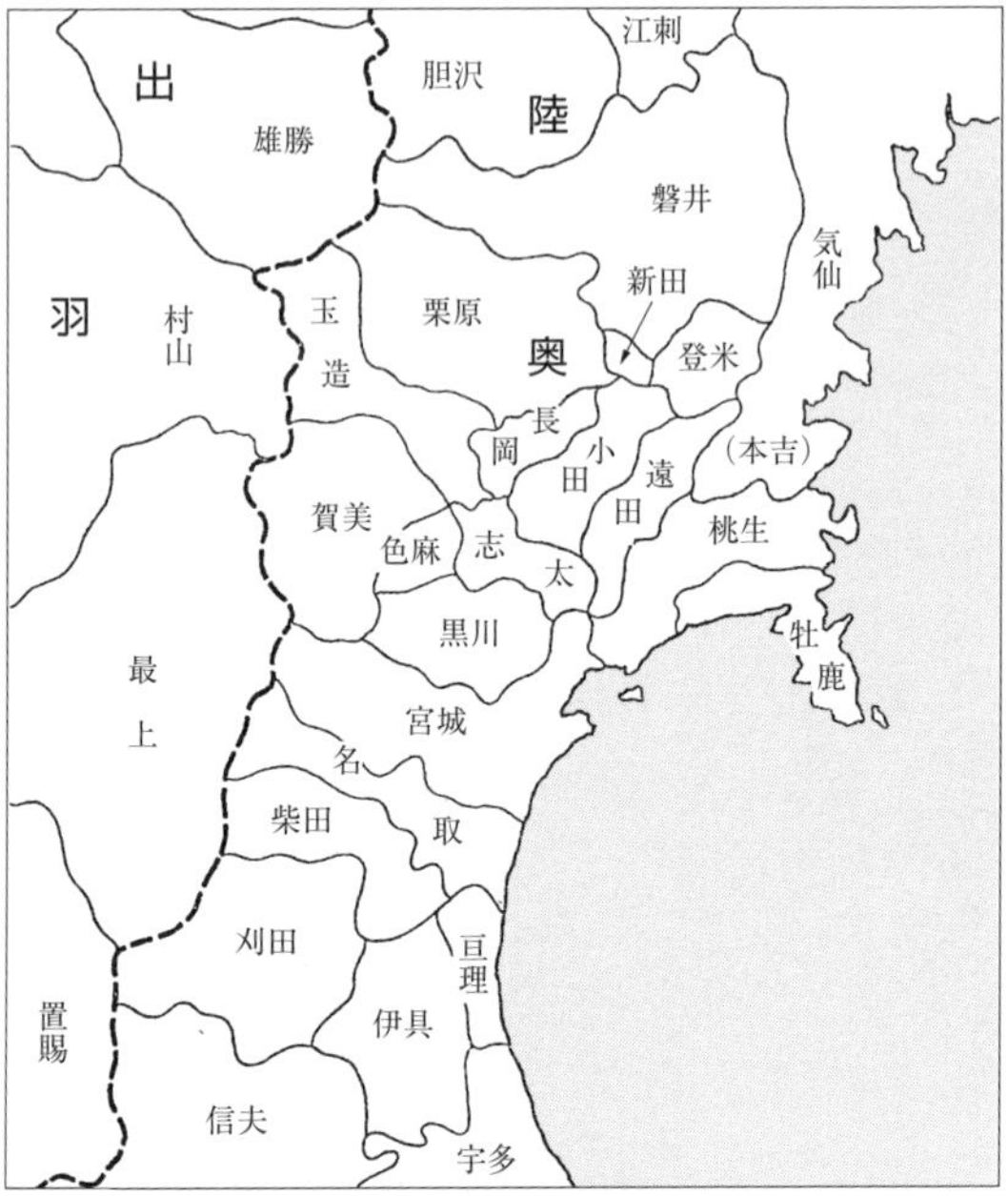

図19　古代の国郡界　『宮城県の歴史』旧版より

たい。現在の宮城および岩手県エリアが主要な対象となる（岩手北部の地域については、陸奥北部に入れるべきだが、ここでは行論の都合上、便宜的に一括して「中奥」ブロックに加えた）。当該地域は陸奥国全体の中核にあたる地域で、刈田《かった》・伊具《いぐ》・亘理《わたり》の諸郡（以上宮城県）をへて、陸前の柴田《しばた》・名取《なとり》・宮城《みやぎ》・黒川《くろかわ》・賀美《かみ》・色麻《しかま》・玉造《たまつくり》・志田《しだ》・栗原《くりはら》・新田《にいた》・長岡《ながおか》（葛岡）・遠《とお》田《だ》・登米《とよま》・牡鹿《おしか》・桃生《ものう》・気仙《けせん》におよぶ地域だ。さらに陸中へと進み、磐井《いわい》・江刺《えさし》・胆沢《いさわ》・和賀《わが》・稗貫《ひえぬき》・志《し》波《わ》・閉伊《へい》・岩手にいたるかつて奥六郡と呼称された地域、および鹿角《かづの》・久慈《くじ》・糠部《ぬかのぶ》にいたる諸郡である。ここは陸奥全域の政治センターともいうべき多賀《たが》国府が古代以来置かれ、いくたの武士団がその周辺で興亡を繰り広げた。

中奥は安倍氏から奥州藤原氏へと接ぎ木された地生えの政治権力のホームグランドにあたる。それゆえに十二世紀末の鎌倉による権力の移植は、よりドラスティックなかたちで進行した。関東武士たちによる戦功・武功による所領給与が郡規模でなされた。図20のごとく千葉・中条《ちゅうじょう》・和田・伊沢・大河戸《おおかわど》・長江《ながえ》・渋谷・加藤・宇都宮・畠山・小田・葛西《かさい》・熊谷・小野寺などの多くの関東武士たちの所領が誕生した。

少なからず勢力が衰亡し南北朝期を迎え、武士団の役割も終幕する。この地域でもまた、〝一所懸命〟の地を維持するための戦いが繰り広げられた。

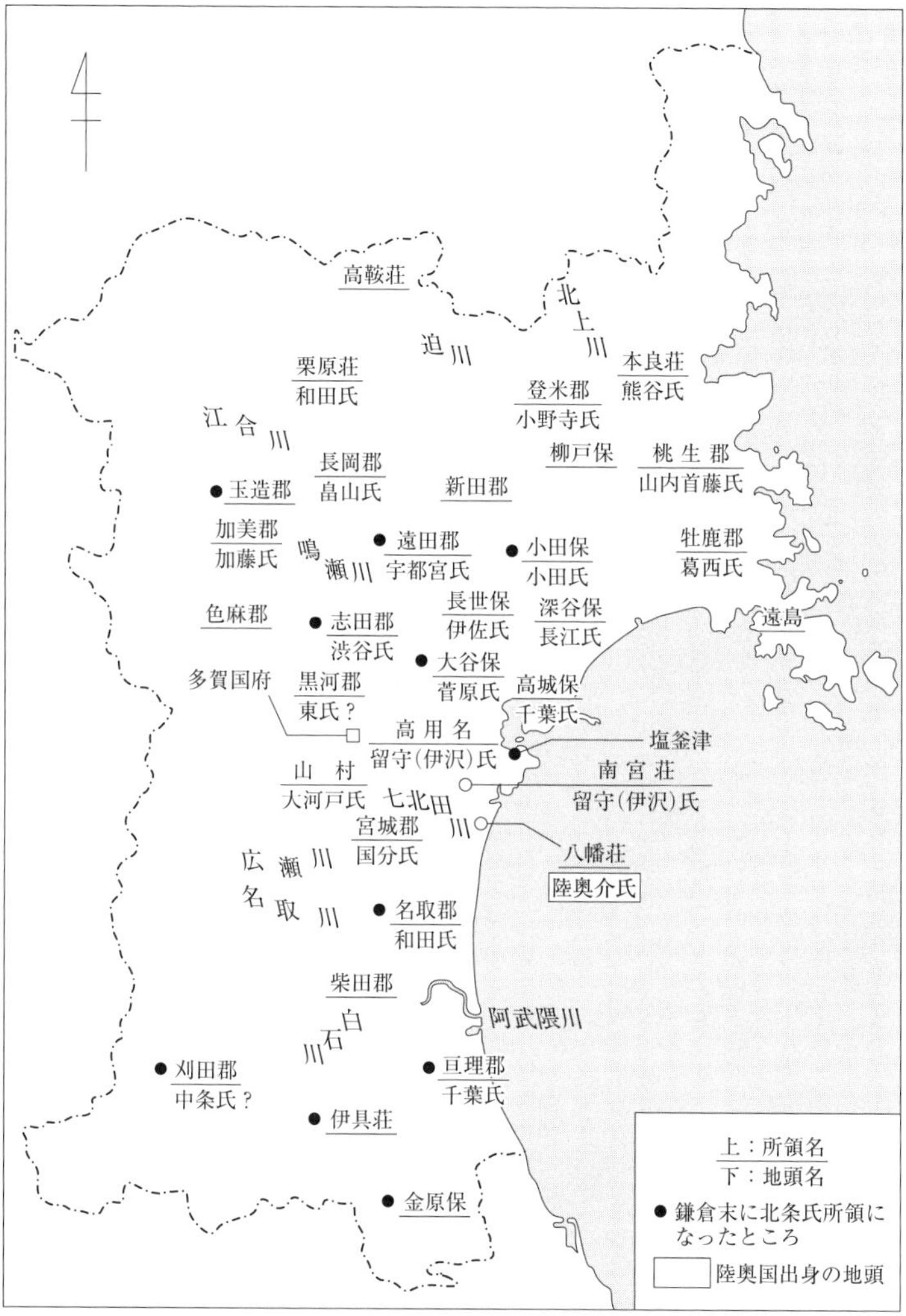

図20　宮城県の荘園・公領と鎌倉時代初期の地頭の分布　『宮城県の歴史』より

中奥も関東武士団の移住が進められたのは、鎌倉後期以降だった。

鎌倉幕府の陸奥一国の行政と軍事の代行を奥州総奉行として任ぜられたのは、伊沢（留守《るす》）氏と葛西氏である。両者のうち、伊沢（留守）氏は多賀国府に拠点を有し、行政府の機能を職責とした。葛西氏は御家人の統制を主軸とする検断・軍政機能を分掌した。有力武士団の奥州移住が一般化するなかで、葛西・伊沢両氏の役割は形骸化し、彼らも地域武士団として自らを転身させる。その過程は当該地域に移住する武士団との統合のなかで推移した。また鎌倉後期は北条得宗勢力の進出と相まって、鎌倉武士団との軋轢が生じる。*

十四世紀の南北朝の動乱は、足利政権の誕生で地域武士団のさらなる統合が進む。陸奥全体の権力の中枢が所在した中奥は、その動きが顕著だった。内乱当初、足利氏による奥州総大将が派され、一門の斯波氏がこれを代行する。建武体制を継承する吉野勢力への対抗から、足利側の権力執行を主体とする役割を担った。十四世紀半ばの観応《かんのう》の擾乱は中奥地域にも波及、奥州管領とその執行者たち（石塔・畠山・吉良）の闘諍をへて、最終的に斯波一族である大崎氏の登場で終止符が打たれる。**

十五世紀の奥羽は奥州管領大崎氏の下で推移することになる。その後この奥州探題の職責は大崎氏を凌駕するかたちで伊達《だて》氏が掌握、中奥もまた戦国の時代を迎える。

*　鎌倉初期にあっては北条氏領は陸奥北方の糠部郡を中心とする地域に限定されていたが、鎌倉中期以降は様相を異にする。刈田・名取・亘理・黒川・玉造・志田・新田・遠田・登米等々の諸郡が北条（得宗）領となった。畠山重忠《はたけやましげただ》・和田《わだ》義盛《よしもり》・三浦《みうら》泰村《やすむら》等々が北条氏との戦いで敗北したために、鎌倉末期までにこれら諸郡の過半を超える地域が北条氏の所領に転じた。

**　足利側の奥州支配を年代的に整理するとおよそ以下のようになろうか。

①一三三五年　当初、奥州総大将として斯波《しば》家長《いえなが》が派遣された。その後、家長が鎌倉で北畠顕家《きたばたけあきいえ》軍に敗死する。

②一三三七年　奥州総大将として石塔義房《いしどうよしふさ》が派される。北畠顕家が多賀国府から伊達郡霊山《りょうぜん》に拠点を移した時期である。

③一三四五年　石塔義房に代わり奥州管領として吉良《きら》貞家《さだいえ》・畠山国氏《はたけやまくにうじ》が多賀国府に下向。その後の観応の擾乱で直義《ただよし》党の吉良貞家が岩切城《いわきりじょう》合戦（一三五一年）で勝利。同年足利側の混乱で北畠側の南党勢力が多賀国府に進撃。

④一三五五年　吉良貞家の死去にともない、斯波家兼《いえかね》が奥州管領として派遣される。しかし、その後は、
・吉良貞家の弟貞経《さだつね》・子息満家《みついえ》・治家《はるいえ》の勢力
・石塔義房の子息義憲《よりのり》の勢力
・畠山国氏の子息国詮《くにあきら》の勢力
・斯波氏（一族の石橋棟義《いしばしむねよし》・和義《かずよし》）の勢力
などの四つの家々が自らを「奥州管領」（奥州探題）と称し、互いに覇を争う時期が続く。
⑤一四〇〇年　斯波家の子息詮持《あきもち》とその子満持《みつもち》が幕府から「奥州探題」に任ぜられ、十六世紀の一五〇〇年後半にいたるまで斯波氏（大崎氏）が奥州探題の職を担った。

◆武石（亘理）氏

亘理郡と千葉一族　中奥南部の亘理郡を基盤とした武士として、千葉一族の武石《たけいし》氏の存在があげられる。同郡は北は名取郡、西は柴田・伊具郡さらに南は宇多《うだ》郡に接し、東は太平洋に面した。いわば、海道エリアの延長に位置する。ここに所領（地頭職）を与えられたのが千葉氏の一族の武石氏である。千葉介常胤《つねたね》の三男胤盛《たねもり》を祖とした。本領はいうまでもなく下総千葉郡武石の地である。奥州合戦で千葉一族は常胤が海道大将軍だった関係で、前記の行方《なめかた》郡をはじめ亘理・伊具・宇多の諸郡を給与された。同氏が亘理を称するのは、胤盛の曽孫の宗胤《むねたね》以降とされる。鎌倉後期の乾元元年（一三〇二）、宗胤が亘理郡に下り南北朝末期に子孫の広胤《ひろたね》が、亘理氏を称するようになったという。武石亘理氏の拠点は亘理館とされている。戦国期に手がくわえられているが、亘理要害跡（亘理町）がその候補とされる。天正十九年（一五九一）、武石亘理氏は遠田郡涌谷《わくや》に移っており、中世での記録は明らかではないという。

奥州合戦後に武石氏は亘理郡に地頭職を与えられたが、代官を介しての間接的支配と考えられる。同一族は鎌倉期を通して『吾妻鏡《あずまかがみ》』などで「将軍随兵」に名を連ねたことが散見される。したがって、亘理郡での同一族の活動は鎌

図21 足利氏略系図

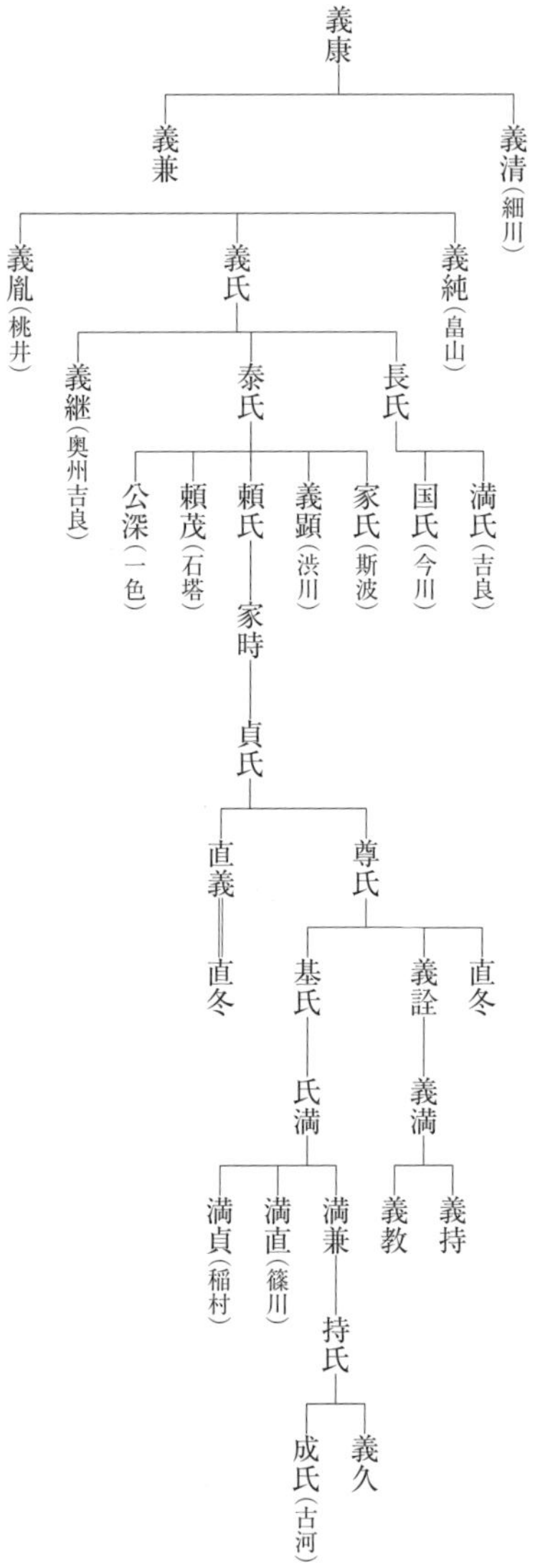

倉末から南北朝期以降の段階となろう。『姓氏家系大辞典』などによれば、広胤・行胤《ゆきたね》の時代が南北朝期に該当するとされ、広胤の父高広《たかひろ》は暦応元年（一三三八）五月、和泉国の阿倍野の合戦で戦死している。子息広胤はそれにより亘理郡以下の本領を安堵された。その後、行胤の時代に伊達氏と戦ったが、やがて軍門に降り以後は同氏に属すこととなった。

なお、武石（亘理）氏は隣接する伊具郡にも地頭職を有した。鎌倉期には昭慶門院《しょうけいもんいん》（亀山院の内親王）領伊具荘が所在した。『太平記』（巻十）に北条氏の一門として伊具《いぐ》宗有《むねあり》も見えており、同郡と北条氏との関係が推測される。伊具郡も亘理郡と同じく南北朝期をへて、最終的に伊達氏の領有となってゆく。

ちなみに亘理郡といえば、鎌倉以前の段階で有名な人物がいる。既述したとおり、平泉藤原氏の清衡《きよひら》の父藤原経清《つねきよ》である。安倍氏・奥州藤原氏の媒介となった人物だ。この経清は前九年合戦の主役安倍氏の娘を妻とした。陸奥国の在庁官人として、多賀の国府に比較的近い亘理方面に権益を有した関係で、「亘理権大夫《ごんのだいぶ》」の肩書*を持っていた。

『尊卑分脈』その他の関係系図では、出自を秀郷《ひでさと》流藤原氏の末裔とする。秀郷は将門《まさかど》追討の武功で軍事貴族に列せられ、「兵《つわもの》」の典型として知られる。子孫は北関東から東北方面に繁茂した。『今昔物語集』（巻二十五—五）に登場する余五《よご》将軍平維茂《たいらのこれもち》（貞盛《さだもり》流平氏の子孫）と藤原諸任《もろとう》（秀郷流藤原氏の子孫）二人の兵の死闘が描かれている。その舞台となったのも陸奥とされるが、国府近傍の地域が舞台だったことは推測に難くない。

その亘理郡に隣接した伊具郡を拠点とした平永衡《ながひら》も同様の存在だった。経清と同じく安倍氏と婚姻関係を結び、頼《より》義《よし》に安倍氏との内通を疑われ敗死した人物だ。「伊具十郎」の通称を有した有力在庁と目される。亘理郡の経清と伊具郡の永衡らは、姓名から非在地系の武的領有者だった。** 陸奥でも、十世紀以降の王朝国家の段階は功臣の末裔たちが勃発する地域紛争の解決・請負のために、自身が兵受領《ずりよう》としてあるいは中央貴族の従者としてさかんに下向した。国府の周辺諸郡はそうした中央下向の功臣たちが、地域名士として自己を発揚させていった。この第一次開発ブームのなかで都鄙往還の〝地慣らし〟がなされた。関東武士団による東北移住は、結果的には第二次開発ブームを招来させたことになった。

以上、蛇足に過ぎたが武石亘理氏に言及するなかで、亘理郡が有した鎌倉以前を掘り下げてみた。

＊　経清の帯びた「権大夫」は一般に五位クラスの官人の称でもあった。平安後期以降に諸国国衙《こくが》の有力在庁官人の肩書として、多く

図22　千葉系武石（亘理）氏略系図

千葉常胤
- 太郎胤正
- 次郎師常（相馬氏祖）
- 三郎胤盛（亘理武石氏祖）—胤重—胤氏—宗胤—治胤—高広—広胤—行胤—重胤—胤茂
- 四郎胤信（大須賀氏祖）
- 五郎胤通（国分氏祖）
- 太郎胤頼（東氏祖）

見られる。したがって経清の通称に付された亘理郡はその足場だったはずで、「亘理権大夫」の称も有力在庁に由来するものだろう。当該期、こうした功臣の末裔が地方に下向し、地方豪族との婚姻がなされた。胆沢方面を拠点とした安倍氏との結合も当然の流れだった。経清もその点では、地方名士（地方軍事貴族）とおぼしき存在だった。『陸奥話記《むつわき》』でも知られるように、前九年合戦勃発の当初、経清は源頼義軍に与したが、その後は安倍氏に加担、厨川《くりやがわ》合戦で敗死する。奥州藤原氏の祖清衡は、その経清と安倍頼時の娘との間に誕生している。よく知られているように清衡はその後、母とともに再嫁した出羽の清原氏の保護下に入ったが、やがて後三年合戦で父母を異にする真衡《さねひら》・家衡《いえひら》兄弟の内紛をへて、奥羽の新たな秩序の統合者となる。

＊＊　永衡の出自も定かではないが、彼は伊具十郎を名乗り『陸奥話記』にも見える。前九年合戦の前哨戦ともいうべき鬼切部《おにきりべ》（宮城県大崎市）の戦いで、敗北した陸奥守藤原登任《なりとう》の従者として、陸奥に下向した人物だった。『今昔物語集』（巻二十六―五）に登場する陸奥国府在庁官人の平姓陸奥介《むつのすけ》氏は、陸奥介平景衡《かげひら》とされており、多賀国府に近い八幡荘（多賀城市・仙台市宮城野区）を奥州合戦後に安堵されている。この景衡は前記の永衡と同じく、「衡」の字を共有しており、かつ陸奥在庁官人だったことから時代的に隔たりはあるが、陸奥介景衡は永衡の子孫の可能性もある。この点は『宮城県史』および『仙台市史』も参照。

◆刈田（中条）氏

刈田氏の流祖中条氏

亘理郡そして伊具郡の西方が刈田《かった》郡＊だが、ここに地頭職を得たのが武蔵国の上中条《かみちゅうじょう》を本貫とした中条家長《ちゅうじょういえなが》だった。中条家長の父は石橋山合戦で功のあった義勝房法橋成尋《ぎしょうぼうほっきょうじょうじん》である。武藤七党の横山党小野氏の出とされる。八田知家《はったともいえ》の養子となり道兼流藤原姓に改めた。刈田郡と伊達郡の境にある阿津賀志山《あつかしやま》での武功により入部したという。家長とともに地頭職を与えられ刈田郡を名字の地としたのは、家長の弟義季《よしすえ》だった。義季は和田義盛の養子となった関係で、平姓に改め平右衛門と名乗った。義季の子義行《よしゆき》も「刈田右衛門三郎」（『吾妻鏡』貞応三年〈一二二四〉正月一日条）と見えている。また、鎌倉中期の建長年間には義行の子と目される「和賀三郎兵衛尉」の名が確認される（和賀氏については後述）。刈田氏（中条氏）はこの時期には義行以後、その拠点を和賀郡（岩手県）に移したと推測される。

ちなみに刈田姓を名乗る武士として「刈田彦三郎師時《もろとき》」の名が知られる。『太平記』の近江国番場宿《ばんばしゆく》蓮華寺での六《ろく》波羅《はら》探題《たんだい》北条英時《ひでとき》以下自害の場面に登場する。「蓮華寺過去帳」（『群書類従』）では「刈田師時」は名越氏流に属した。刈田と名乗っていることから、鎌倉末期には刈田郡は北条氏が権益を有したことが推測されるようだ。

なお、この刈田郡はかつて八世紀初頭の養老年間に柴田郡の二郷を割き、建郡された。刈田郡から柴田郡にいたる白石川《しろいしがわ》流域は、南北朝期には北方の多賀国府へのルートにあたり、多くの闘いが展開されたことで知られる。刈田郡はまた伊達郡と南接したため、伊達氏の北方進出の軍略上の拠点ともなった。千葉系の亘理氏もこの刈田郡へと進出、亘理行胤はその途上で戦死している。

＊　なお刈田郡を拠点とした武士団には、本文に記した以外に白石氏系の刈田氏もいる。藤姓白石氏は、寛治年間（一〇八七―九四）の後三年合戦にさいし源義家《よしいえ》に従軍・武功をなし、経元《つねもと》が伊具・刈田両郡を与えられ、白石に住し刈田氏を称した。奥州合戦では白石氏を名乗った。南北朝期には伊達行朝《ゆきとも》に従軍、同氏の下で戦ったとする。白石系の刈田氏は奥州合戦以前からの地域勢力と解される。

柴田郡を基盤とした柴田氏の場合も、同じく平安末期以来の勢力とされる。『吾妻鏡』に登場する芝田次郎なる人物がそれで、彼は芝田館に拠って、幕府からの召喚に応じなかった。その追討使となったのが伊沢家景《いさわいえかげ》の弟家業《いえなり》とされる。家業は正治二年（一二〇〇）九月十四日芝田館を攻略したという（『吾妻鏡』）。柴田（芝田）次郎も頼朝の奥州侵攻にさいし、平泉側に与同せず同郡に権益を保証された。その後は頼家時代に上述のような流れで敗死することになった。国府南方の刈田・柴田等々の諸郡には、非平泉系の勢力もいたことがわかる。

◆和田氏

和田氏の名取郡入部　奥州合戦後、名取郡も関東御家人の入部があった。和田義盛が当郡の地頭職を与えられた。

和田氏は三浦氏の一族で幕府の重鎮の座にあった。本貫は相模国三浦郡和田郷（三浦市）だった。義盛は侍所《さむらいどころ》別当に任ぜられた有力御家人で、名取郡の地頭職は栗原荘の地頭職とともに与えられた。名取郡は柴田郡と宮城郡の間に位置する。奥州合戦で平泉勢力は、名取・広瀬両川に大縄を引き柵を設けて、伊達郡の阿津賀志防塁（福島県伊達郡国見町）に続く防衛ラインとした。藤原泰衡《やすひら》は阿津賀志山の橋頭堡《きょうとうほ》として、名取・広瀬両川の北方の国分原《こくぶがはら》に布陣した（『吾妻鏡』文治五年〈一一八九〉八月七日条）。

多賀国府所在の宮城郡の南に位置する名取郡は軍略的に重要拠点で、奥州藤原氏にとっても防衛の期待が大きかった。だが、これも破られ、多賀国府への鎌倉軍の進軍を容易なものとさせた。和田氏の名取郡地頭職分与は、義盛の武功にくわえて、当郡の軍略的地勢が大きく、和田氏への期待がうかがわれる。所領の支配には和田氏の代官が派されたと思われるが、その和田氏も北条氏と対立、建保元年（一二一三）の建保合戦（和田合戦）で敗れ滅亡する。そのため当郡の地頭職は本家の三浦氏が継承した。だが三浦氏も義村《よしむら》の時代に北条時頼との対立で宝治元年（一二四七）に敗退する。雄族三浦氏の陸奥での所領は名取郡以外でも会津《あいづ》（福島県）や糠部《ぬかのぶ》（青森・岩手県）などに権益を保持したが、少なからず北条氏の手中に帰すことになる。

和田氏と名取郡の関係は短かったが、当郡の重要性は国府へ向かう官道が整備されていた関係で、南北朝動乱期も名取郡で多くの戦闘が展開されたことでも了解される。特に観応の擾乱では奥州管領吉良貞家と南党勢力が激闘したことで知られる。そしてその後は伊達氏がこの方面に進出した。

名取郡の秋保《あきう》郷を拠点とした武士に秋保氏もいた。同一族は平重盛《たいらのしげもり》の後胤が落ちのびたとの伝承をもつ。重盛の次男小松資盛《こまつすけもり》を祖とするらしく、資盛から七代目が秋保に移り名字にしたという。その後は伊達政宗の時代に傘下に属したという。

◆八幡氏

在庁系武士団、八幡氏

八幡荘を名字とした。同荘は陸奥介平景衡の相伝所領であった。八幡氏は『今昔物語集』（巻二十五―五）に登場する「陸奥介」の末裔とされる。八幡荘は宮城郡の東北にあたり、主に多賀城市に位置する。歌枕として著名な末松山《すえのまつやま》が所在することでも知られる。国府近傍の八幡宮の地域領主であり、在庁系の地頭と解されている。前記の『今昔物語集』に「国ノ庁ニ常ニ有テ、家ニ居タル事ハ希ニゾ有ケル、家ハ館ヨリ百町バカリ去テゾ有ケル、字ヲバ大夫ノ介トナム云ケル」と見えている。「大夫介トテ事ノ外ニ勢徳有者」ともあり、五位の位階を持つ地方名士だった。奥州合戦のおりに、関東の軍勢に協力した関係で旧領を安堵されたと推測されている。後世の『余目《あまるめ》記録』にも「八幡庄三箇村ノ事ハ、文治ヨリ頼朝ノ御判ニテ給置、八幡介ト号ス」と見えている。

陸奥介と通称される景衡《かげひら》は、その所領の八幡荘にちなみ八幡介とも呼ばれたと考えられる。当該人物が「衡」の字を有することから平泉の藤原氏との関係も推測されるが定かではない。

鎌倉期には当該地域の地頭職を領有した陸奥介氏（八幡氏）は、景衡の孫の景綱《かげつな》が永仁七年（一二九九）の年紀を有する八幡荘（沖八幡）旧蔵鐘銘に、大檀那《だんな》としてその名が見えているという。さらに南北朝期の一三〇〇年代半ばには、留守《るす》一族の持家《もちいえ》と南宮荘《なんぐうのしょう》の押領問題で争ったことも知られる。ただし、指摘されているように、陸奥介系の八幡氏とは異なる系譜を有した下野保田《しもつけやすだ》氏の存在も確認されるという。前記の陸奥介景衡とは別に、保田景家《かげいえ》もまた「平姓八幡氏系譜」では八幡介を称したとされる。平安期以来の在庁の旧八幡氏（陸奥介系）は、鎌倉末から南北朝期に没落、これに替わって当該地域に入部した平姓保田系の八幡氏が、系譜的に継承する系図を作成したと推測されている（『宮城県史』）。その平姓八幡氏も、その後は留守氏の家臣となったと推測されている。

◆国分氏

千葉系か、藤原系か、国分氏の謎

亘理武石氏と同じく下総の千葉氏の家系に属した勢力に国《こく》分《ぶ》氏がいた。常胤の五男胤通《たねみち》を祖として、宮城郡南方の地域を奥州合戦の武功で分与された（「平姓国分系図」*）。その拠所は宮城郡の郷六《ごうろく》（広瀬川南岸の生出《おいで》街道のへだてた丘陵。仙台市青葉区）にあったと伝えられる。同族の武石氏の亘理郡とは、名取郡をはさみ、その北方に位置した。国分氏が所領を有した宮城郡は、国府の多賀をふくむエリアで、後述するように多くの有力武士団の権益が交錯した。下総葛飾《かつしか》郡国分を本拠とした同氏は、伊沢（留守）氏をはじめ他の常胤の子息たち（千葉六党）が海道方面に所領を分与された流れで、次男師常《もろつね》の行方郡、三男胤盛《たねもり》の亘理郡、四男胤信《たねのぶ》の岩崎郡に対応して、五男胤通が宮城郡に利益を有することとなった。鎌倉期の文書史料でこの国分氏の動向を知ることは難しいようだ。

図23　平姓国分氏略系図

胤通—胤茂—胤重—胤光—重胤—盛胤—胤輔—盛経—盛忠

図24　藤姓長沼氏略系図

秀郷……政光—朝政（小山）—朝長
　　　　　　—宗政（長沼）—政能—政綱
　　　　　　　　　　　　　—時宗—宗泰—宗秀
　　　　　　—朝光（結城）

始祖の胤通については『吾妻鏡』の元久二年（一二〇五）六月、畠山重忠の乱での関係条に追討の顔ぶれとして見えている。国分胤通の子孫には、これ以外にも建長三年（一二五一）の京都閑院内裏《かんいんのだいり》造営の御家人役に氏名が見える。その後の正嘉二年（一二五八）の将軍随兵に胤通の孫胤重《たねしげ》やその子胤光《たねみつ》の名が見えている。ただし、鎌倉期の国分氏がいつの段階で奥州の宮城郡へ下向したかは、不明だとする。その足跡が明瞭に判明するのは、やはり南北朝以降のことだった。ただし、南北朝期の諸史料に登場する国分氏は、千葉系国分氏とは別に、藤姓秀郷流の小山《おやま》・長沼氏の末裔もいた。したがって、国分氏とは名乗っても、それが千葉系か否かは即断できないといわれている。

今日の一般的理解によれば、宮城郡の国分寺郷に基盤を有した国分氏は、『白河文書』『相馬文書』等々から藤姓国分氏との関係が濃厚だという（『仙台市史』）。このあたりは藤姓の長沼氏あるいは結城氏が、南北朝以降勢力を有するなかで、平姓の千葉国分氏を併呑し、地域の名字（宮城郡国分寺郷）に同化した可能性も高いという。南北朝期の岩切城合戦（一三五一年）では、留守氏は畠山氏の勢力に加担し、この国分氏は畠山と敵対した吉良貞家に属し、勝者の吉良氏から優遇的措置を受けた。

＊　宮城郡国分荘と胤通との関係を指摘した早い文献が、江戸期の『伊達《だて》正統世次考《しょうとうせいじこう》』（一七〇三年成立）とされる。また、奥州合戦での武功云々との関連で胤通の国分荘領有を説いたものに、「平姓国分系図」がある。「平姓国分系図」は近世の享保年間（一七一六―三六）に仙台藩の佐久間《さくま》洞巌《どうがん》（一六五三―一七三六）が著したものだ。他の千葉系の系図（「千葉大系図」「神代本千葉系図」など）と対比しても異同が多く、人物比定は難しい。その点では、近年では鎌倉後期に領主の存在は確認されるが、それが千葉系か秀郷流藤原系かは一致を見ないようだ（以上は『仙台市史』も併せて参照）。

◆大河戸氏

秀郷流の武蔵武士

同じく宮城郡で山村《やまむら》（現在の仙台市泉区）に地頭職を与えられた武士に、大河戸《おおかわど》の一族がいる。小山・下河辺氏と同族で、秀郷流藤原氏に属した。同氏の本領は武蔵国大河戸御厨《おおかわどのみくりや》（埼玉県三郷市・八潮市）にあった。流祖は重行《しげゆき》である。重行の子息に広行《ひろゆき》・秀行《ひでゆき》・行元《ゆきもと》（基）・行平《ゆきひら》がいた。治承・寿永の内乱期、御家人に列し頼朝の大手軍で奥州合戦の武功をなし、その恩賞として山村の地を給与された。後世同地域を拠点とした朴沢《ほうざわ》氏は、同地域の名字を名乗った地域領主として知られる。大河戸氏の行光《ゆきみつ》の妻は秩父重綱の娘とする（『尊卑分脈』）。そしてその孫広行は三浦義明の婿とされる。したがって大河戸氏は秩父氏とも三浦氏とも、婚姻関係を有した名族だった。

武士および武士団には戦士と領主の二つの側面があった。ここで大河戸氏を取り上げるのは、たまたま惣領制と庶子との一族関係で訴訟文書が残されており、鎌倉から南北朝期の一所懸命の所領の行方を考える参考となるからだ。

宮城郡山村を領したのは重行（行方）の子行元（基）の時代とされている。ただし、奥州への下向はなされず、孫

図25 大河戸氏略系図

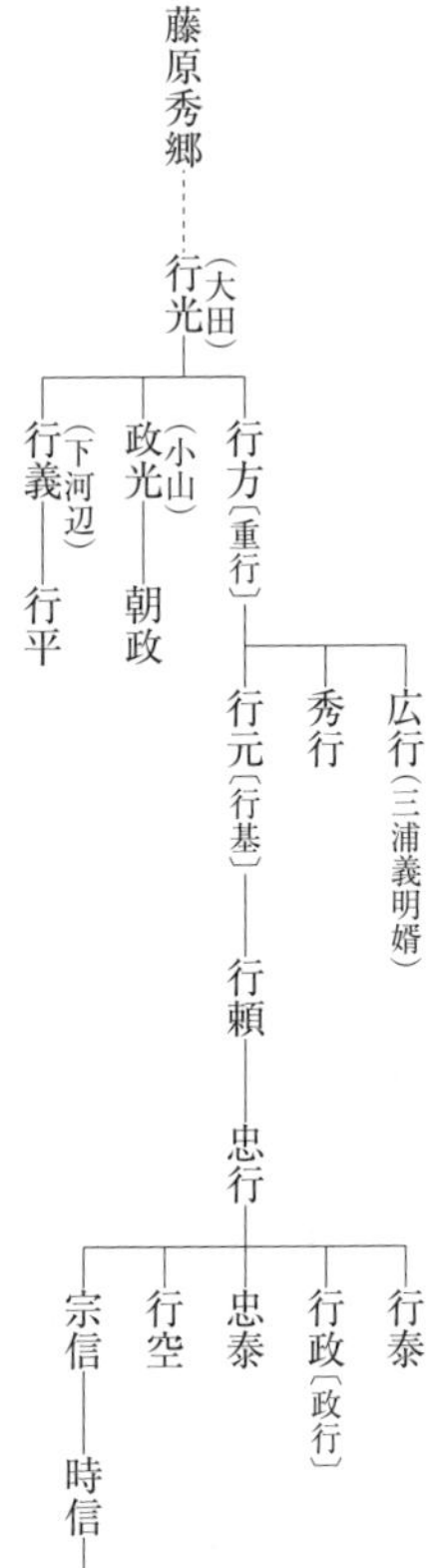

忠行《ただゆき》の時代までは本領の武蔵大河戸に住し、現地には代官支配がなされていたという。忠行には五人の子息がおり、山村の地を嫡子（惣領）の行泰《ゆきやす》と庶子四人に分割譲与した。ただし、鎌倉後期以降になると他の武士団同様に、分割相続を基本とした惣領制が変質、惣領と庶子との対立が生ずることとなる。大河戸氏の場合も惣領の行泰と庶子たちの間で、内紛が勃発し裁判となった。

永仁二年（一二九四）三月の所領相論は訴人が庶子の宗信《むねのぶ》であり、訴えられた論人（被告）は惣領の行泰という関係だった。最終的には庶子の宗信系の隆行《たかゆき》が、「先祖行元ヨリ六代相伝ノ地」としての主張が認められる決着を見る。十三世紀末以降、この奥州のみならず各地の武士団でこうした惣領と庶子の深刻な対立が見られる。以前も述べたように、南北朝の動乱の背景には、かかる惣庶関係での一族内の対抗が伏在する。

大河戸氏は南北朝期の府中争奪戦で南朝として参加した。*北畠顕信《あきのぶ》の宣撫《せんぶ》戦略（自分の立場を伝える方式）では、かつての留守氏の旧領が恩賞対象とされるなどもあり、同氏への参陣がうながされた。北畠顕家の戦死後、中奥方面も足利側の攻勢がつづいており、観応の擾乱での足利氏の内訌で国府近傍は足利一門の吉良・畠山両氏の対抗する状況にあった。北畠顕信軍は、顕家戦死後の国府回復にむけ奪回を目ざしていた。大河戸氏の北畠側への参陣は、こうした流れでのことだった。なお、大河戸氏はその後、一族が枝分かれし国人《こくじん》領主化しつつ、隣接の国分氏の家臣となったとされる。

＊　大河戸氏の南北朝期の動向にふれたついでに、簡略に多賀国府周辺の動きを再度整理しておく。建武体制の段階で多賀国府の主役は北畠顕家だった。二度にわたる大遠征軍で顕家が戦死、南党再建のために派された弟顕信は、霊山（伊達市）や宇津峰《うつみね》（郡山市・須賀川市）を拠点に活動を活発化させていた。一方足利側では尊氏がかつて北畠顕家の動きに対抗するために「奥州総大将」として斯波家長、さらに家長敗死後には石塔義房を派して対抗した。義房は積極的に国府経略に転じて貞和元年（一三四五）の解任までに陸奥における南党を切り崩し功をなした。足利側では貞和元年以降、「奥州総大将」にかわって「奥州管領」が設置され、同じく足利一門から吉良貞家・畠山国氏の両者が就任する。この両者による二人三脚体制は、中央の観応の擾乱（一三五〇―五二年）の勃発が影響して、吉良・畠山両氏の対立を諸起させた。府中近傍の岩切城合戦は、まさに、この両氏が衝突した事件であった。最終的には畠山氏を追放することで直義党の吉良氏が勝利した。この足利側の混乱に乗じ、国府奪回をうかがっていた北畠の勢力は、南部氏や南奥の白河結城《しらかわゆうき》・伊達勢力を糾合し、国府の奪回を企図した。

◆留守氏

留守氏の登場と伊沢氏

建久元年（一一九〇）三月、陸奥国留守職《るすしき》に伊沢家景が補任されたが、留守氏の名字はその職責に由来する。所領は宮城郡の多賀国府周辺を与えられた。伊沢家景は奥州総奉行の立場で国府・行政機能を委任された。家景自身は「元ハ九条入道大納言光頼《みつより》ノ侍」（『吾妻鏡』文治三年〈一一八七〉二月二十八日条）であった。＊在庁の職責を名字としたこの一族は、国府近傍の高用名を与えられていた。「高用名」は「たかもちみょう」「こうゆうみょう」と呼称され、「国府用名」（国府、すなわち「こう」に付随する名「みょう」）の意ともされる。余目・荒居《こうや》・岩切・金山椿《かなやまつばき》・南宮《なんぐう》・村岡などをふくむ広大な領域だ。中世後期には多賀から岩切へと国府や守護所の機能が移ったが、高用名は存続した。

家景の出自は粟田《あわた》関白藤原道兼《みちかね》の子孫ともされる。北条時政《ときまさ》の推挙により頼朝に仕えることとなったという（『吾妻鏡』文治三年二月二十八日条)。その後、文治六年(一一九〇)春の大河兼任《おおかわかねとう》の乱後に実績を買われ、奥州合戦後の戦後処理を任されたという。武人たる葛西清重《かさいきよしげ》と文人の伊沢家景は軍政・行政の両分野を委任された**。そもそも留守氏の由来となる留守所とは、十世紀以降の諸国の国衙(国府)にあって、不在の国司(国守)に代わる国務執行の機関をさした。頼朝は藤原氏を打倒したことで、その支配圏の大半を自己の勢力下に置くことになった。鎌倉側の進攻のおり、陸奥の在庁の少なからずは、中立ないし無抵抗だった。前述の陸奥介の一族や平泉時代から留守氏(旧留守氏と呼称)は、その代表とされる。その限りでは陸奥国府の在庁勢力を容認するか

図26 多賀国府の職制

義良親王―陸奥守 北畠顕家
- 式評定衆
- 引付衆
- 政所執事
- 評定奉行
- 寺社奉行
- 安堵奉行
- 侍所

たちで、鎌倉支配が進められた。頼朝は文治元年(一一八五)末の国衙在庁進退権の授与を朝廷から認められていたことで、その延長として陸奥在庁の進退権も与えられた。伊沢家景の国府(留守所)支配は右のような流れで推移する。

総じて伊沢氏の任ぜられた留守職は、奥州合戦後の民政の対応を主眼としたものだった。建久元年(一一九〇)十月の陸奥国諸郡郷地頭への頼朝下文《くだしぶみ》にも、「留守ノ家景、先例ヲ在庁ニ問ウベキナリ」とあり、国務遂行の任を与えられた伊沢氏の子孫は、留守氏を名乗ることになった。陸奥国府へ与えられた国府の所領(高用名)等々を梃子に、同一族は他の関東御家人と同様に地域領主へと転身、鎌倉後期には中奥の有力武士団の一つとして成長する。

陸奥・出羽両国が関東(鎌倉幕府)の知行国とされたのは、建保年間(一二一三―一九)で、大江広元《おおえのひろもと》や北条義時《よしとき》の陸奥守補任の段階と目される。概して幕府の執権が陸奥守等々に任ぜられるのは実朝《さねとも》将軍段階とされ、伊沢氏の留守職の権限も、次第に縮小されていったとされている。

留守氏と南北朝の動乱

それでは、家景以降の留守氏の動向はどのようなものだったのか。留守氏の惣領家は府中の新田《にいだ》(多賀城市)を拠点とした。伊沢氏の子孫は留守氏の他にも、余目氏等々の諸氏家を分出させた。家景の弟

家業も宮城本郷（仙台市宮城野区苦竹）を拠点に宮城氏を称した。『留守家文書***』は家政系の余目氏相伝の文書としてよく知られている。被官として旧来からの在庁官人佐藤氏や宇都宮系の芳賀《はが》氏の存在が指摘できるという。元弘・建武の乱から南北朝動乱期、国府の争奪戦を展開、留守氏も多難な時期を迎えた。

陸奥将軍府段階にあっては、留守氏もまた多くの武士団と同じく、建武体制下で歩調を合わせた。建武体制の初期、陸奥に下向した北畠顕家は陸奥守として各武士団に対し「国宣《こくせん》」による所領安堵を行い、新政府に参画した武士たちを手中に収めようとした。留守氏も鎌倉期以来の陸奥国府内での実績から、「国宣」の使者を託されるなどしている。

その後、北畠顕家敗死にともない陸奥での建武勢力は動揺する。この間、足利勢力が国府に進攻、「奥州総大将」さらに「奥州管領」として足利一門の斯波・石塔の諸氏や吉良・畠山諸氏が相ついで就任、足利体制を堅固なものとした****。この点は幾度かふれた。そうしたなかで観応三年（一三五二）春の国府近傍の岩切城の攻防戦は、留守氏にも影響を与えた。家冬《いえふゆ》の時代とされる。当初は畠山氏に与力した留守氏は、同氏の敗北で一時劣勢になった。宮城郡内の留守氏の領域に隣接の国分氏や八幡氏の侵攻が繰り返された。その後、文和三年（一三五四）斯波氏の奥州管領就任で、これに参陣することで留守氏は息を吹き返す。

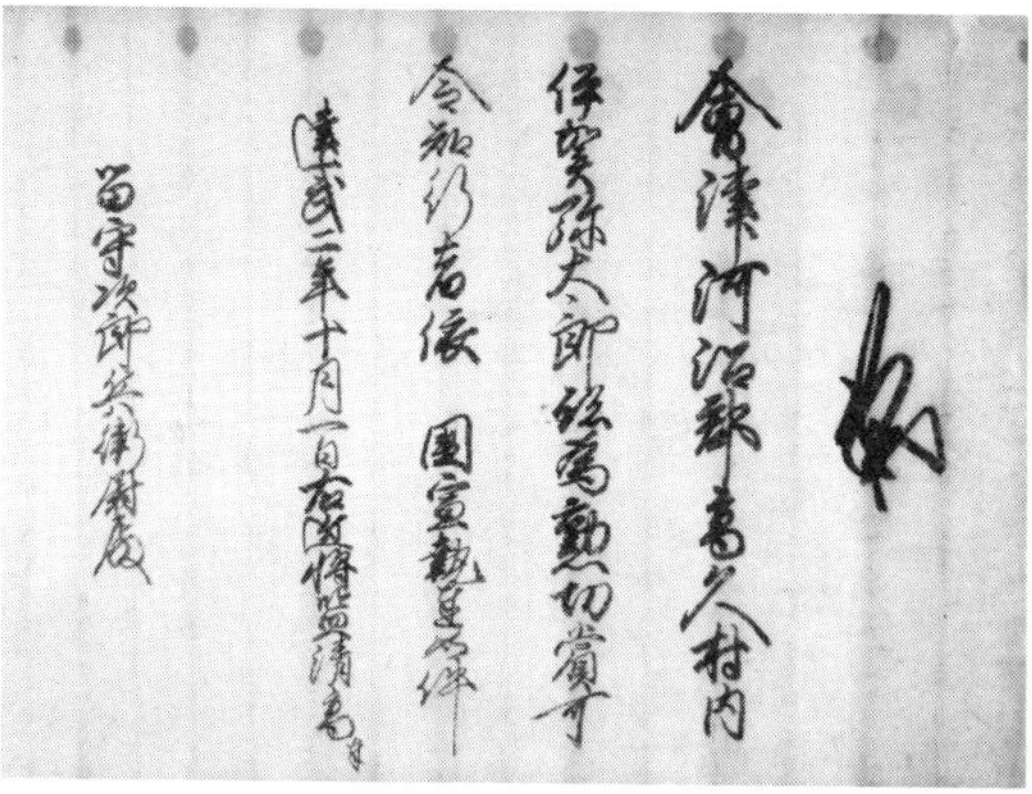

図27　北畠顕家の国宣　『留守家文書』より，奥州市所蔵，奥州市教育委員会写真提供

留守氏と大崎氏

留守氏八代の持家《もちいえ》の時代に、余目郷や岩切等々の旧領の返付が実現する。文和二年（一三五三）、尊氏からの旧領安堵がなされたが、高用名内の村々は八幡氏に押領されていた。留守氏は八幡氏側の押領を奥州探題の斯波直持《ただもち》に訴え、貞治三年（一三六四）所領の回復がかなった。この間、およそ十年の歳月が流れていた。持家の時代

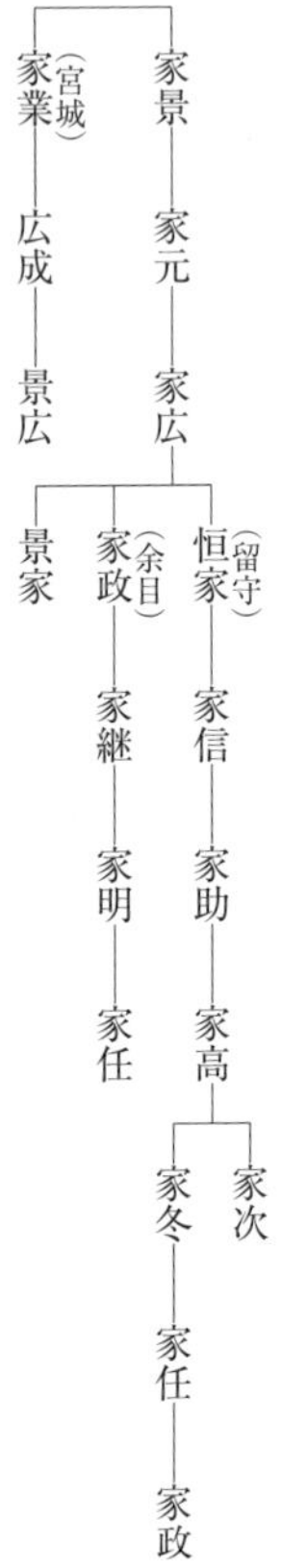

図28 留守氏略系図

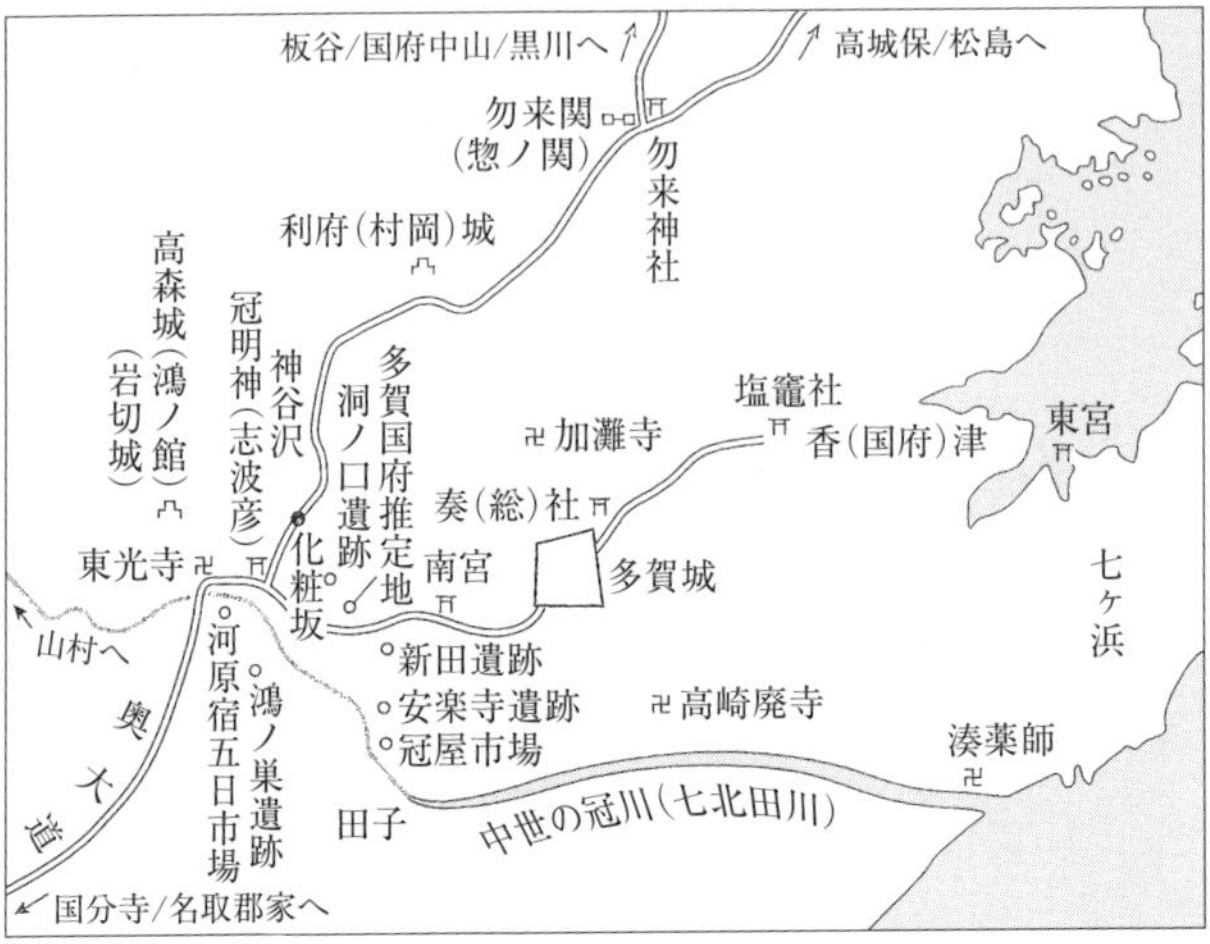

図29 多賀国府の周辺 『仙台市史』より

以降、本拠を余目としたことで余目氏を称し、余目系留守氏として勢力を拡大させた。

以上のように国府所在の宮城郡には足利一門の有力武士団以外にも、国分・大河戸・八幡の諸氏が地域領主として基盤を有しており、国府の主役が交替するたびに影響を受けたことがわかる。留守氏も例外ではなかったが、最終的に大崎地方（大崎市周辺）を新拠点とした斯波家兼《いえかね》の入部で安定をみる。留守氏もこの奥州探題たる斯波（大崎）氏の体制下、新秩序の構成員として府中岩切城（高森城）にあって、独自の地位を保った。留守氏と大崎氏をふくめた政治的秩序が語られているのが『余目記録』とされる。

十四世紀末の南北朝の合一後、陸奥・出羽両国は鎌倉府の支配下に置かれた。けれども、鎌倉府側の支配は対抗勢力との関係から限界もあった。伊達氏や大崎氏との勢力関係で問題をはらんでいたからだ。留守氏については伊達持宗《もちむね》の三男郡宗《くにむね》が留守氏に入嗣、伊達系留守氏が成立し、武士団としての留守氏も終焉を迎える。

＊　出羽の大河兼任の乱が終息した文治六年（一一九〇）三月、頼朝は伊沢家景を「陸奥留守職」に任じた。大河兼任の乱にさいし、陸奥国府では旧来から留守氏を名乗る奥州藤原氏以来の勢力があった。同一族は頼朝の奥州侵攻のおりには関東に敵対せず、在庁の留守職をそのまま容認された。しかし兼任の乱のおり与同したため、旧留守氏は更迭される。伊沢氏の留守職の登用は、この旧留守氏の職責を継承したものだった。九条家の大納言光頼の侍だった家景は、北条時政の推挙を得て鎌倉に赴いた。時政は義経問題処理のために京都守護の任を与えられ、文治元年冬から翌年の春にかけて在京中であった。いわゆる文治地頭問題もふくめ、王朝国家との政治折衝を担当していた。そのおりに家景の政策的知見に接し、彼を帰鎌後に頼朝に推薦したという（『吾妻鏡』文治三年二月二十七日条）。「文筆ニ携ル者」の立場でのヘッドハンティングだった。大江広元・中原親能《なかはらちかよし》・三善康信《みよしやすのぶ》と同じ吏僚派の流れである。「陸奥国留守職」への家景の任命は、そうした前史があった。

「左近将監家景〈伊沢ト号ス〉陸奥国留守職タルベキノ由、定メラル、彼ノ国ニ住シ、民庶ノ愁訴ヲ聞キ、申シ達スベキノ旨、仰付ラル所ナリ」（『吾妻鏡』文治六年三月十五日条）と見えるのがそれだ。ちなみに伊沢氏のルーツははっきりしない。本文でもふれたが、十六世紀初頭の永正年間の『余目記録』によれば、粟田関白道兼の子孫とする。

＊＊　そもそも論でいえば十世紀の陸奥にあっては、行政はかつての宮城郡所在の多賀国府が中軸であり、同じく軍政機能は胆沢郡の胆沢城が拠点とされた。胆沢の地を基盤とした安倍氏の遺産を継承した平泉の権力は、その成長の過程で中奥南部の多賀国府を掌握する。秀衡《ひでひら》の鎮守府将軍と陸奥守就任はその象徴といえる。鎌倉の権力はそれを打倒することで、陸奥国が伝統的に有した二つの政治的磁場（胆沢と多賀）を包摂したわけで、関東の新政権は自己の軍事力での侵攻を最終的に王朝権力に追認させることで、平泉権力が有した二つの地域的中核を継承する。その点で戦後処理にあたって平泉と多賀国府は、鎌倉側のおさえるべき最重要地点だったことになる。前者に武闘派の御家人葛西氏が、後者には行政派の伊沢氏が任ぜられたのもかかる背景があった。

＊＊＊　奥州留守氏に相伝された文書群は『留守家文書』と呼称されている。そのうち中世関係の一八〇点の大半は、留守氏の庶家余目氏による相伝史料で、現存の『留守家文書』は家政系の余目氏相伝の文書とされる。多くは近世江戸期に仙台藩による家譜編纂のおりに提出された。ただし、その漏れた文書も少なくなかった。全容については『宮城県史』や『水沢市史』等々に解説されているので参照のこと。

＊＊＊＊　南北朝初期の留守氏の動向は定かではない。宮城郡が国府所在郡だった関係で、足利側と吉野側によるこの地域の争奪戦が激しさを増す。すでにふれたように足利一門の石塔義房が奥州に入部するが、留守氏もそれと共同歩調をとった。この時期、顕家亡

きあと弟の顕信が、国府奪回に尽力した。康永元年（一三四二）、顕信軍は府中攻略を展開、石塔氏側も栗原郡の三迫《さんのはさま》に布陣し対抗（三迫《さんのはさま》合戦）。その後貞和元年（一三四五）に石塔氏にかわり、国府の主役は吉良・畠山両氏に移る。

◆東氏

東胤頼と黒川郡　千葉一族の東《とう》氏は黒川郡に地頭職を与えられた。宮城郡の北方に位置した黒川郡は、奈良期の天平段階に建郡された（『続日本紀』）。奥州合戦のおり、頼朝軍は多賀国府より黒川をへて、北方の玉造郡に赴いたとされる（『吾妻鏡』文治五年〈一一八九〉八月十四日条）。後世の史料「奥相秘鑑《おうそうひかん》」には「千葉東六郎大夫」（胤頼《たねより》）が黒川郡地頭に補任されたとある。東氏は下総の香取郡東荘《とうのしょう》を本領とした千葉六党に属した。胤頼は上西門院《じょうさいもんいん》（鳥羽院皇女）に出仕、頼朝と連携し、その挙兵時に都の動勢を伝えた人物として『吾妻鏡』は伝える。冷泉家と婚姻関係を有し、古今伝授にかかわった室町期の武将東常縁《とうのつねより》は、その末裔にあたる。

鎌倉後期になると、東氏以外にも黒川郡には児玉氏・渋谷氏等々、北条氏の得宗被官の所領があった。さらに北条時頼の廻国《かいこく》伝承もあり、黒川郡と北条氏との関係が目立つ。南北朝期はこの地域でも北畠顕家・斯波家長・石塔義房等々からの所領安堵状が見られ、地域領主たちの紛争が続く。東氏は移住先の黒川郡を基盤とした。建武二年（一三三五）十二月二十日の相馬胤康《たねやす》から胤家《たねいえ》への仮名書きの譲状《ゆずりじょう》にも「ころかハのこほり」の名が確認できる。中世後期の大崎・吉良等々の諸氏による地域統合の背景には、国人領主層の動向が大きかった。中奥の宮城郡周辺に点在した鎌倉武士団の末裔の諸勢力（留守・黒川・国分・亘理・秋保等々の諸氏）は、国人衆として一揆を結び離合と集散を展開した。黒川郡はその地勢的位置から、葛西・大崎そして黒川氏ら諸氏の緩衝地帯とされた。

◆大崎氏

奥州探題大崎一族　同一族は玉造郡・志田郡を拠点とし、大崎五郡（加美・志田・遠田・玉造・栗原）および黒川郡方面に勢力を有した室町期の代表的勢力だ。大崎氏は足利氏の支流で、その始祖は鎌倉中期に斯波郡（岩手県）に下向、高水寺《こうすいじ》城に拠って斯波氏を名乗った。建武体制に反旗した尊氏は奥州支配の要として、陸奥将軍府に対抗すべく斯波一族の家長を派遣した。斯波（大崎）家兼はこの家長の叔父（家長の父、高経の弟）にあたる。北畠勢力の南党勢力が衰退して以後、国府をめぐる争奪戦については既述した。

『余目記録』によれば、奥州管領として四つの勢力があったという。「奥州ニ四探題ナリ、吉良殿・畠山殿・斯波殿・石塔殿トテ、四人御座候」と指摘する。*このうち覇権を握ったのは斯波（大崎）氏だった。以下、中世後期に同氏の勢力下に帰した五つの郡（大崎五郡）の武的勢力の流れを『宮城県史』などを参考に略記しておこう。

①加美《かみ》郡――当郡は黒川郡の北方に位置し、奥州合戦後の加美郡地頭は加藤景廉《かげかど》とされる。その後は三浦氏の景《かげ》村《むら》が加美郡栗谷沢《くりやざわ》を領したことが『吾妻鏡』（仁治二年〈一二四一〉五月十日条）から判明する。さらに同郡の地頭職は足利氏の領有と帰し、家時《いえとき》―貞氏《さだうじ》―高氏《たかうじ》と相伝された。吉野勢力の支配に入った加美郡は、一時的に南部《なんぶ》政長《まさなが》に与えられた。この間足利一族の地頭代職として倉持・木戸・四方田《よもだ》らの諸氏が当該地域で支配権を行使した。奥州管領の吉良・畠山両氏との権益もあり、領主間での支配は輻湊《ふくそう》したが最終的に大崎氏の支配下に入る。なお、加美郡の中《なか》新田《にいだ》（加美町）には大崎氏の本拠がおかれたことで、ここが奥州支配の拠点として機能する。

②志田郡――加美郡の南東に位置した。鎌倉初期には渋谷一族（高国）が、さらに伊達氏の祖伊佐《いさ》為宗《ためむね》や武蔵の紀姓品川一族が権益を確保していたとされる。南北朝期には一部は相馬氏の支配も認められ、その後、文和三年（一三五四）奥州管領の祖斯波家兼が下向、同氏の管轄下に置かれた。同郡の名生《みょう》城（大崎市古川）も大崎氏の拠点の一つ

だった。志田郡は十四世紀最末期に下向した大崎氏の中枢領域で、斯波氏も満持《みつもち》の時代頃から名生城所在の同郡古川大崎にちなみ、大崎を称する。陸奥での政治権力の中心は、従来の国府が置かれた宮城郡から、この志田郡へと移ることになる。**

③遠田郡――ここは当初宇都宮氏が関係した。山鹿《やまが》遠綱《とおつな》が同郡地頭職だったとされる。この山鹿氏は『尊卑分脈』では宇都宮氏の系譜に属し、朝綱《ともつな》の子家政《いえまさ》の流れと推測されている。遠綱はその後和田合戦に加担したことで、その所領は北条氏に没収された。その後、いくつかの領有の変遷をへて大崎氏の支配となる。

④玉造郡――遠田郡の北西に位置し、『続日本紀』によれば蝦夷《えみし》経略の兵站基地として玉造柵が設置されていた。奥州合戦直後の関東武士の入部は不明だが、鎌倉後期には郡地頭として金沢北条氏の領有が確認される。頼朝の平泉攻略にさいし、藤原泰衡の玉造郡布陣の風聞も伝えられた。頼朝は当郡の多加波々《たかはは》城（推定地として大崎市岩出山葛岡）にいたり、さらに栗原郡に進んだことが『吾妻鏡』（文治五年〈一一八九〉八月二十日条）に見えている。当郡は鳴子《なるこ》の鬼切部《おにきりべ》をへて出羽国に向かう官道があり軍略上の要地とされ、泰衡の平泉勢力が多加波々城に布陣したのも首肯される。南北朝期以降は「河内四頭」の国人領主の支配下にあり、それを大崎氏が統轄する関係だった。

⑤栗原郡――玉造郡の北に位置し、大崎氏支配下の五郡のうちで最北にあたる。陸前ブロックの宮城県にあっても、奥大道《おくだいどう》が貫かれ一ノ関そして平泉は遠くない。かつては蝦夷経営の伊治《いじ》城も当郡に置かれていた。奥州合戦で関東の軍勢を迎撃すべく、泰衡が栗原郡の三迫に防御ラインを置いたとされる。『吾妻鏡』に「栗原三迫等要害」（文治五年八月二十一日条）と記載され、現在の栗原市をふくむ広大な迫川《はさまがわ》流域が該当するという。合戦後の論功行賞では、三迫の地頭職は和田氏に与えられたが、和田合戦後は三浦氏や二階堂《にかいどう》氏に同郡内の関係諸郷保の権益が与えられた。関係史料には同郡所在の各地域には武藤・朽木《くつき》・上杉諸氏が権益を有していたとされる。鎌倉末期には得宗領となり、被官の立場で長崎氏や工藤氏の支配も知られる。十四世紀の元弘の乱後は没官地《もっかんち》とされ、留守家任《いえとう》に与えられ、その後の大崎氏の支配となる。

以上「大崎五郡＊＊＊」の概要である。いずれにせよ中世後期は奥州統合に向けての地ならしが進展する。足利一族に属した大崎氏は中奥地域にあって、先駆的役割を果たした。

家兼の下向

大崎氏の基盤となる加美郡は鎌倉後期以来、足利氏惣家が地頭職を有していたことは既述した。『倉持文書』によれば、文永三年（一二六六）四月二十四日付「足利家時袖判《そではん》下文」には、家臣の倉持忠行に地頭代職の補任がなされており、以後も倉持一族の支配が確認される。さらに同じく家臣の木戸氏の支配も認められ、当該郡域が足利一族の基盤だったことがわかる。

家兼の陸奥下向は文和三年（一三五四）だった＊＊＊＊。国内の有力国人領主たちの支持を得て、大崎地方（古川）に新拠点を設け、もう一人の奥州管領たる府中の吉良氏を凌駕するにいたる。家兼以降直持《ただもち》さらに詮持《あきもち》とその遺産は継承され、四管領時代の分裂統治は解消の方向に向かう。十四世紀後半には、斯波（大崎）の地位を揺らぎないものとした。かくして応永七年（一四〇〇）には詮持が奥州探題へと任ぜられる。

大崎氏の役割

大崎氏の登場は、中世後期の東北地方に画期をなした。同氏が「四管領」時代の統合化に進む背景には南党勢力の衰退があった。足利氏一門の血脈にくわえ、強大な敵対勢力の不在が影響した。十三世紀は関東武士団の入部による鎌倉的武威が進行する。同時にこの時期は奥州来住の関東武士団庶子家が自立化を探る段階といえた。そして十四世紀、建武体制下での政治体制の刷新により新秩序形成がなされた。それを武士団諸家の動向に即してみれば、奥州入りした庶子家と関東に本領を有した惣領家の対抗が顕在化する過程でもある。非鎌倉的秩序を標榜する建武体制は、庶子家浮上の流れに棹さすかたちで作用した。南北朝期以降での奥州武士団の動向を規定したものは、北条体制を解体することで、自己の存立をはかる地域領主の流れであった。

大崎氏の登場は総じて南北朝動乱の余波を払拭することに繫がった。自らが奥州での政治的磁場の再構築の役割を担った。奥州探題という職責を与えられた大崎氏は、京都幕府の奥州地域の代表を自認する。

『余目記録』によれば、奥州探題大崎氏の下には有力国人等が参上、臣従の誓いが表明されたという。その最上位

図30　大崎氏略系図

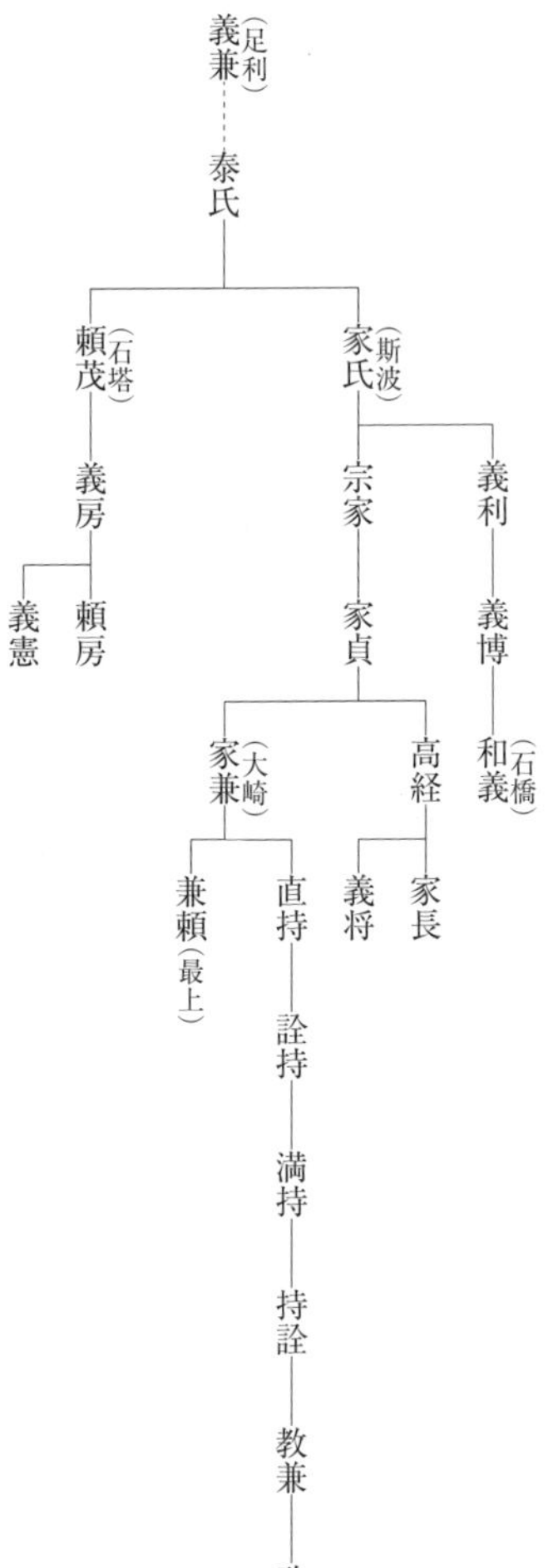

には伊達・葛西・南部の諸氏の座が、つづく座には留守氏とともに南奥の白河・蘆名《あしな》・岩城《いわき》の諸氏、さらに下位には桃生・登米・相馬・田村以下の諸領主たちの座次が示されていたとされる。そこには当該期の奥州の政治的秩序が反映されていた。構図的にいえば大崎氏を軸に東北方面には葛西氏、その北方に南部氏があり、また南方には伊達氏ということになろうか。そしてこれらの勢力の中間に、秋保・国分・留守・黒川・長江といった中小の国人級勢力がいたとされる（『仙台市史』参照）。

大崎一族の隆盛も、中央での応仁・文明の乱段階を潮目に変化する。大崎教兼《のりかね》の時代には幕府との連携が強まる。内裏造営の段銭徴収や出兵要請など、いずれもが幕府を介して要請されることになる。

教兼は、自己の支配下の三迫合戦で国人勢力（富沢氏）と対立、敗北し、その権威が失われる。

鎌倉府と大崎氏　当該期の国人勢力の台頭のなかで、大崎氏の奥州探題の力にも翳りが見え始めた。大崎氏にとっての懸案は、南奥州での新たな政治的磁場の出現だった。鎌倉府による奥羽両国の所轄化だった。本来、鎌倉府は関東の幕府支配の要として設置されたもので、幕府権力の分身に位置づけられる。このことは以前にもふれた。南奥の郡山《こおりやま》・須賀川《すかがわ》地域の稲村《いなむら》・篠川《ささがわ》両御所の存在は、奥羽両国の支配の鎌倉府への委任を意味した。義満時代における二つの政治権力――大崎氏の「奥州探題」と鎌倉公方の稲村・篠川御所――は両者の確執を育むことになる。後者の鎌倉府による奥羽両国の移管は、明徳三年（一三九二）のことだった。

鎌倉公方は初代の基氏《もとうじ》以降、二代氏満《うじみつ》・三代満兼《みつかね》と世代をへるごとに、京都幕府との懸隔を深めていた（『鎌倉大草紙』）。かかる両府相克の状況はあったものの、鎌倉府による南奥地域への進出は、奥州全域に少なからず影響を与えた。鎌倉府を介しての貴種支配の有効性には限界がともなった。南北朝動乱期を実力で漕ぎ抜いた、足利一門の斯波（大崎）・石塔・吉良・畠山等々の諸勢力にとって、利害の対立を招来させた。とりわけ南奥の雄たる伊達氏の場合、その勢力版図が南奥北部から中奥南部にわたっており、前記の二つの権力の双方に関係していた。鎌倉府による奥羽両国への影響力で、奥州は南奥の鎌倉公方と中奥の管領・探題の二つの政治的磁場が胚胎する。

＊　南北朝後期の貞和元年（一三四五）以降、奥州は「総大将」から「管領」制へと移行の混乱期にあたる。最終的には斯波（大崎）氏による「奥州探題」出現にいたる応永七年（一四〇〇）までの約半世紀におよんだ。

＊＊　古代の多賀国府は十世紀から十二世紀にかけて、その政治的役割を終えたことは発掘された遺跡からも理解される。多賀国府の呼称はその後も存続するが、平安末・鎌倉期の所在地はかつての所在地よりも西方に位置する地域とされる。現在の仙台市宮城野区岩切近傍と推定されている。ここは奥大道と七北田川《ななきたがわ》（冠川）が交差する交通上の要路とされる。南北朝期は吉良と畠山両氏の奥州管領が観応の擾乱の余波で、この岩切城で死闘を繰り広げたのも、当地域が中世の国府と重なっていたためだった。院政期の段階には多賀国府は宮城野方面に移っており、北畠顕家の陸奥将軍府、さらに足利氏の奥州管領府はともにこの地域に所在したとされる。その後この大崎氏（斯波氏）による奥州探題の登場で、陸奥の政治・軍事の中心は宮城郡から志田郡へ移ったことになる。南北朝動乱終息後の政治的新秩序を拠点として大崎氏の依拠した志田郡は、かつての因縁の地である宮城郡から離れ、大崎五郡の扇の要に位置する。

＊＊＊　「大崎五郡」の所在する地域、すなわち迫川《とまりがわ》・江合川《えあいがわ》・鳴瀬川《なるせがわ》流域一帯は「河内」と呼称されていた。ここには渋谷・大掾《だいじょう》・

泉田・四方田諸氏の「河内四頭」が奥州合戦以後封ぜられたと『余目記録』には指摘されている。このうち渋谷氏は相模高座《こうざ》郡渋谷を本領とする武士団で、重国《しげくに》の子高重《たかしげ》の従軍による武功と考えられる。大掾氏は常陸大掾平良望《よしもち》（国香）の孫維幹《これもと》を始祖とする。筑波郡多気《たけ》を本貫としており、平資幹《すけもと》の地頭職が確認される（『吾妻鏡』建暦元年〈一二一一〉四月二日条）。泉田氏は秀郷流藤原氏に属した二階堂氏の庶流で、南奥地域の岩瀬《いわせ》郡に所領を有した。同氏は和田義盛の乱後に、その遺領を与えられていた。四方田《しほうでん》氏は武蔵国児玉郡を本領とする、武蔵七党の児玉党に出自を有した。弘長《ひろなが》が奥州合戦に参陣し、この河内地方に地頭職を与えられたという。ただし、河内四頭には他の氏族をくわえる史料もあるようだ（『宮城県史』）。

＊＊＊＊『余目記録』によれば、家兼は南奥の霊山（福島県伊達市・相馬市）で三年を過ごしたが、多賀国府（府中）には赴かず、北方の志田郡師山《もろやま》（大崎市）に拠所を定めたとする。志田郡はかつて鎌倉北条氏の没収所領も多く、足利一門の斯波氏にとっての入部は容易とされる。家兼はその後、加美郡中新田（加美町）に移り、観応二年（一三五一）領内のほぼ中央の名生館に入ったという。以後、ここが大崎氏の拠城となった（『仙台市史』『宮城県』）。

◆山内首藤氏

桃生郡と山内首藤氏

相模国の御家人山内首藤《やまのうちすどう》一族も桃生《ものう》郡地域に地頭職を与えられた。本領は鎌倉郡山内荘、流祖は藤原資通説や義通説など「山内首藤氏系図」や『尊卑分脈』等々で相違がある。「首藤」の由来は一族が主馬《しゅめの》首《かみ》に任ぜられたことによる。同氏は源義朝以来の乳母関係の所縁を有した。頼朝挙兵時の石橋山合戦で、経俊は平家に参じたが、許されて各地に地頭職を与えられた。＊「山内首藤氏系図」では経俊は、会津大沼郡および越後魚沼郡にも所領が与えられたとある。後世の『伊達正統世次考』には、経俊《つねとし》の弟（俊通とも）と桃生郡の吉野の地との関係も伝えている。

桃生郡は前述の「大崎五郡」の外縁に位置し、葛西氏の「葛西七郡」のうちに位置した。北上川下流域の桃生郡は蝦夷経略の拠点で、かつて桃生城が設置された（『続日本紀』＊＊）。山内一族が武士団として、当該地域への下向・入部は、鎌倉末期のことと推測される。吉野については、俊通の子孫と目される時業《ときなり》の文応元年（一二六〇）七月八日付譲状には、相模の早河荘《はやかわのしょう》内名田、備後の地毗荘《じびのしょう》の諸荘にくわえ、「陸奥国桃生郡内吉野村地頭職」が見えている。幕府は時業の娘亀鶴に、上記の桃生郡内吉野村地頭職の譲与を認めている（文永七年〈一二七〇〉六月十三日付「関東下知状」）。『山内首藤家文書』には当該の地頭職もふくめ、相伝所領の譲状が散見されるものの、同一族の桃生郡内での具体的活動を知り得る史料は少ない。ただし、鎌倉末・南北朝期にかけて、庶子家が桃生の地を基盤に活動していた、とは推測されるという。『余目記録』では隣接する宮城郡の留守氏とは縁戚関係があり、南北朝末期には留守・葛西・長江・登米の諸氏と山内首藤氏は、「五郡一揆」を結んでいる。

同氏が地頭職を有した桃生郡は、大崎・葛西両氏の二つの勢力圏の中間に位置した。「五郡一揆」を構成していたものの、東方の牡鹿郡を基盤とした葛西氏との対抗関係から、山内氏は大崎氏との協調を選択する。最終的には十六世紀初頭の永正段階に、葛西宗清との戦いに敗れ滅亡する（『伊達正統世次考』）。

ちなみに右の「五郡一揆」に名が見える長江氏も、またこの桃生郡内の深谷に所領を有した。『吾妻鏡』には見えないが、桃生郡の南方に位置した深谷（深田）は、三浦氏の一族長江氏の支配に属したとされる（『伊達正統世次考』）。三浦郡長江を本拠とした同氏は、鎌倉権五郎景政《かげまさ》を祖とした。景政の曽孫の長江義景《よしかげ》が、奥州合戦の武功で地頭に任ぜられ、小野（東松島市）に拠点を有したとされる。南北朝の動乱以後、大崎氏の勢力に圧迫され、十五世紀半ばに伊達氏の傘下に入ったとされる。

図31　山内首藤氏略系図

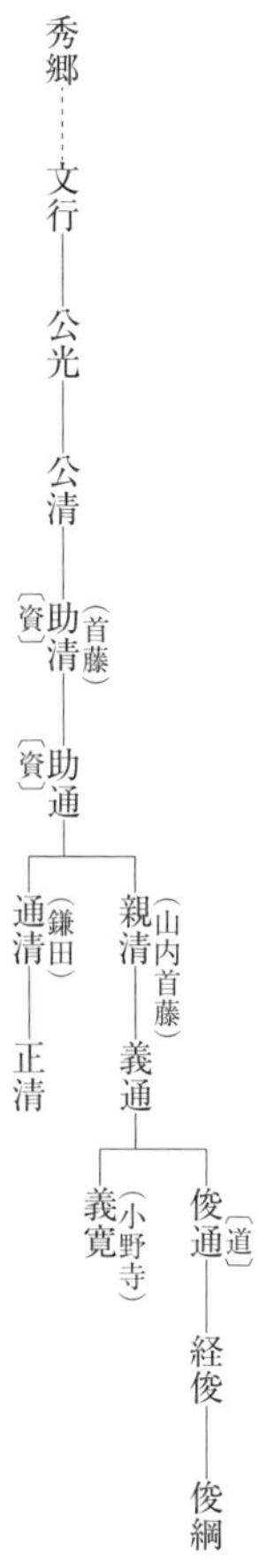

＊ 山内荘は、建久二年（一一九一）には長講堂《ちょうこうどう》領として見えており、鳥羽上皇に仕えた山内俊通が寄進したとされる。この俊通の祖父資通《すけみち》（助道）は、源義家の後三年合戦に参陣したとされる。俊通の妻は相模の有力武士団中村宗平《むねひら》の妹とされ、頼朝の乳母（摩々《まま》の局《つぼね》）として知られる。山内氏は源氏との主従の関係が強く、平治の乱では俊通父子が敗死している。だが、治承・寿永の内乱では経俊は平家に味方するものの、許され御家人に列した（『吾妻鏡』）。

＊＊ 桃生城は現在の石巻市飯野から桃生町太田にかけての地域で、山内首藤の拠点の吉野地域とは比較的近い場所とされる。ちなみに桃生城のあった桃生郡は、西方の栗原郡の伊治《いじ》城《じょう》とともに奈良期の七六〇年代における蝦夷経略の最前線にあたる。海道の蝦夷への防衛拠点で、多賀城の北東三十五㌔の地点に築かれたが、その後の宝亀五年（七七四）で焼失した。伊治城は神護景雲元年（七六七）に造営、こちらは山道の蝦夷経略の拠点として玉造郡の北の栗原の地に築かれた。多賀城の北五十二㌔内外の場所とされる（吉田東伍『大日本地名辞書』および『宮城県の地名』などを参照）。

◆葛西氏

「奥州総奉行」と葛西清重

葛西氏は桓武平氏良文《よしぶみ》流に属し、武蔵国南東部を拠点とした。「奥州総奉行」の地位を与えられた葛西清重《きよしげ》は、これを梃子に子孫は鎌倉・南北朝・室町の各時代に勢力を保持した。同氏は中奥北部の牡鹿郡を基盤とし、戦国期に隣接の本吉《もとよし》・登米《とよま》の西部（以上宮城県）や、その北方の磐井・胆沢・江刺・気仙の四郡におよぶ版図を形成した。その支配域は「葛西七郡」と通称され、前述の「大崎五郡」と対比された。奥州合戦後の戦後処理担当として、葛西清重・伊沢家景両人が任ぜられ、「奥州総奉行」と呼ばれた（『吾妻鏡』建久六年〈一一九五〉九月二十九日条）。

彼らは既にふれたとおり、奥州藤原氏滅亡後の陸奥国の諸行政を担当した。家景は多賀国府にあって、留守所の職を継承、留守氏として活躍した。葛西氏は陸奥国の御家人の差配や平泉管内の検断業務にあたった。同氏は軍政にかかわる守護的職権の行使を任された。

下総国葛西郡葛西荘（葛西御厨）に本領を有し、隣接する豊島《としま》郡の豊島氏は同族だった。豊島清光《きよみつ》の三男清重が下総葛西の地を領し、その祖とされた。この清重が奥州総奉行の重職を得て戦後処理にあたったが、文治五年（一一八九）末の大河兼任の乱後に鎌倉に戻った。本格的移住は鎌倉中期あたりで、四代清経《きよつね》の子の清宗《きよむね》の時代とされる。二代清親《きよちか》・三代清時《きよとき》は、『吾妻鏡』などに幕府への出仕記事があり、奥州へは代官が派され間接経営と推測されている。葛西氏の拠点は牡鹿郡の石巻城《いしのまきじょう》にあったという（『奥州葛西記』）。ただし、ここに清重以下が歴代居したとする確証は見い出し難い。

図32　中奥北部の武士勢力

葛西一族の南北朝

五代の清宗は、鎌倉末期の正応元年（一二八八）の中尊寺・毛越寺《もうつうじ》の山野相論の下知状に、その名が見えている（『中尊寺経蔵文書』）。

この清宗（宗清）は元弘の乱にさいし、幕府軍として上洛したが、やがて後醍醐天皇側に転じた。『梅松論』「義貞にせ首の事」によれば、延元元年（一三三六）正月二十八日、神楽岡《かぐらおか》で新田義貞の身替わりとして戦死した。「葛西江判官三郎」と称し「赤《あか》威《おどし》の鎧を着し」「顔色骨柄、少しも違はず」と見える。「江判官」の「江」は、葛西一族の領有した奥六郡「江刺郡」に由来した。彼は北畠顕家軍とともに上洛、新田勢と合流し足利側と戦った。その子清貞《きよさだ》も奥州南党に属し、北畠勢と歩調を合わせ活

図33 葛西氏略系図

躍している。「葛西清貞兄弟以下一族、随分ノ忠ヲ致ス」（『白河文書』延元三年十一月十一日「北畠親房書状」）と見える。しかし吉野勢の奥州退潮後は足利方に参じたようで、足利義満の時代には孫満良《みつよし》が、大崎詮持《おおさきあきもち》の加美・黒川両郡への不法侵入停止の任を、伊達氏とともに与えられている（「足利義満御教書《みぎょうしょ》」『伊達家文書』）。満良の時代には葛西氏は、伊達氏・大崎氏とともに、中奥での有力大名に教えられるにいたった。

その後、満清《みつきよ》・持重《もちしげ》・信重《のぶしげ》をへて満重《みつしげ》の応仁・文明段階に、伊達氏との姻戚関係が生じ、満重の養子として、伊達氏から成宗《しげむね》の子息が入嗣、両者の関係が深まる。戦国期以前の葛西氏の大局は右のようになろうか。以下、「葛西七郡*」の地域ごとの動静についても簡略にふれておこう。

①牡鹿郡——桃生郡の東方で牡鹿半島を擁する同郡は、奈良初期までは桃生郡をふくむ郡域を有していた。桃生郡に権益を有したのは山内首藤氏だった。良港石巻を擁する牡鹿の地は、葛西氏の武士団支配の中軸に位置した。伝承によれば、清重が石巻城に居したとされている。牡鹿郡への葛西氏の入部については、この地が下総国葛西郡と類似の地勢的条件があったとの理解も与えられている（『宮城県の歴史』）。葛西氏は奥州藤原氏の基盤であった磐井郡平泉、さらに胆沢・江刺・気仙の諸郡を分与された。平泉の繁栄の大きな要素は北上川の河川交易にあった。石巻はその北上川と平泉を繋ぐ交通の終着点だった。葛西御厨を経営する海の武士団葛西一族のキャリアが、牡鹿郡の地で有益に機能したとも推測できる。元弘・建武の乱で清経（経清）・清貞父子は北畠軍に参じ、桃生・牡鹿両軍の軍勢を率い戦ったことが知られている。葛西氏は牡鹿郡所在の石巻城以下の諸城を拠点としたが、一族の支配領域の拡大にしたがい、十六世紀前半には隣接の登米郡に基盤を移すことになる。奥州探題大崎氏とは、中奥において覇を競うラ

イバルとなった。

②本吉郡――牡鹿郡の北方に位置する本吉郡は、律令段階の建郡ではなく、平安後期の本吉荘を母胎としたとされる。同荘は摂家領の奥羽五ヵ荘の一つで、久安四年（一一四八）に藤原忠実《ただざね》から子息の頼長《よりなが》に譲与された。頼長は奥州藤原氏の二代基衡《もとひら》に対し、本吉荘に従来の数倍の租税増徴を要求したが、基衡に拒まれトラブルとなった話は有名だ（『台記《たいき》』仁平三年〈一一五三〉九月十四日条）。この本吉荘は、『吾妻鏡』（文治五年〈一一八九〉九月十八日条）に

図34　鎌倉時代の葛西領（五郡二保）『石巻の歴史』より

は「本吉冠者高衡」と見えており、秀衡の四男高衡《たかひら》の基盤と思われる。

鎌倉期同郡は、他に千葉氏や熊谷氏も地頭職を与えられていた。千葉氏は宮城・黒川両郡の地頭職の他に、この本吉郡にも拠点を有した。建武三年（一三三六）葛西氏に敗れ、以後は葛西氏の勢力が浸透したとされる（『葛西家系諸書』）。熊谷氏については、直実の子直家《なおいえ》が武功で本吉郡内の所領を得たという。その子直宗《なおむね》の時代に当郡に下向、赤沼館に住したとされる。宝鏡寺にはその直宗の建立の貞応二年（一二二三）の銘碑がある（『宮城県史』）。直宗の孫直《なお》時《とき》の時代、建武年間に千葉氏に味方し葛西高清《たかきよ》と戦い敗北した。熊谷氏は気仙沼地方にも細浦《ほそうら》・長崎等々に館を構え、本吉荘の北部にも勢力を移植したが、室町期に葛西氏の勢力下に入った。

③登米郡――『続日本紀』（宝亀五年〈七七四〉十月十四日条）に所見の蝦夷の拠点の一つ、「遠山村」は登米郡にあったとされる。ここは北上川が郡中央部を貫流する要地だった。文治奥州合戦後に登米氏が入部する。小野寺系の登米氏は登米郡南方の寺池《てらいけ》（登米市）を居所とした。『葛西盛衰記』によれば、葛西氏の台頭以後、小野寺氏もその配下となったという。ちなみに小野寺系登米氏のルーツは下野を本領とした秀郷流と推測されるが、山内首藤氏との関係も考えられる。既述したように桃生郡吉野には、山内首藤氏が地頭職を保持しており、その分流の可能性も否定できない。

以上、葛西氏にかかわる諸郡（牡鹿・本吉・登米）についてふれた。同一族は陸中地域（岩手県）の磐井・胆沢・江刺さらに気仙の諸郡にも権益を有した。

以下においても便宜上ここに一括して関係諸郡についてもふれておこう。

④気仙郡――本吉郡の北に位置し、現在では岩手県に属す。南方の本吉・牡鹿の諸郡も古代には気仙郡と一括された地域との説もある。気仙郡の西は磐井・胆沢・江刺の「奥郡」と隣接する。葛西氏以前の著名な武的勢力として金《こん》氏一族がいる。『陸奥話記』にも登場するこの一族は、前九年合戦で源頼義に加担しており、安倍氏とライバルの関係と目される。金氏は気仙郡を母胎に活躍した平安期以来の名族で、葛西氏の入部以後も鎌倉勢力と協調関係を有

し勢力を温存させた。

伝承によれば金姓は、九世紀後半の貞観年間（八五九―八七七）、安倍兵庫丞為雄《ためかつ》なる人物が金山開発に功があり、金姓を与えられたという。前九年合戦で活躍した気仙郡司為時《ためとき》はその末裔とされ、源頼義の要請で俘囚《ふしゅう》勢力を味方にした功績で知られる。『十訓抄』では為時は貞任の舅でもあったという。安倍氏との婚姻も推測されるところで、一族内の金為行《こんのためゆき》は安倍氏側に参じており、分裂行動もあった。当郡の産金伝承については、たとえば『源平盛衰記』（巻十一、育王山送金事）には平重盛が奥州を知行したおり、同郡産出の金一三〇〇両を宋へ送ろうとした件も見えている。

「安倍姓金家氏系譜」（『岩手県史』第二巻）には、気仙郡司の金為俊《ためとし》について言及がある。それによると、為俊は奥州藤原氏滅亡後に山中に蟄居していたが、文治五年（一一八九）年末の大河兼任の乱にさいし、鎌倉側の追討軍に参じた。その武功で、気仙郡司に補任された中興の人物と記されている。後世からの系譜で難しい点もあるが、金氏は鎌倉勢力が入部後も、地生えの勢力として存続した数少ない存在だった。葛西氏との関係としては、現地の気仙郡にあってその権限を分掌する代官的役割を果たしていた。南北朝期に金頼清《よりきよ》なる人物もおり、鎌倉幕府滅亡後に南部・結城諸氏と連携し、建武年間に北畠側に参じた。

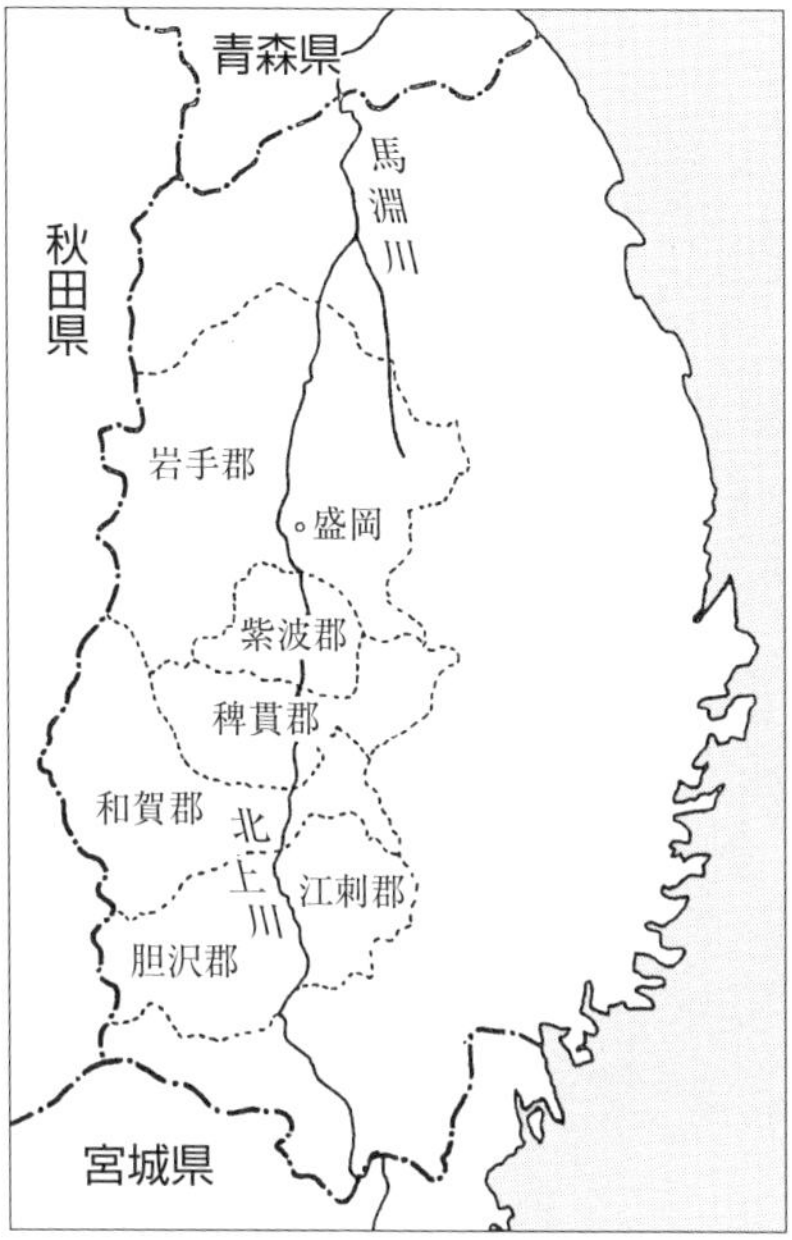

図35　奥六郡　『岩手県の歴史』より

⑤**磐井郡**――葛西氏入部以前、同郡と北方の胆沢郡は奥州藤原氏の基盤だった。当郡は陸奥国「中央」に君臨した。奥州藤原氏の拠点として平泉は、「内なる境」に位置したとされる。藤原氏は北の胆沢郡を拠

点とした安倍氏の血脈的遺産を継承、衣川《ころもがわ》を越え磐井郡に自立的権力を形成した。頼朝の奥州進攻までの一世紀、磐井郡を中核に濃淡はあれ、奥州全域に覇権を有した。

奥州総奉行として派された葛西氏は、平泉体制の影響を押さえ込むかたちで占領軍政を進めた。当郡は平安後期の王朝国家段階以降、安倍氏がその影響力を行使した地域だった。『陸奥話記』では、有名な黄海《きのみ》合戦（一関市）でも、安倍貞任軍が頼義軍を追撃・大敗させたとある。

奥州合戦後に葛西清重へ与えられた五郡二保には、この「黄海保」も含まれているという（『余目記録』）。安倍氏の遺産を継承した清衡は平泉の地**に館を構えた。ここは前九年合戦で、安倍氏と頼義軍が雌雄を決した衣川関の攻防がなされた所だった（康平五年〈一〇六二〉）。清衡は「内なる境」だった衣川を越え、その南に政治の中枢を据えたことになる。

奥州合戦後、葛西清重は郡内の検断を命ぜられ平泉に入部した。同氏には「胆沢・磐井・牡鹿郡等已下数ヶ所」が与えられた（『吾妻鏡』文治五年九月二十四日条）。同氏の所領については、鎌倉末の嘉元三年（一三〇五）三月日の「中尊寺大衆訴状案」（『中尊寺文書』）に、「岩井・牡鹿以下五郡二保」と所見する。ちなみに五郡のうち磐井・胆沢・江刺の三郡と二保***は平泉直轄下の所領だったという。そして、残りの気仙郡は産金の要所で、牡鹿郡は既述したように北上川の河口流通の要地だった。

建武体制下には北畠顕家の支配下に属したが、その後の南北朝期には足利体制の浸透にともない、平泉方面をふくめた当郡は石塔義房の支配下に入った。当該期は葛西氏の清宗・清貞の時代で、一時的に北畠側に与したが、その後は足利側に転じ勢力を伸長させる****。当郡の葛西氏の館跡とされる候補地は、平泉地区にいくつか挙げられる（詳しくは吉田東伍『大日本地名辞書』および『岩手県の地名』などを参照）。

⑥胆沢郡――かつて「奥六郡」の中核に位置した胆沢郡には、胆沢城（奥州市）が置かれ、鎮守府が移されたことで、東北経略の最重要拠点とされた。当郡を基盤としたのが安倍氏だった。郡名としての初見は『日本後紀』延暦二

十三年（八〇四）とされるが、二年前の胆沢築城後の間もない時期の建郡とされる。大同三年（八〇八）の鎮守府設置で当郡の政治・軍事上の役割は飛躍的に拡大した。

　昨今の理解によれば、かつて平安初期の段階で胆沢城設置にともなう「胆沢三郡」（磐井・胆沢・江刺）と志波城設置後の「志波三郡」（志波・稗抜《ひえぬき》・和賀）の律令六郡は、後者の志波城の機能の消滅に対応し、鎮守府所在の胆沢郡を中軸とした鎮守府統制下の六郡体制が誕生したとする。その結果、最北の志波郡の北に岩手郡が置かれ、胆沢郡の南方の磐井郡は除かれたかたちで「奥六郡」の成立を見たという。

　つまりは「奥六郡」の呼称は、鎮守府が自己の膝下で統制する範囲の領域的・政治的呼称と解されている。平安後期の王朝国家期の安倍氏は鎮守府の有力在庁官人として、対蝦夷と対柵戸《さくこ》（公民）支配の二つを委任されたと理解されている。鎮守府は奥六郡支配と不即不離の関係にあったことになる。

「六箇郡ノ司ニ、安倍頼義トイフ者アリ、是同ジク忠良ガ子ナリ、父祖トモニ果敢ニシテ、自ラ酋長ヲ称ス、威権甚シク、村落ヲシテ皆服ヘシメ……」とは、『陸奥話記』の冒頭に見える安倍氏についての記述だ。「奥六郡」支配を容認された安倍氏は十二の諸柵を北上川流域に展開、一族をそれぞれに配し防衛拠点とした。徴税請負をも委任された安倍氏は「自ラ酋長」（別本には「東夷ノ酋長」）云々とあるように、俘囚勢力の代表的存在だった。律令国家は帰順した俘囚を〝夷ヲ以テ夷ヲ制ス〟る形態で統治支配の要とした。対蝦夷戦が終了した平安初期以降、鎮守府機能の胆沢城への移管でこの方向が顕著となる。したがって安倍氏は鎮守府機能の代行を容認された存在ということになる。強力な征夷政策が終焉を迎えるなかで、徴税請負を前提に「奥六郡」の支配が容認されたわけで、安倍氏は中央政府にとって多賀国府と連携する現地の官人（＝在庁官人）だった。胆沢郡境の衣川は、安倍氏の勢威を象徴した地域といえる。

　『陸奥話記』では、前九年合戦の原因を安倍氏側の衣川以南の越境とする。平泉の藤原氏はこの安倍氏の〝見果てぬ夢〟であり、その血脈を継承した奥州三代の祖清衡は、それを実現することで登場した。衣川を挟み南接する平泉

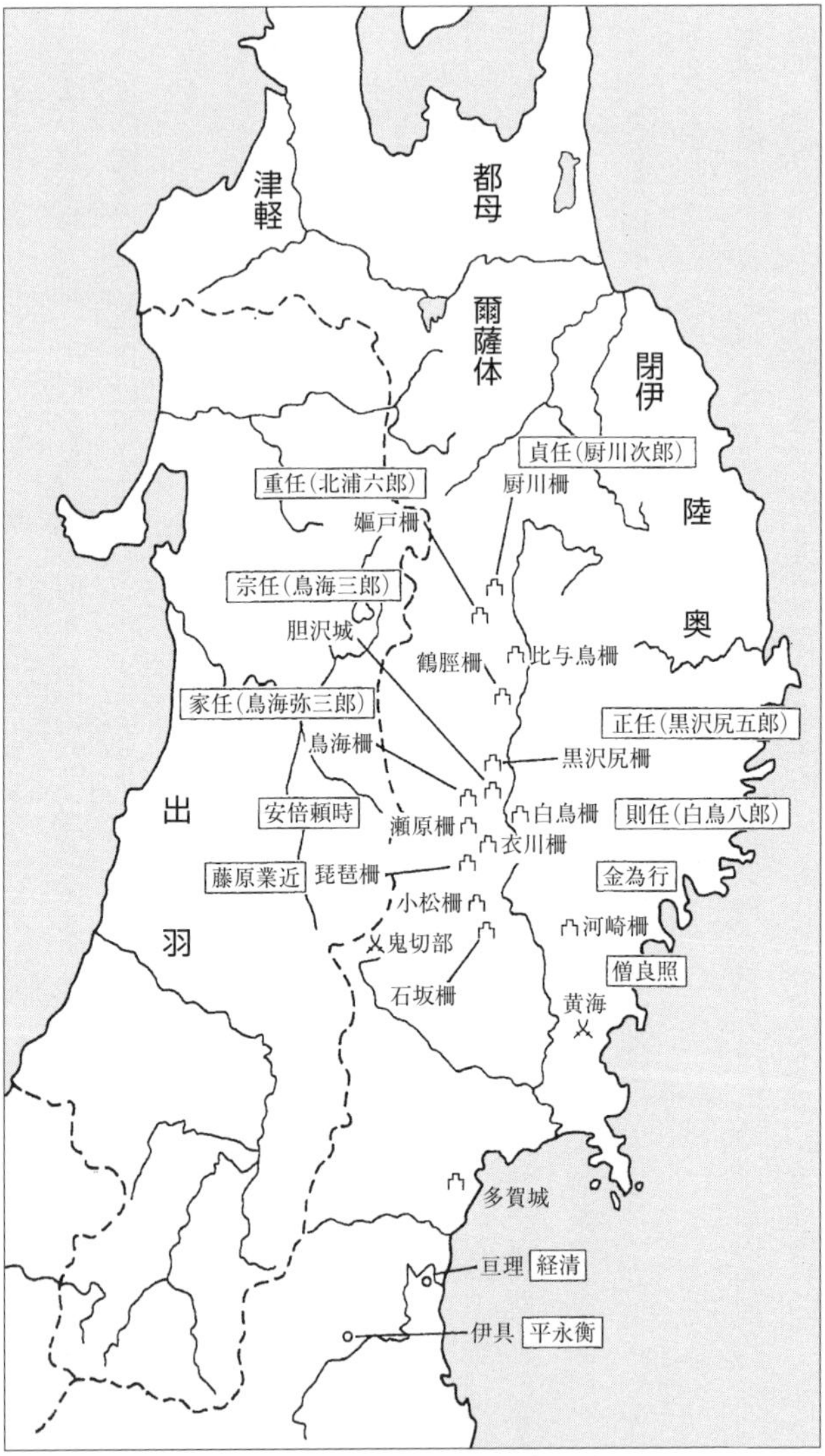

図36　安倍氏一族勢力分布図　『東北の争乱と奥州合戦』より

は、安倍氏の元来の基盤、胆沢を臨む地勢的位置にあった。安倍氏の願った衣川以南は〝内なる外〟に位置したわけで、平泉藤原氏は衣川ラインからの脱却を志向した（この点、拙著『東北の争乱と奥州合戦』を併せ参照）。

鎌倉以前、さらに平泉以前の胆沢方面が宿した歴史性について簡略に示すと右のようになろうか。鎌倉以降は既述のように、胆沢郡（鎌倉期以降は伊沢郡の表記が多用）は葛西氏に属したが、実質支配は大林《おおばやし》城（金ケ崎町）に拠った柏山《かしやま》氏とされるが、詳細は不明という。

⑦江刺郡――北上川東岸に位置する江刺郡は「胆沢三郡」の北部にあり、葛西氏の統轄する「五郡二保」あるいは「葛西七郡」の最北にあった。ここはかつて『吾妻鏡』（文治五年九月二十三日条）によれば、藤原清衡が継父清原武貞《たけさだ》の死後に奥六郡を伝領し、「康保年中」に「江刺郡豊田館ヲ岩井郡平泉に移シ、宿館トナス」と見えている。ただし「康保」年号（九六四―九六八）は平安中期で清衡の時期と合致しないので、嘉保（一〇九四―九六）ないし康和（一〇九九―一一〇四）の可能性が高いとされる。

これに従えば清衡は平泉に本拠を移す以前、この江刺郡を拠点としたことがわかる。清衡の実父は亘理権大夫経清で、母も安倍氏出身だった。安倍氏滅亡後、母は清原氏（武貞）に再嫁し、その武貞の死後に清原氏の遺領を継承した。そうした関係でこの北上川沿いの豊田館は、かつての安倍氏の館があった地を清衡が継承したと解する立場や、これとは別に、父経清の館を清衡が継承したとの考え方もある。

なお、この豊田館の所在地として、岩谷堂《いわやどう》館山《たてやま》の岩谷堂城を擬定する立場もあるという。ちなみに岩谷堂館（奥州市）は室町期に葛西氏から分かれた、江刺氏の居所とも伝えられる。同氏は、胆沢郡で葛西氏の代官をなした柏山氏と双璧とされる。安倍氏の諸柵のなかには、比与鳥《ひよどり》柵もこの江刺郡に所在とされる。平泉滅亡後に葛西氏の版図になるが、ここは千葉頼胤も葛西氏の代官職を得て入部したとの系図もある（「長坂千葉系図」『岩手県史』所収）。頼胤没後、江刺三郎と称した三男の胤道が江刺郡の統治に関与したとある。

以上、鎌倉期以降に葛西氏が領した七つの郡の概要にふれた。葛西氏は最終的に大崎氏と覇を争い、羽柴秀吉の奥州仕置きのなかで衰退、伊達氏の家臣団にくわえられた。ただ、本惣家の滅亡で系図・家譜の類は多数失われ、画定は困難とされる（『姓氏家系大辞典』『岩手県史』なども参照のこと）。

＊　文治五年（一一八九）九月二十四日、葛西清重は奥州合戦の論功行賞により陸奥国御家人奉行（「奥州総奉行」）に任命され、「伊沢・磐井・牡鹿等郡已下」数ヵ所が与えられた（『吾妻鏡』）。後世の『伊達正統世次考』にはその拝領地について、先の三郡に、江刺・河北両郡さらに奥田保・黄海保《きのみのほ》をくわえた五郡二保だったとする。この五郡二保については鎌倉末期の『中尊寺文書』にも見え、

南北朝期もその支配地域に大きな変化はなかった。その後、室町期に入り、北上川流域の国人領主（留守・山内・長江・登米）諸氏の盟主的立場で支配権を拡大、戦国期には葛西七郡（牡鹿・磐井・胆沢・江刺・気仙・本良・登米）を領するにいたった。

＊＊　平泉の史料上の初見は『吾妻鏡』文治三年（一一八七）十月二十九日の秀衡の平泉館での卒去を伝えるものがそれだ。清衡は元来、北方の江刺郡の豊田館（奥州市）にあった館を、宿館の磐井郡平泉に移した（同、文治五年九月二十三日条）。

磐井郡の南方の県境に位置する一ノ関は、かつて磐井郷があり郡衙《ぐんが》が置かれていた。平泉以前での磐井郡の中心とされる。前九年合戦で安倍貞任・宗任の叔父良照《りょうしょう》の拠る小松柵があったとされる。一ノ関周辺では建武年間（一三三四—三六）と目される「陸奥国骨寺村絵図」が注目されている。さらにこの地域には建武年間に小野村氏や千葉氏も入部した。

＊＊＊　磐井郡の東南には「奥玉保《おくたまのほ》」（一関市）があった（『二階堂文書』）。ここは二階堂氏が所領を有していたが、その後は金沢北条氏が保務の権益を有したとされる。ちなみにこの「奥玉保」は奥州藤原氏の直接支配の地たる黄海保（一関市）・興田保《おきたのほ》（一関市）の三保の一つとされる。いずれも平泉の近辺に位置した。国衙周辺に一般的に見られた在庁名・在庁保に匹敵する性格を有したと解されている。三保のうち黄海・興田の両保は葛西氏の支配となったが、奥玉保は二階堂氏の支配とされた。

＊＊＊＊　なお、磐井郡の黒沢郷の地には、葛西清重の子息の七郎時重が所領を与えられ、黒沢葛西氏を称した。嘉禄元年（一二二五）鎌倉将軍頼経《よりつね》に近侍し信任を得たとされる。ただし、黒沢葛西氏の所伝はいずれも系図上からのもので、その系図も後世のもので諸説あり、詳細は不明とされる（『岩手県史』）。

＊＊＊＊＊　延暦二十二年（八〇三）胆沢の北方約六十キロの地に、坂上田村麻呂が志波城（盛岡市西部）を設置したが、この志波城は水害のために城柵維持が困難となった。そのため弘仁三年（八一二）、志波城の南方十キロの地点に徳丹《とくたん》城（矢巾町）を築き、これが律令国家の最後の城柵とされた。

＊＊＊＊＊＊　「奥六郡」の呼称は『奥州後三年記』が初見で、『陸奥話記』での「六箇郡」云々の語もそれと同様と解される。磐井郡の北方の胆沢・江刺・和賀・稗貫・志波（斯波）・岩手の六郡を指す。このうち北方の岩手郡を除き九世紀初頭には他の諸郡は令制郡として成立しており、十世紀の王朝国家期には鎮守府の管轄とされた。元来、鎮守府は奈良の天平期に多賀国府に置かれていたが、平安初期には鎮守府は北方の胆沢郡に移された。ここは蝦夷征圧の拠点地域で、胆沢川と北上川の合流する交通上の要衝に位置した。坂上田村麻呂《さかのうえのたむらまろ》から文室綿麻呂《ふんやのわたまろ》にいたる征夷戦略の中軸として機能した。陸奥における行政の中心多賀と軍政の鎮守府が、宮城郡と胆沢郡の南北に分離したことは、その後の奥州における歴史を規定した。奥州藤原氏は秀衡の時代、鎮守府将軍と陸奥守を一体とし

て掌握、奥州全域の覇権を握った。これを打倒、その権益を継承した「関東」は奥州総奉行を創出、多賀国府の行政機能を伊沢氏（留守氏）に、そして御家人統轄をふくめた軍事・守護的役割を葛西氏が担った。

◆奥州藤原氏

清衡について　奥州の雄たる平泉藤原氏についてでは、要所要所でふれてきた。以下では総括的に清衡以降秀衡までの大局をまとめておこう。奥州地域の初期の武士団として述べておく。関係史料として膨大なものがあるが『奥州藤原史料』（吉川弘文館、一九五九年）が便利である。

後三年合戦で勝利した初代清衡（一〇五六—一一二八）は、既述のように江刺郡豊田館より衣川南方の磐井郡平泉館へと本拠を移し、その繁栄の基礎を築いた。清衡はかつての奥六郡の安倍氏や出羽仙北三郡の清原氏の遺領を継承、広大な地域支配を実現した。清衡以降の奥州藤原氏はその相対的自立を実現するなかで、奥六郡以北の津軽《つがる》や蝦夷の地をふくむ北方異域への交易諸権限を入手した。近年これを「東夷成敗権」と呼称されている。

北方への支配の進行は、院政期を通じ進展したとされる。かつての「征夷」から中世の「成敗」の時代に位置した清衡は、この「東夷成敗権」をテコに支配の版図を広げたという。この権限はその後鎌倉幕府に継承されることになる。平泉の地はその基軸となった。「内なる外」の境界である衣川を挟む地に、文字通り〝背水〟するかたちで宿館が形成された。安倍の血脈を有した清衡にとっては、平泉は因縁の地でもあった。ここに関山《かんざん》中尊寺を建立した。中尊寺には「東夷ノ遠酋」なり「俘囚ノ上頭」との文言を有する、清衡自身の願文が残されている。自らを俘囚の末裔に韜晦《とうかい》させようとする想い、安倍氏血脈を意識しつつ、それを止揚する意識も見て取れる。清衡の時代は中央政界にあっては、白河・鳥羽両上皇の時代にあたる。前九年・後三年の二つの争乱は清衡の登場で終息の時代を迎える。

基衡について　大治三年（一一二八）陸奥国押領使《おうりょうし》の清衡は七十三歳で死去し、遺産は二代基衡に継承された。

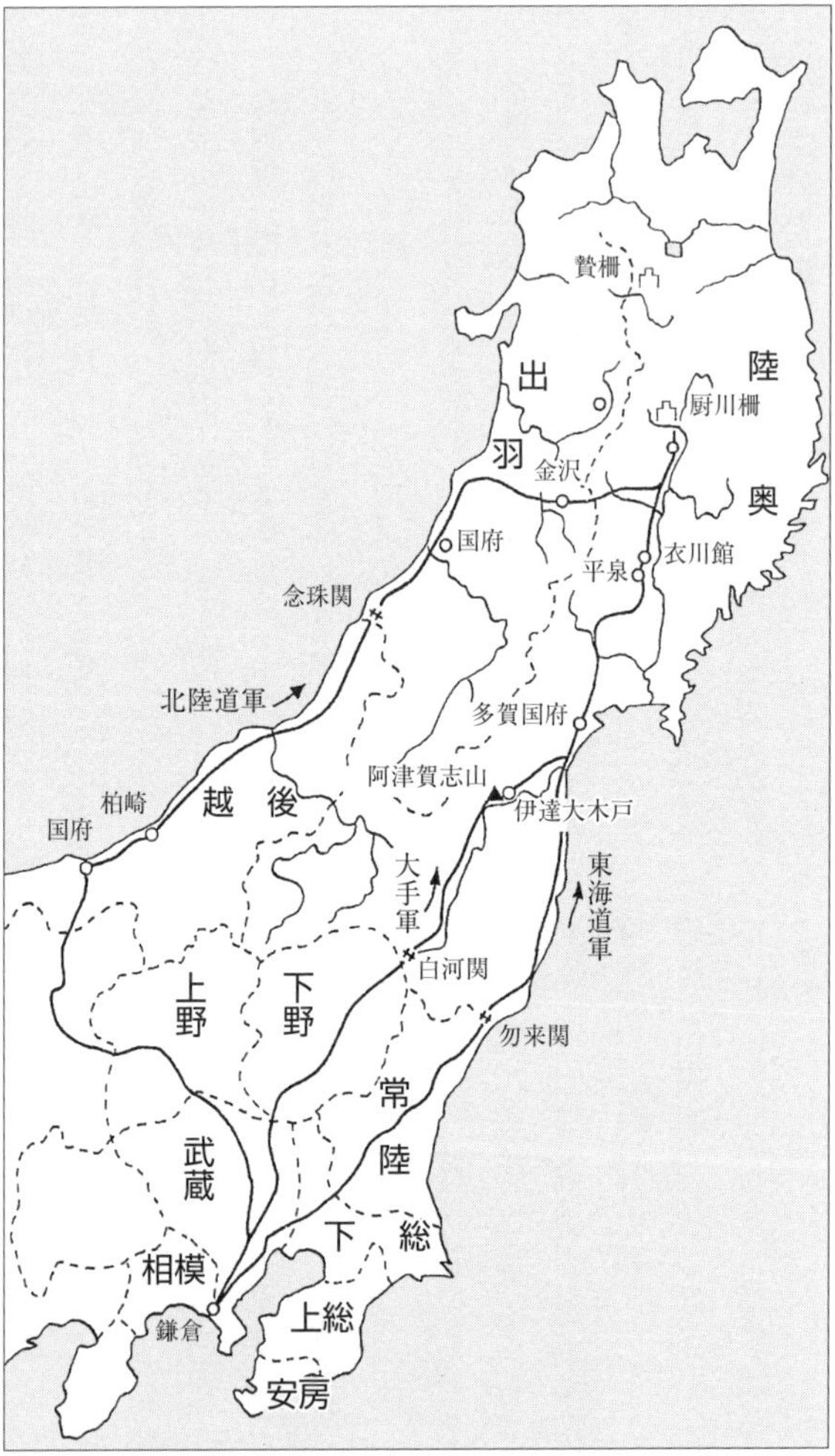

図37 頼朝軍の進路 『東北の争乱と奥州合戦』より

基衡は、父から継承した「奥六郡」・「仙北三郡」にくわえて、「東夷成敗権」を基盤に陸奥国府（多賀城）支配への足場の確保がはかられる。陸奥国府を射程に収める権力の拡大志向だった。

奥州支配の二つの政治権力軸は、北の鎮守府と南の国府にあった。平泉の藤原氏は前者を基盤とした。けれども、最大の課題は中奥・南奥の国府の掌握であった。院と並ぶ権門摂関家との連携強化のための、荘園寄進も方策の一つだった。既述した本吉郡本良荘《もとよしのしょう》（宮城県北部）あるいは磐井郡高鞍荘《たかくらのしょう》（岩手県一関市）、さらに出羽方面では飽海郡《あくみ》遊佐荘《ゆさのしょう》（山形県北部）・最上郡《もがみ》大曽禰荘《おおそねのしょう》（山形県中部）・置賜郡《おきたま》屋代荘《やしろのしょう》（山形県南部）の五荘は、その摂関家を領家とした。

各諸荘の貢納物には金・鷲羽・馬・海豹皮《あざらしがわ》等々の北方交易の品々もあった。磐井郡高鞍荘を最北とした摂関家領は、この清衡から基衡時代にかけての立荘とされる。平泉が所在する磐井郡からの藤原氏の南進と対応するものと解釈できる。これら摂関家領については、年貢増徴をめぐる左大臣頼長と基衡との内紛も表出した。毛越寺の建立や「奥大道」の整備に尽力した基衡時代には、国府・国司との間で深刻なトラブルも発生した。『古事談《こじだん》』『十訓抄《じっきんしょう》』が語る基衡と陸奥守との間の武力紛争がそれだ。これについては既に南奥の佐藤氏の項でも紹介した。説話史料とはいえ、叙述の具体性から推して史実を伝えたものとされ、十二世紀半ば保延年間（一一三五—四一）の頃の出来事とされる。白河院の近臣の藤原師綱が陸奥守として下向、国内検注を強行し、基衡と対立する。そこで基衡は、南奥信夫《しのぶ》郡の佐藤季春《すえはる》に武力阻止させたため、双方が闘諍に及び、それがために基衡は国守に膝を屈し、家人の季春を斬罪に処したというものだった。

この事件を武士の主従の問題に引きつけるならば、郎党の立場で主君基衡の意を受けた季春との間には、主従関係があった点であろう。奥州合戦のおりに関東の軍勢を死守すべく戦った佐藤基治《もとはる》は、この季春と近い関係の一族だった。強盛を誇った基衡とはいえ、国守師綱に苦汁を飲まされたことに変わりはなかった。そこには主従的支配をテコにその領域的支配を貫徹する基衡側の立場と、これとは別に従来の官職的秩序を貫く師綱側の立場の対抗があった。『古事談』と同趣旨の話を載せる『十訓抄』によれば、基衡を「在国司」と表現している。「在国司」職は国衙在庁の筆頭で国司（受領）に代わる国務執行者を指す。基衡が陸奥国にあって「在国司」の任にあったとすれば、当国の国府・国衙に強い権能を有していたはずだ。国府に近い南奥信夫郡の郡司にして、大庄司の肩書を有した季春との主従の関係も、「在国司」職を媒介に形成された関係と思われる。

基衡は季春の首を国司に差し出すことで、自己の権益の確保に繋げようとした。陸奥国府・国衙への権力拡大をめざした基衡は、「国威ナキガゴトシ」といわれるまでに成長するが、「在国司」の地位も正式のそれではなかった。その陸奥国府の掌握は次の秀衡の段階のことだが、その地ならしは基衡の晩年にはなされていた。康治年間（一一四二—四四）に藤原基成《ふじわらのもとなり》が陸奥守として下向した。鳥羽院の近臣として知られ、平治の乱の張本人藤原信頼《ふじわらのぶより》は異母弟にあたる。基成の陸奥守在任は三期十年の長期にわたった。基成は一時帰京するが、平治の乱後は陸奥に赴き、政治顧問の立場にあった。基衡は嫡子の秀衡に、この基成の娘を妻に迎えさせた。かくして久寿二年（一一五五）に泰衡が誕生する。保元の乱の一年ほど前のことだ。

秀衡について　奥州藤原氏にあって、最強の存在が三代目の秀衡だ。基衡の地盤を継承した秀衡がめざしたものは、奥州における軍政と行政の一体的掌握が一つ。そして二つには基衡が地ならしをなした中央貴種との血脈だった。前者については秀衡の鎮守府将軍就任は、嘉応二年（一一七〇）のことだった。清衡そして基衡の場合、正式には陸奥あるいは出羽押領使の地位であったが、秀衡の鎮守府将軍就任は、奥羽を実効支配する奥州藤原氏に、軍制上の大権の付与を意味した。その鎮守府将軍にくわえて、秀衡の陸奥守への就任は、内乱期の養和元年（一一八一）のことだった。平氏による対頼朝戦略の臨時的措置であったにしても、時代の状況だとしても、辺境軍事貴族たる立場で同国の国守は、それを可能にさせたのは如上の権勢による。かつて基衡の時代の「在国司」的立場を超えて、名実ともに陸奥守に就任した。「天下ノ恥、何事カコレニ如カンヤ、悲シムベシ」（『玉葉《ぎよくよう》』同年八月十五日条）と九条兼実《くじようかねざね》を慨嘆させたとしても、奥州藤原氏の威勢を無視することはできなかった。

そして後者の貴種との血脈云々でいえば、前陸奥守基成の娘と秀衡との婚姻による血の混淆であった。泰衡の誕生は、奥州藤原氏が血筋を介して中央貴族との統合をめざしたものだった。義経の奥州下向にともなう貴種の擁護も、そうした秀衡の構想の反映とも考えられる。

鎮守府将軍・陸奥守という官職的外被《がいひ》を自らがまとうことでの血脈的構想が、あったのかもしれない。治承・寿永の内乱期、秀衡は局外にあって観望の立場をとった。ただし、頼朝に対しては、義経を介し家人の佐藤継信《つぐのぶ》・忠信《ただのぶ》兄弟を随伴させることで、間接的ながら奥州平泉の存在証明とした。

けれども平氏滅亡後、義経問題が浮上し、義経を再び受け入れた秀衡と鎌倉との関係は緊迫する。だが、その秀衡も文治三年（一一八七）に死去、対鎌倉との関係は泰衡に受け継がれることになった。

泰衡について

四代泰衡の政治的不幸は、秀衡死去後の難局に鎌倉の権力に立ち向かわざるを得ないことにあった。かつて秀衡はその死に臨んで泰衡・国衡《くにひら》・義経を呼び、三者が連帯し鎌倉に対抗すべきことを遺言した。だが家督を継いだ泰衡は再三におよぶ頼朝側の脅しに屈し、義経を衣川館に攻めることで奥州安泰の活路を見出そうとした。しかし、現実にはそうはならなかった。奥州進攻という鎌倉側の既定方針のなかで、合戦が展開する。その具体的経過は『吾妻鏡』に詳述されている。合戦全体の概要については、以下のように三つの段階に整理できる。

〈第一段階〉鎌倉を出発した頼朝の軍勢が白河関を越え、奥州軍と直接に対峙・合戦するまでの段階だ。文治五年（一一八九）七月十九日に進発した鎌倉勢は、八月八日に伊達郡の阿津賀志山に到着、迎撃のためにここに布陣した奥州の藤原国衡（泰衡兄）の勢力を撃破して、多賀国府へと進軍することになる。

〈第二段階〉阿津賀志山の合戦を制した鎌倉勢が、多賀城郊外に布陣していた泰衡を追撃、中奥諸郡の玉造・栗原諸郡をへて磐井郡平泉を進攻陥落させるまでの流れだ。千葉常胤《ちばつねたね》・八田知家らの海道軍と合流した頼朝軍は、二十日には玉造郡に進軍して、泰衡の多加波々《たかはば》城を攻略する。北走する泰衡を追撃し平泉入りを果たす段階である。

〈第三段階〉平泉を放棄した泰衡の滅亡までの時期だ。八月二十六日、頼朝のもとに泰衡から赦免を請う書状が届けられた。そこには義経を頼朝の要望に従い滅亡させたことをふまえ、鎌倉勢の奥州進攻への理不尽さが表明されていた。その後の九月二日比内《ひない》方面に逃亡した泰衡が、郎従河田次郎により贄柵《にえのさく》で殺され、その首級が陣岡《じんがおか》に届けられるにいたり、終焉を迎えるまでの段階ということになる。

以上が奥州藤原氏泰衡の滅亡にいたる流れである。鎌倉側の武威の論理の前に、若き泰衡は屈服を余儀なくされた。そして三代ないし四代にわたる奥州藤原氏の遺産は、そのまま合戦に参じた関東武士団に分配されることになった。

◆和賀・稗貫（中条）氏

関東出身の中条《ちゅうじょう》氏は、和賀《わが》郡および稗貫《ひえぬき》郡に来往し、両郡を名字の地とした。中条氏の本姓は小野で武蔵七党の横山党の一族とされる。流祖は義勝房成尋《ぎしょうぼうじょうじん》＊で、武蔵国幡羅《はら》郡中条を本領とした。「小野氏系図」では小野（成田）成任《なりとう》の子とする。奥州の刈田郡に地頭職を得て刈田三郎と名乗った義季《よしすえ》は、この成尋の子息にあたる。

和賀氏のルーツと中条氏

和賀郡への来住は義季の子義行《よしゆき》の時代で、和賀を名字の地としたという。承久の乱後の新補地頭補任説が有力とされる。和賀郡との密接な関係は、子息行時《ゆきとき》・景行《かげゆき》の時代とされる。「和賀三郎兵衛尉」「同五郎右衛門尉」が建長八年（一二五六）に『吾妻鏡』（同年六月二日条）に登場する。これは「奥ノ大道」での盗賊横行を警護させるべく、奥羽方面に所領を有した関係者たちに、幕府が令達したものだ。右の行時・景行については「和賀氏系図」（『鬼柳《おにやなぎ》文書』）にも所見する。

和賀氏の所領は、現在の北上市から和賀町におよぶ広大な所領で、鎌倉後期の嘉元年間（一三〇三―〇六）には一族内で深刻な相論が勃発した。和賀郡鬼柳の地頭であった和賀光義《みつよし》が殺害、子息の光景《みつかげ》・憲義《のりよし》・家行《いえゆき》兄弟が遺領を争い幕府に上訴、憲義の領有に決したことが『鬼柳文書』に見えている（相論の詳細は『岩手県史』を参照）。なお鬼柳地域の地頭職の領有に関しては、その後も子孫たちの間で継続され、南北朝期に奥州管領の裁許にまで繋がった。

また義行の弟義春《よしはる》については、小田島氏を名乗り権益を有していた。南北朝期に和賀一族は内部で南北両党に分立したが、暦応三年（一三四〇）の段階には和賀氏の一族は、石塔義基に属し足利側に参じた。一族のうち南党に属した須々孫《すすまご》氏（煤孫氏）との関係は惣領家の和賀氏と良好さを欠き、抗争がつづいた。

和賀氏は当初、黒岩の岩崎城（北上市）を拠点とした。和賀郡は葛西氏が領有した胆沢三郡の北に位置し、律令段階に建郡された「志波三郡」の一つにあたる。当郡は鎌倉以前には「奥六郡」の一つに位置し、安倍氏の支配下にあった。その関係で『陸奥話記』に登場する安倍頼時《よりとき》の五男正任《まさとう》の黒沢尻柵《くろさわじり》（北上市）も、和賀郡内に所在したとされる。奥州合戦後には和賀郡も葛西氏の支配に組み込まれた。『吾妻鏡』には頼朝は所務の条々を葛西清重に令達している。特に「秘計ノ沙汰ヲ廻ラシ、窮民ヲ救ハル」として、「岩（磐）井・伊沢・江刺」の三ヵ郡については、隣国出羽の山北（仙北）方面から農料《のうりょう》の移送を、そして「和賀・稗貫両郡ノ分ハ、秋田郡ヨリ、種子等ヲ下行」の件が講ぜられている（同、文治五年十一月八日条）。奥州合戦後、冬に向かう「奥六郡」についても、民政の安定を最重要課題としたはずで、鎌倉側では勧農施政が課題となっていた事情が推測されよう。

稗貫氏の場合

次に稗貫郡を基盤とし、これを名字とした稗貫氏も中条氏を同祖とした。和賀郡の北方に位置した稗貫郡も「奥六郡」の一つで、関東勢の入部以前、安倍氏・清原氏さらに奥州藤原氏の領有がなされており、和賀郡と同様の性格を有した。義勝房成尋の子息中条家長《いえなが》を始祖とした。家長は宇都宮氏（道兼流藤原氏）の一族八田《はった》知《とも》家《いえ》とは猶子関係にあった。内乱期の一ノ谷合戦で家長は範頼《のりより》軍に属し活躍している。奥州合戦後にその武功で稗貫郡

図38　和賀（小野）氏略系図

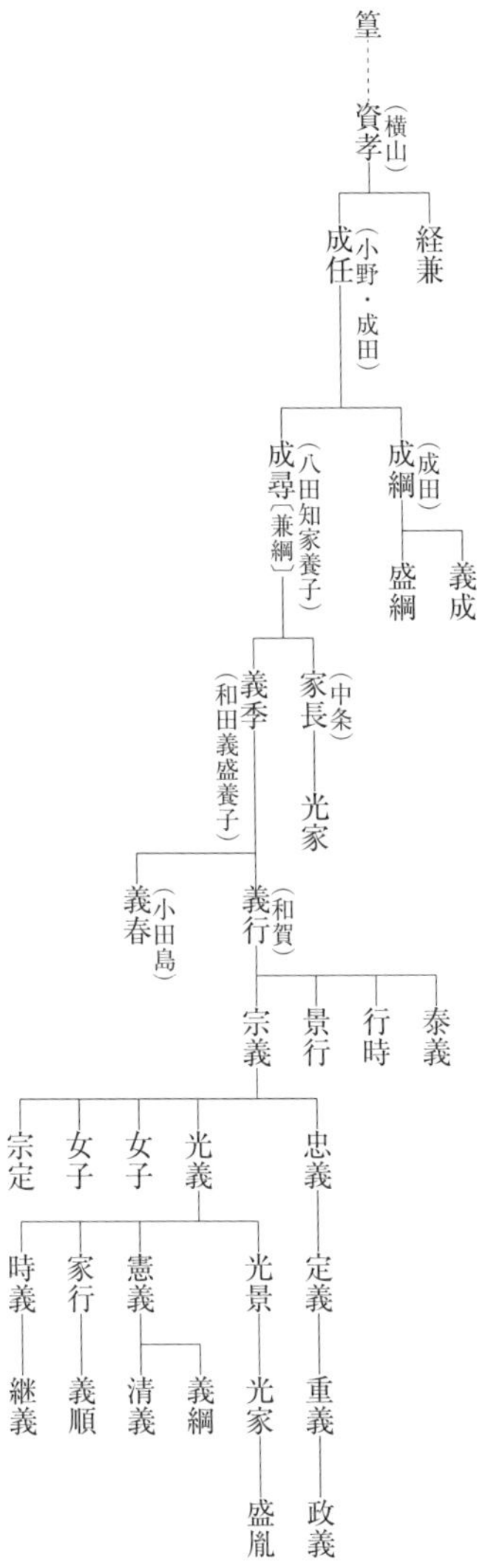

に地頭職を与えられたが、自身は鎌倉にあって評定衆として幕政に参画した。出羽守家長の子息光家《みついえ》は中条四郎左衛門殿と称した。前述したように、奥大道の警固の任を与えられており、その子孫は稗貫氏を名乗った。

鎌倉・南北朝期にあっては、末裔の時長《ときなが》が稗貫郡の工藤一族の没収所領を給与されている。関係史料に稗貫党とも見え、足利与党勢力だったことが窺える。その後、十五世紀の永享年間には、和賀の須々孫氏（煤孫氏）との確執から「和賀・稗貫動乱」が勃発、南部・葛西勢と対峙することになる。

＊ 成尋（中条兼綱）は「小野氏系図」によれば小野成任の子で、八田知家の養子となった。中条家長の父にあたる。成尋は治承四年（一一八〇）八月の石橋山合戦で頼朝に属し戦った。文治の奥州合戦では鎌倉の留守を命ぜられている。成尋の子の義季は奥州の刈田郡に入り、ここを名字の地とした。義季は和田義盛の養子となったため、和賀氏の本姓については桓武平氏ともされる。

◆斯波氏

足利一門の名族

関東武士団の志波郡の入部として知られるのが、足利氏の一族斯波氏である。既述の大崎氏と同流の斯波氏については、室町幕府の三管領家に数えられる名族中の名族として知られる。鎌倉期に足利氏は、奥大道の志田郡（宮城県）と志波郡の両郡に地頭職を有しており、南北朝以降の奥州の動勢把握に有利に機能したという。ちなみに「奥六郡」に位置する志波郡は、対蝦夷戦の拠点志波城*が築かれ、古代以来の軍略上の要地とされた。

当郡と足利氏との因縁は、鎌倉初期の義兼《よしかね》の時代までさかのぼる。義兼の母（熱田大宮司範忠の娘）は頼朝の叔母（母の妹）にあたる。そして妻は北条政子の妹であり、別掲の関係系図からもわかるように、源氏や執権北条氏との血脈を有した最有力の御家人だった。志波郡の地頭職はその義兼の子孫に伝えられる。義兼以降、「義氏《よしうじ》―泰氏《やすうじ》―家氏《いえ》―宗家《むねいえ》―宗氏《むねうじ》―高経《たかつね》」と見える。家氏の時代に足利の本宗から分かれ、当郡を名字とし斯波氏を称した**。鎌倉中期の頃とされる「奥州斯波系図」（『続群書類従』）には、「始メテ奥州斯波郡ニ下向シ仕リ。高水寺ニ在城仕リ候」と見える。ただし、実際に現地に下向するのは元弘・建武の乱に活躍した家長の時代と考えられる。したがって、斯波氏の拠点高水寺《こうすいじ》城（紫波町）も南北朝期以降のことと思われる。幾度かふれたが家長については尊氏が奥州戦略の期待をかけ「奥州総大将」の役割を担った。建武二年（一三三五）中先代の乱の直後、尊氏はこの家長を同郡の斯波館に派した。この布石が奥州における足利側の拠点として機能する。

建武体制を継承する北畠顕家に対抗する奥州方面の軍司令官的役割だった。家長はその後北畠軍と戦い、鎌倉で戦死するが、その子息の詮経《あきつね》は常陸から奥州方面で活躍した。

この斯波氏とは別に、当郡に所領を有した関東武士に河村一族もいた。北上川東部の志波郡から北方の岩手郡や閉伊郡にかけて地頭職を与えられている。始祖の河村秀清《ひできよ》は千鶴丸と称し、十三歳で奥州合戦に参陣、抜群の手柄をたてたことは『吾妻鏡』（文治五年〈一一八九〉八月十二日条）にも伝えるところだ。秀郷流藤原氏に属した河村氏は相模を本領とした。「千鶴丸若少ノ齢ニシテ、敵陣ニ入リ、矢ヲ失ツコト度々ニ及ブ、……仍ツテ御感ノ余リ、……御前ニ於テ俄ニ首服ヲ加ヘ、河村四郎秀清ト号ス」と見えている。この秀清は後世の所伝では大巻《おおまき》城（紫波町）を本拠

図39　足利氏・北条氏・斯波氏関係系図

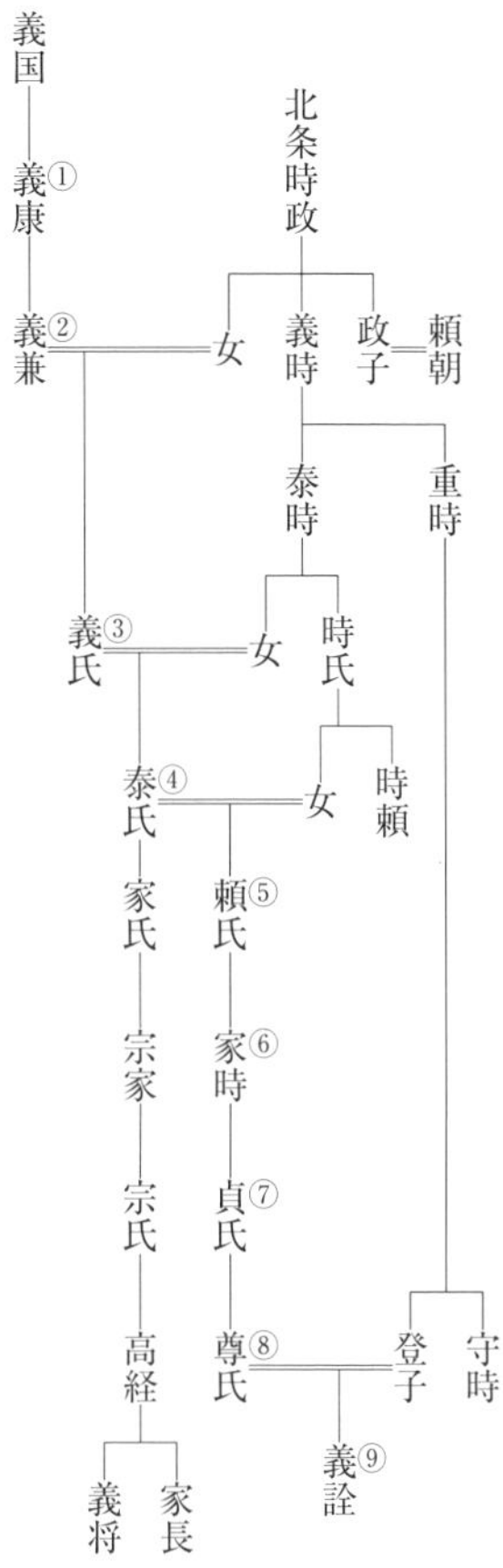

としたとされ、いくつかの庶流が当郡の地名を冠し一族が広がった。その後の南北朝期には足利側に転じた。

＊ 志波城については、既述したように延暦二十二年（八〇三）坂上田村麻呂により、前年の胆沢城に続いて築かれた（『日本紀略』同年二月十二日条）。弘仁二年（八一一）正月に志波郡が和賀・稗貫とともに建郡された（「志波三郡」）。「六国史」段階にあっては、この志波（斯波）郡が律令国家の最北の郡ということになる。志波城の位置から令制段階の郡域は雫石《しずくいし》川南岸（盛岡市）までと解されている。ただし、『延喜式《えんぎしき》』にはこの「志波三郡」の記載がなく、脱漏説あるいは正式の郡ではない権郡説の両様の解釈がある。なお、志波城については、弘仁二年閏十二月、文室綿麻呂の建議で数年後には南方の徳丹城（矢巾町）に規模を縮小して移された。

＊＊ 斯波・志波との表記は参ずる諸史料により異なる。志波郡の表記は奥州合戦での関係地名として『吾妻鏡』にも登場する。平泉陥落後、頼朝は泰衡を追撃し北上する。鎌倉軍は文治五年（一一八九）九月四日に当郡の「陣岡蜂杜《はちもり》」（柴波町）に布陣した。参集の関東の軍勢は二十八万にもおよんだという。ここで比内郡方面で殺された泰衡の首実検がなされた。また奥州藤原氏の一族に樋爪《ひづめ》氏の比爪館があり、これを制圧し十日後の九月十五日に、岩手郡所在の厨川に進んだとある。

◆工藤氏

工藤氏と岩手郡 志波郡の北に位置する岩手郡に地頭職を与えられたのが工藤一族だ。「奥六郡」の最北に位置した岩手郡は、令制郡の志波（斯波）郡を分割したと考えられている。厨川次郎と称した安倍貞任は、岩手郡厨川柵を拠点にした。その安倍氏滅亡後は清原氏が、後三年合戦（一〇八三―八七年）後は藤原氏が、岩手郡を支配した。奥州合戦の最終段階に因縁の地厨川において、頼朝は椀飯《おうばん》の儀を行った。そのおり、工藤小次郎行光《ゆきみつ》が執行役をなしたことが、『吾妻鏡』（文治五年九月十二日条）に見える。「岩手郡厨川ニ於テハ、……行光拝領スベキニヨリ、別シテ以テ仰セ下サル」とある。

行光の工藤氏は伊豆国を本貫とする維職《これもと》流（南家）藤原氏とされる。ただし、後に厨川工藤氏と称された行光のルーツは、系図からもわかるように、維職流とは別に、甲斐にも本領を有した維職の弟の景任《かげとう》の子孫ともされる（『尊卑分脈』「工藤二階堂系図」)。頼朝挙兵当初行光が、甲斐源氏とともに駿河の鉢田（波志太山《はしだ》）合戦で、行動しているのも傍証となる。*

厨川工藤氏のその後の動向は、後世のものながら『奥南落穂集《おうなんおちぼしゅう》』に、行光以後の一族の様子が記されている。工藤氏は当郡以外に、北方の糠部方面に来往したことが知られる（『岩手県史』）。鎌倉末には岩手郡は北条氏所領となった関係で、工藤氏もその被官として活動している史料が目につく。建武段階には同郡の二王郷が、陸奥守北畠顕家から後藤基泰《ごとうもとやす》に与えられており、後藤氏も同郡との関係を保持した。岩手郡滴石《しずくいし》は北畠顕家が拠点としたため、滴石氏も南朝勢力に助勢、重要な基盤となった（貞和四年〈一三四八〉十一月日付「鬼柳義綱陳状案」〈『鬼柳文書』所収〉）。当初はそうした関係で、工藤氏も葛西・河村・和賀氏らとともに南朝与党として活動した。そのため志波郡高水寺《こうすいじ》城を拠点とした足利側（斯波氏）の北進に対抗するように、当郡は南北両勢力の激闘の場であった。

とりわけ南朝の最有力武将の南部一族の存在は大きく、右に記した滴石氏とともに、北畠氏を支える最右翼の武士だった。** なお北畠顕信の滴石城は、出羽との戦略的結節点でもあった。***

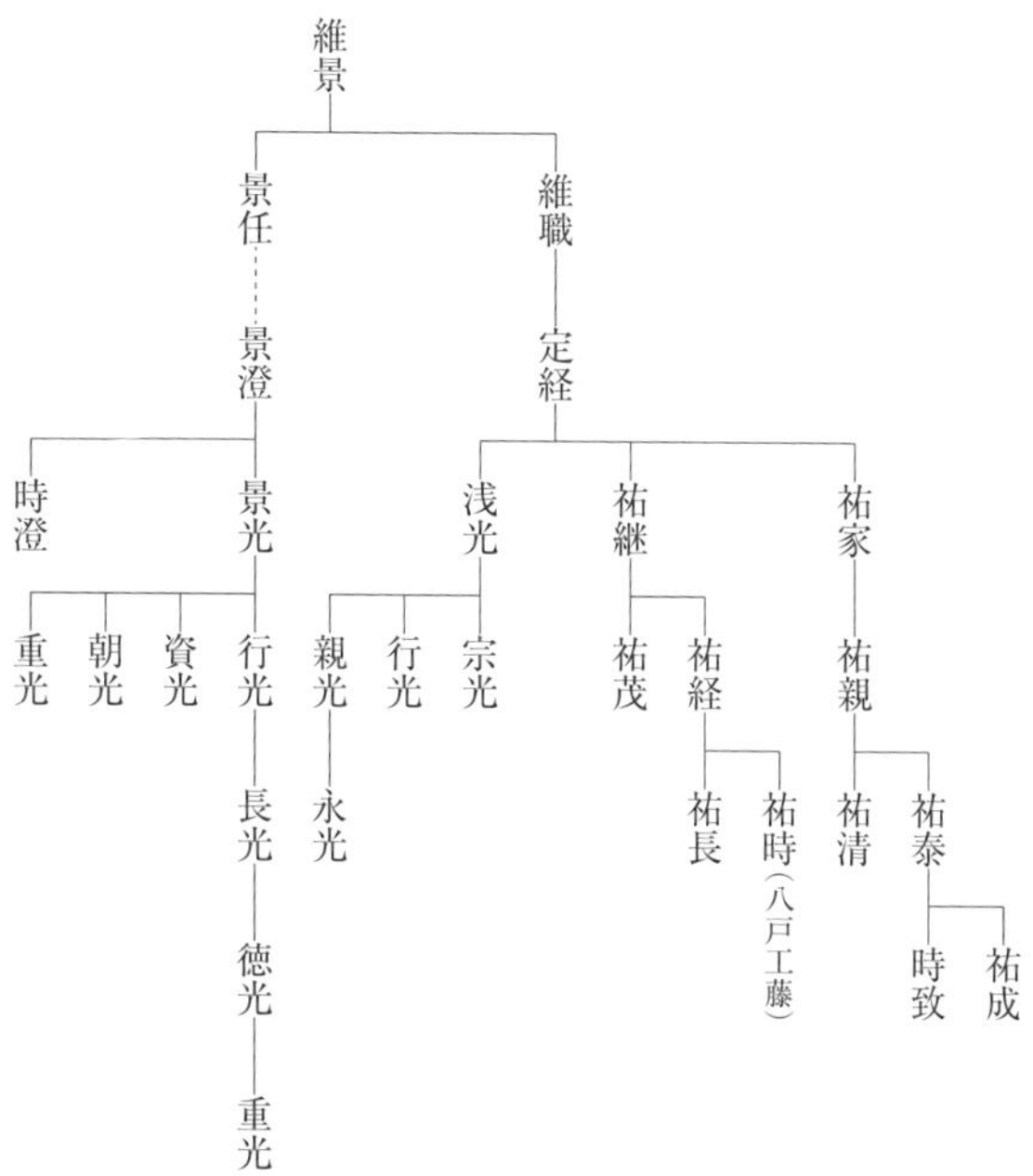

図40　工藤氏略系図

* 波志太山合戦は、『吾妻鏡』（治承四年八月二十五日条）によれば、甲斐源氏とともに工藤景光《かげみつ》・行光《ゆきみつ》父子が、頼朝軍に合流すべく波信太山において、俣野景久《またのかげひさ》（相模武士・鎌倉

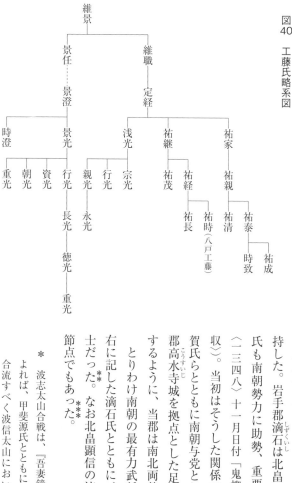

党）・駿河目代橘遠茂《たちばなのとおもち》軍を撃破した戦いをいう。

＊＊　滴石氏については「雫石系図」その他では始祖を桓武平氏とする。真偽は定かではなく、新井白石の『藩翰譜《はんかんふ》』などには戸沢氏との関係が見える。その戸沢氏は平政盛《まさもり》末裔の兼盛《かねもり》（『百人一首』に歌あり）の滴石の戸沢への伝承もある。

＊＊＊　北畠顕信の在城は、興国四年（一三四三）から正平六年（一三五一）の間とされ、その後は戸田氏の援護で出羽の角館《かくのだて》方面に拠点が移されたという。顕信はそれ以前の興国元年に南部政長宛の御教書で、志波郡の足利勢力への攻撃を要請している。興国元年（北朝では暦応三年〈一三四〇〉）は、顕家に代わり弟の顕信が陸奥に下向して、国府奪回戦が展開した時期だった。翌年には北の糠部の南部政長《まさなが》が岩手郡に進攻、同郡の滴石氏と協力して西根《にしね》方面（雫石町）に橋頭堡を確保し、南朝勢力を糾合し葛西氏勢とともに栗原郡にいたった。

一方国府の宮城郡では、これを迎撃すべく石塔義房以下の足利勢力が対峙していた。当時、この足利勢力を挟撃すべく南奥勢力の伊達・石川諸氏が北進し、北畠顕信の南軍と石塔義房率いる北軍が国府周辺で激闘を展開、一時的に北畠軍がここを占領するが、やがて足利勢に再奪回され、興国三年の冬頃には北畠軍は滴石城へと撤退を余儀なくされる。顕信が滴石城に居住したのは、右に指摘した国府争奪戦に敗れた直後から数ヵ年のことであった。

◆阿曽沼氏

遠野地域と阿曽沼氏

遠野保の地頭としては秀郷流藤原氏の支流、阿曽沼氏が知られる。遠野地域は閉伊郡に位置した。＊和賀郡の東方地域が分割されたようだ。遠野保は奥州藤原氏段階に設定された所領単位であり、平泉周辺の三保（奥玉《おくたま》・黄海《きのみ》・興田《おきた》）設立期と隔たっていない時期と考えられる。

阿曽沼（栃木県佐野市）は下野国安蘇《あそ》郡に出自を有した武士団だった。『平家物語』で著名な足利俊綱《としつな》・忠綱《ただつな》父子はこの阿曽沼氏の同族にあたる。また、下野においてその足利氏とともに「一国ノ両虎」と称された小山氏の一族も、分流である。遠野への同氏の下向は広綱《ひろつな》の時期とされるが、後世の『阿曽沼興廃記』に拠ったもので、奥州合戦での勲功云々とあるが不明だ。その領域については「遠野十二郷」と記し、横田城（護摩堂城）に居住、「上六郷」「下六郷」を支配したと記している。『阿曽沼氏家系』の広綱の項にも以下の記事が見えている。要旨を記せば、「広綱は元暦元年に範頼の配下に属し九州に赴き、西海合戦で活躍したこと。その後、文治年間の勝長寿院の供養にあっては広綱は引馬の役をなし、奥州合戦にあっては泰衡討滅に武功をなし、閉伊郡遠野保を賜ったこと。この遠野に入部後は山城を築き次男の親綱《ちかつな》を名代として従者の高屋八郎を後見として派遣した。その後、建保年間には本領の阿曽沼郡を嫡子朝綱《ともつな》に譲り、遠野保は次男親綱に譲った」

おおよそ右のようなことが記されている。ここに見える高屋八郎とは阿曽沼氏の支流宇夫方《うぶかた》氏に属した人物とされ、代官的立場で遠野支配に関与したとされている。広綱や親綱の遠野保とのかかわりについては、他に信頼できる諸史料を見出せない。ただし建武元年（一三三四）八月に北畠顕家の「国宣」で、南部師行《もろゆき》を介して遠野保の阿曽沼朝綱へ安堵がなされており、同氏が鎌倉期以来この地を領有していたことは疑いない。ちなみに朝綱について「遠野阿曽沼系図」では、氏綱の子に朝綱がいるのでこれが該当する可能性が高い（『岩手県史』）。また観応元年（一三五〇）八月二十日「阿曽沼秀親譲状」（『小山文書』）にも遠野保地頭職が見えており、この段階まではその領有が確かめられる。けれども、その後については阿曽沼氏の地頭職は、南北朝期の動乱で同族の下野小山氏が領有するところとなった。阿曽沼一族の活動はその後も閉伊郡の各所で散見され、戦国期には遠野氏を称し葛西氏や南部氏と抗争、やがてその勢力に組み込まれた。

＊　当該地域は柳田国男『遠野物語』にも紹介されているように、民俗学的な伝承が少なくない。安倍貞任伝説はもちろん、対蝦夷戦にまつわる伝承も少なくない。とりわけ平安初期の延暦年間（七八二—八〇六）や大同年間（八〇六—八一〇）にかかわる史跡が見られる。後世における「記憶」として、この二つの年号は北方の辺境征夷譚と不即不離な関係があった。前者の延暦年間にあっては坂上田村麻呂が、そして後者の大同年間にあっては文室綿麻呂の存在が大きい。「三十八年戦争」とも昨今呼称される蝦夷戦の入口と出口を画すこの年号は、地域の歴史に根付くかたちで定着したと思われる。

◆閉伊氏

閉伊《へい》郡に基盤を有した閉伊氏もまた、その出自は伝承の域を出ない。三陸の海道沿いに北の久慈郡と並び広大な領域を有した閉伊郡の本格的開発は院政期以降とされている。閉伊郡のうち内陸部の遠野保に既述の阿曽沼氏が関係したのに対し、閉伊川流域（宮古湾に流入）は、閉伊頼基《よりもと》に与えられたという。この頼基は閉伊一族の家譜では初名を為頼と称し、鎮西《ちんぜい》八郎為朝《ためとも》の子息とある。＊頼基は当初閉伊郡南方の釜石《かまいし》に拠点を据えたという。頼基が頼朝に仕え郡内に地頭職を与えられた。この点は不問としても、近世の『奥南落穂集』（閉伊郡之次第）によれば、「嶋ノ冠者」と称した為頼は大島で成長、やがて鎌倉を訪れ頼朝に謁し、その命で近江源氏（宇多源氏）の佐々木四郎高綱《たかつな》の嫡子になったとする。やがて佐々木十郎行光《ゆきみつ》と名を改め奥州の閉伊郡に地頭職を賜り、建久元年（一一九〇）に下向し田鎖《たくさり》城に住した旨が記されている。

為朝の末裔か、閉伊一族の謎

さらに続けて、その子息家朝《いえとも》・行朝《ゆきとも》などが繁茂し、元弘の乱にさいしては北畠顕家に従軍したが、「応永・永享」の頃には、「惣家」も衰退したとある。為朝末裔説については不明ながら、佐々木一族との関係や建久下向説は興味深い。その入部を奥州合戦後ではなく、あえて建久段階とするのは当該期は大河兼任の乱があり、その鎮圧に向けて奥羽方面での武備が整理された。かりに閉伊氏下向がそれと対応するならば、建久下向説も矛盾がないわけではない。また、北畠顕家に参陣したとの記述も史実だろう。『盛岡南部文書』によれば「閉伊親光言上状」に顕家から所領安堵を受けており、閉伊氏は南朝与党だった。親光については『太平記』にもその名が見える。延元二年（一三三七）十二月の顕家従軍部隊にあって、利根川渡河戦で先陣争いをした人物だった。南北朝以降、閉伊氏は自己の開発所領の進展にともない田鎖地域（宮古市）を拠点としたので田鎖氏と称した。居城の田鎖城は千徳《せんとく》城とともに閉伊氏の基盤となった。また閉伊氏は馬牧の育成でも名をはせた武士だった。そこから産される名馬は糠部とともに著名だった。

弘安年間には当地方への北条氏進出にともない、閉伊一族も北条氏の被官となったという。

＊　為朝伝説は豊かである。史実での伊豆大島流罪・敗死説とは別に、琉球王朝始祖説や足利氏継承説が注目される。近世の読本作家滝沢馬琴《たきざわばきん》が『椿説弓張月《ちんせつゆみはりづき》』で流布させたように、為朝は諸種の伝承をまとい、近世江戸期には講談や歌舞伎などで広がった。本文に記した閉伊氏のルーツを為朝とするが、為朝伝承が多く鎮西や西国に展開していることとの対比でいえば、奥州の地にそれがあるのは興味深い。ちなみに、為朝には次男に朝稚《ともわか》がおり、彼は殺されずに大島を脱し下野へ逃れ足利氏の養子となった。義兼はその為朝の子とする伝承もある。義兼の子孫尊氏が天下を統一することから、琉球王朝始祖説と対応するかのように、中世王権の統合にまつわる伝承を為朝伝説が有していたことは興味深い（この点については、拙著『英雄伝説の日本史』参照のこと）。

【北奥地域】

南奥（福島）・中奥（宮城・岩手）をへて、以下では北奥地域＊に目を転じたい。陸奥北部の諸郡としては、久慈《くじ》・糠部《ぬかのぶ》・津軽《つがる》・鹿角《かづの》・比内《ひない》・平賀《ひらが》がこれに該当する。安倍氏の末裔ともされる安東《あんどう》（藤）氏と縁が深い地域である。安倍・清原そして奥州藤原の平安後期以降に登場した有力者の支配範囲は、奥六郡の最北岩手郡を北限としたと解されている。その点では、この北奥方面にあっては中世武士団としては南部《なんぶ》と安東（藤）氏の存在が大きい。この地域は鎌倉後期以降には北条氏が統轄、自己の被官《ひかん》を派遣しつつ統治の実をあげた。いわゆる「東夷成敗」の権とのかかわりが深い地域だった。

南部氏はかつて北条氏の被官勢力で、南北朝期から足利体制下において勢力を拡大させる。久慈さらに糠部を拠点にし、南北朝以後地域統合の核として、津軽方面へと進出した。南北朝の動乱が実質終息を迎える一四〇〇年代は、この北奥地域もまた一揆の時代がおとずれる。南部氏もその中軸を担った。

広大な奥州は単色で染め上げられない。津軽方面も広く陸奥の領域とされたが、ここは北方交易権を核とする「蝦夷管領《えぞかんれい》」を委任された安東（藤）氏の基盤だった。十三湊《とさみなと》を中心に日本海交易を担った同氏は、南部一族と対抗しながら、海の武士団として新しい局面を展開する。さらに下北半島から蝦夷《えぞ》地を拠点とした蠣崎《かきざき》氏（のちの松前《まつまえ》氏）も、また権益を拡大しつつ、中世後期の北方世界に新しい頁を創出する。その点では北奥地域の中世は、農業的開発一元論では律し切れない局面が集約されていたことになる。

＊ここで北奥と呼称するのは陸奥北部の便宜的表現だ。陸奥の南部（南奥）は以前にもふれたように、明治初期の行政区画分では「岩代《いわしろ》」「磐城《いわき》」の二つに大別された（21頁参照）。現在の福島県のエリアだ。そして陸奥中部すなわち中奥の場合、「陸前《りくぜん》」に相当する宮城県、「陸中《りくちゅう》」の岩手県の両者を該当させた。この「陸前」「陸中」の北方に「陸奥」が改めて近代明治に設定された。したがって陸奥の称は律令段階の五畿七道制でのそれとは別に、近代明治に設定された「陸奥」の場合と両様があった。本書で述べている北奥とは多くがこの狭義の「陸奥」（多くは青森県に入るが、鹿角郡や比内郡のように秋田県に入るものもある）に該当する。ただし本書では、久慈郡（岩手県）・糠部郡（岩手・青森県）の両郡は便宜的に北奥地域にくわえて叙述している。

◆南部氏

甲斐源氏と南部一族　北奥諸郡の多くは、鎌倉後期には北条氏の掌握となった。南部氏はその北条氏の被官勢力として台頭、南北朝期に北条氏の版図（奥州北部地域）を継承して支配した。南奥の伊達《だて》、中奥の葛西《かさい》・大崎にも対応するかのような存在といえる。奥州南部氏の始祖とされる光行《みつゆき》は、甲斐源氏に出自を有した。父は鎌倉幕府の有力御家人加賀美《かがみ》二郎遠光《とおみつ》である。巨摩《こまみ》郡身延山《のぶさん》近傍の南部荘（山梨県南巨摩郡南部町）を本領とした。一族の奥州下向は後世の伝承を別にすれば、鎌倉末・南北朝期とされる。『吾妻鏡《あずまかがみ》』では光行・実光《さねみつ》・時実《ときさね》の三代までは、将軍家随兵としてその名が見える。実光・時実は北条時頼の御内人《みうちびと》的存在として、十三世紀半ばの弘長年間（一二六一―六四）の記事にも登場する。

奥州南部氏の基盤の一つとなった糠部《ぬかのぶ》郡は、鎌倉前期に三浦氏が入部した。宝治合戦（一二四七年）で三浦氏が滅亡しその所領は北条氏が掌握、南部氏が代官的存在として当郡に下向したとされる。指摘されているように南部一族の本領は、得宗領の駿河国富士郡と近い位置にあり、両者の繋がりが推測されている。南部氏と北奥糠部諸郡との関

図41　南部氏略系図

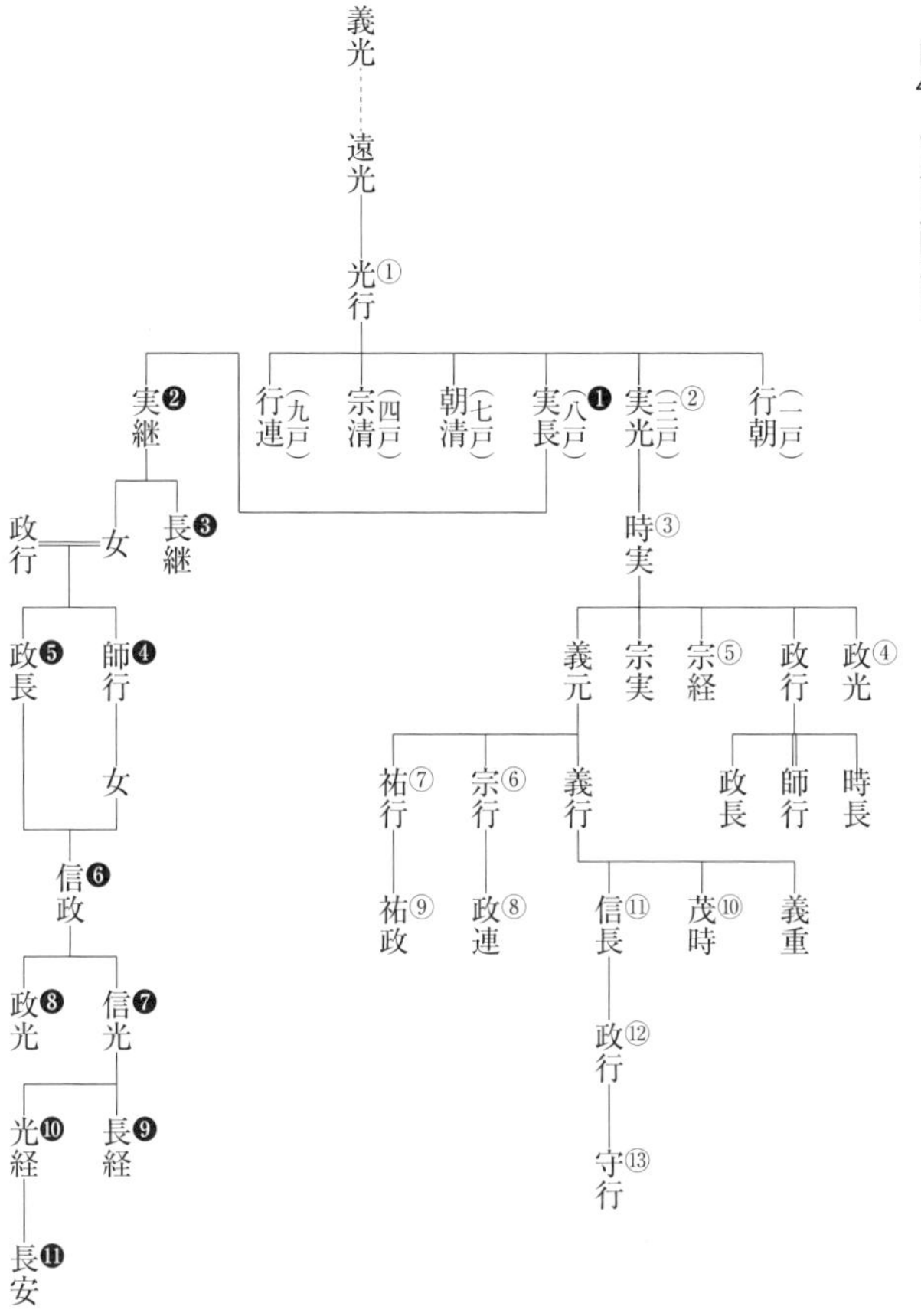

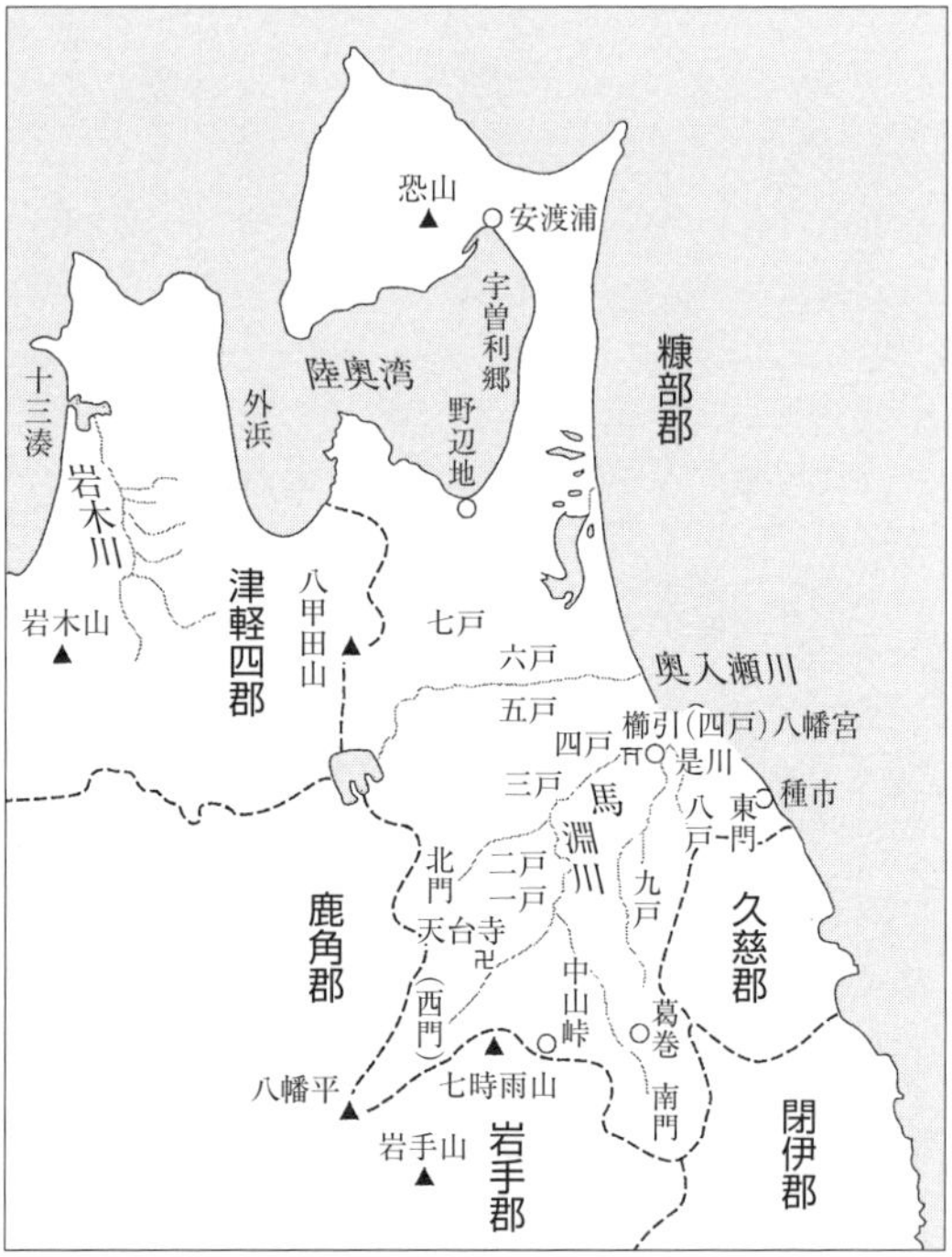

図42　戸の分布　『東北古代史の研究』より

係は、まずは北条氏の被官的立場での関与が大きかった。

得宗与党としての南部一族の立場は、鎌倉末期に南部武行が長崎思元《ながさきしげん》の女婿となっていることからも理解できる。ただし、一方では南部一族も惣庶間での行動は一致を見なかった。たとえば、『太平記』に見える南部実継《さねつぐ》は元弘の乱で天皇側に加担、事件直後は二条河原で梟首されている。実継は日蓮に帰依し身延山を寄進した日円《にちえん》（実長《さねなが》）の子としても知られる。敗死した実継の意思は、その孫の師行《もろゆき》に継承される。

師行は八戸《はちのへ》南部氏の始祖とされる人物だった。*師行は北畠顕家《きたばたけあきいえ》から北奥の「国代《こくだい》」、すなわち郡奉行の立場を委任され重用された。糠部郡の八戸根《はちのへね》城（青森県八戸市）を拠点として、八戸南部氏は終始南朝与党として尽力する。

光行の子には行朝《ゆきとも》・実光・実長・朝清《ともきよ》・宗清《むねきよ》・行連《ゆきつら》の六子が知られる。実長以外は糠部に居住、一戸《いちのへ》氏・七戸《しちのへ》氏・四戸《しのへ》氏・九戸《くのへ》氏等々の祖とされる。

八戸南部と三戸南部　光行自身、建久六年（一一九五）四月まで『吾妻鏡』の記事に見えている。したがって光行が糠部方面に直接下向したか否かは不明だとしても、同郡への地頭職《じとうしき》補任は、大河兼任《おおかわかねとう》の乱鎮圧に近い時期の可能性はあるかもしれない。いずれにしても、光行以降、南部一族は糠部方面に権益を有し、北奥最強の武士団に成長する。南部氏の領した糠部諸郡は馬牧が多く、**「糠部《ぬかのぶ》の駿馬《しゅんめ》」と呼称されるような名馬の産地だった。そこは「糠部五戸」ともいわれ、岩手・鹿角・閉伊を除く広大な地域とされる。師行は北畠顕家の二度目の西上軍に従軍したが、延元三年（一三三八）五月、和泉国石津（大阪府堺市）で顕家とともに戦死した。後継の弟政長《まさなが》は、顕家に替わって奥州に下向した弟顕信《あきのぶ》と連携し、宇津峰《うつみね》城（福島県郡山市方面）を援護した。足利尊氏・直義《ただよし》は政長に幾度か足利への参陣をうながしたとされる。政長以後も信政《のぶまさ》・信光《のぶみつ》さらに政光《まさみつ》らの子孫は足利側に抵抗をつづけた。

一方、この八戸南部氏（根城を拠点）とは別に、聖寿寺《しょうじゅじ》城を拠点とした三戸《さんのへ》南部氏の存在も注目される。***この一族は南北朝以降、八戸南部氏と立場を異にして足利体制の「京都御扶持衆」に位置づけられ、その後における南部一族の中核的勢力として台頭する。今日残されている系図類などではこの八戸南部氏と三戸南部氏相互の関係が不明な箇所も少なくない。貞治五年（一三六六）の四戸八幡宮放生会《ほうじょうえ》役の配分について、そこに登場する「大膳大夫」を三戸南部氏の政行《まさゆき》か子の守行《もりゆき》に比定する見方が有力とされる。とすれば、当該期あたりが吉野勢力の衰退に対応し、南部一族も、八戸南部から三戸南部への潮目がかわる段階と考えられる。この三戸南部氏は、その後は自己の勢力を鹿角・津軽・岩手・閉伊《へい》の周辺諸郡に伸長させる。

以上、南部一族を概観したが、葛西氏や大崎氏の場合と同様に関係する各郡ごとに分けて、南部氏登場以前の武士団にも留意しながら整理しておく。以下、久慈郡・糠部郡・鹿角郡・比内郡の流れで叙述する。

①久慈郡――同郡の史料上の初見は、元弘四年（一三三四）二月十八日付陸奥守北畠顕家「国宣《こくせん》」（『遠野《とおの》南部家文書』）とされる。南の閉伊郡および西方の糠部郡の境界域に位置した中世に固有の郡名である。****鎌倉期は北条氏が、南北朝以降は南部氏が、久慈郡の代表的勢力だった。「東夷成敗権」を掌中にした北条一門の北奥支配は、その後の執権体制の構築に大きな基盤を提供した。久慈郡や糠部郡そして津軽郡等々の広大なエリア*****は、良馬さらに砂金の産地だった。ここを掌握した北条氏は一門や御内人を各地に派し、支配を強化した。南北朝期以降、南部一族がこの北条の遺産を継承することになるが、同氏が当該地域に与えた規定性は重視されねばならない。

北条氏は周知のように、伊豆国の田方《たがた》郡北条を名字とした。同国の在庁官人に出自を持つとされる。頼朝の死後、時政《ときまさ》とその嫡子義時《よしとき》が台頭、鎌倉期を通じて他の有力御家人を排し執権体制を確立した。この間、北条氏は奥州方面に権益を保持した、旧来の御家人勢力を凌駕するにいたる。畠山・和田・三浦諸氏が奥州に有した所領の多くは、こぞって北条氏の手中に帰することになる。

安倍・清原の両氏の存在と、その後の平泉藤原氏による地域社会の統合化を前提に、鎌倉段階の体制的秩序が形成された。南奥から中奥、さらに北奥に点在した関東武士団の所領経営は、多くが在来の地生えの諸勢力の成長を封印するかたちで進められてきた。葛西・三浦・千葉・結城・畠山・二階堂《にかいどう》、そしてこの北条氏も、いずれも関東を名字の地とした武士勢力だった。

名字の地を名乗ることで、住人化したこれらの地域武士団は奥州合戦という〝戦争〟を通じて、領主支配の新しい段階を迎えることになった。土地への帰属意識の高揚が自らの内に芽ばえた段階で、彼らは「住人」と化し、地域に根を下ろし同化する。関東の地を名字とする、彼らの飽くなき土地領有の欲望が、戦いで亢進《こうしん》されることとなる。

奥州合戦は、その支配地域を鎌倉的武威で被う最大の機会だった。北条氏はこの奥州の地で、最小の努力で最大の効果をあげるべく、このエリアに楔《くさび》を打つことになった。建武体制下にあっては、旧来の北条氏の諸権限は否定され、北畠氏を介し南部氏が当該地域に諸種の沙汰権を行使した。元弘四年の顕家の「国宣」では、多賀《たが》城の国府より「国《こく》代《だい》」および「糠部奉行」の立場にあった南部師行に久慈郡の引渡が令達されており、建武体制への移行により久慈郡も建武政府の占領下とされた。

②糠部郡――糠部地域は奥州合戦後には三浦氏が領有したが、その後は北条氏が支配した。糠部地方の得宗領の初見史料は、寛元四年（一二四六）十二月五日「北条時頼下文《くだしぶみ》」（『常陸宇都宮文書』）とされる。広大な糠部郡は北条氏の代官が配され、鎌倉中期以後はその支配下にあった。南部氏以下工藤氏・横溝氏等々である。元弘三年（一三三三）十二月十八日北畠顕家「下文」案（『白河結城文書』）では、「右馬権頭茂時《しげとき》跡」が見えている。茂時は十二代執権

北条熙時《ひろとき》（政村《まさむら》の曽孫）の子にあたる。茂時は幕府最後の執権守時《もりとき》の連署《れんしょ》として知られ、『太平記』では高時《たかとき》とともに東勝寺で自害している。同文書は、北畠顕家が九戸郡内に領していた茂時の馬牧の権を白河《しらかわ》の結城親朝《ちかとも》に給したものだった。建武体制下で陸奥国司として下向した顕家が着任とともに安堵状を与えたもので、結城氏への旧北条所領の給与に、時代の転換が示されている。北条一門の茂時跡の久慈や糠部郡は、新給人の二階堂氏・結城氏に与えられた。『南部家文書』を参考にすれば、糠部郡の八戸に南部、同じく八戸・一戸に工藤・浅野、三戸には横溝・会田（合田）らの諸氏の旧所領が確認できるという（『岩手県史』）。彼らは北条氏の糠部郡支配を執行する代官的存在だったことになる。

　このうち八戸を基盤とした南部氏は、いち早く北条被官の立場を脱却し、北畠与党として「国代」（国司に代わる行政執行者）の役割を与えられた。これに対し、工藤氏は北条与党の立場を堅持した。広大な糠部郡にあって、特に八戸方面では南部・工藤の権益が重なっていたことも関係し、両者の立場が浮き彫りにされたことになる。

　図42を参照すればわかるように後世、糠部郡九ヵ戸制とされる地域は、時計回りに、一戸・二戸が所在するブロック（南門）、その北方の三戸・四戸・五戸所在のブロック（西門）、これらの西側は鹿角郡に隣接する。そしてその北方に六戸・七戸所在のブロック（北門）、そしてその南東に八戸・九戸（東門）地域が位置したとされる（この点、吉田東伍『大日本地名辞書』参照）。

　建武体制下で風を得た糠部郡の南部氏に着目すれば、前述したように師行の存在は注目される。既にふれたように、「国代」の任に預かった師行は、糠部・久慈郡以外に比内・鹿角・遠野・閉伊・津軽といった諸郡の統括を委任された（『南部家文書』）、キーマンだった。

　南北朝期南部一族を著名にしたのは、この師行そしてその弟（あるいは子）とされる政長だった。ちなみに師行の父政行《まさゆき》は、鎌倉末の元亨二年（一三二二）の津軽安東（藤）氏の乱の鎮圧にかかわったとされる。

　糠部郡所在の各戸は南部氏や工藤氏をはじめ、各諸勢力が権益を有していた。工藤氏の場合、新政府に離反したため、関係所領の多くが闕所地とされた。他方、新体制に従った二階堂・河村・中条《ちゅうじょう》諸氏は現地にあって、旧来の権益を継承した。

建武政権と敵対した武士団は、馬淵《まぶち》川を中心とした中里《なかさと》・一戸の上流域から、九戸・久慈下流域に少なくなかったという。中里・一戸方面は建武元年（一三三四）七月二日付の「国宣」（『遠野南部家文書』）で「糠部郡南門内、横溝六郎三郎入道浄円跡」が「伊達五郎入道」に与えられており、当該地域には伊達氏も新たに権益を得たことがわかる。伊達氏も建武体制下では、結城氏と同様にいち早く南朝与党になった。

南部師行の活動は叙上の「糠部郡奉行」のみでなく、閉伊郡や比内・鹿角・久慈諸郡にまでいたったことは先にふれた。この閉伊郡は南方の遠野保もふくめ、下野の阿曽沼《あそぬま》氏も権益を有した。遠野保地域での阿曽沼朝綱《ともつな》・朝兼《ともかね》父子と葛西の代官たる面懸《おもがい》（角掛《つのかけ》）氏の両者が争い、これに南部師行が「国代」の立場で調停にあたっている。だが、その師行も北畠顕家の二度目の上洛戦で戦死、その活動は弟政長に継承される。政長は、顕家にかわり陸奥に下向した顕信と協調しつつ、国府奪回に尽力する。

一三四〇年代は、斯波氏・石塔氏等々の足利勢の楔が効力を発揮した段階だった。顕信や八戸南部の一党はこれへの反撃として、滴石《しずくいし》方面から岩手県北部を制圧、葛西氏を糾合し栗原《くりはら》郡に進攻する。観応《かんのう》の擾乱期（一三五〇—五二）での混乱に乗じ、陸奥国府攻略をうかがう姿勢を示した（106頁参照）。けれども顕信の進攻は最終的に失敗に終わる。三戸に基盤を有した「南部伊予守」（信長）が足利側に降り、南部一族内部にも亀裂が生じた。

糠部郡内にあっては、八戸の根城《ねじょう》を拠点とした八戸南部氏は、その後も南党として足利に抵抗を示すが、次第に劣勢となる。

これに対し、三戸南部氏は足利与党の風を得ることで、糠部郡を掌握、その周辺の北奥諸郡に威を張ることになる。信長以降の三戸南部氏の動向を略記すれば、明徳段階には南北朝合一がなされ、守行は「大膳大夫」に任ぜられ、これが一族の家職的呼称となった。さらに永享の乱（一四三九年）では、室町将軍義教《よしのり》に参陣した。政盛《まさもり》の時代には、出羽方面の秋田一族とも対抗、津軽方面にも勢威を示し戦国大名へと成長することになる。三戸南部一族の拠点が盛岡近辺に移るのは、戦国期に志波郡の斯波氏を打倒し岩手郡を手中にしたことが大きい。

③鹿角郡――糠部郡の西側に位置したこの地域は、かつて鎌倉の御家人成田《なりた》氏の領有にかかった。二戸・三戸地域を基盤とする成田氏は、武蔵七党の横山党の流れに属した。治承・寿永の内乱に活躍する成任《なりとう》が有名だ。奥州合戦での武功で当郡への入部がなされたとする。一族には北奥に地頭職を与えられた中条氏がいた。鹿角《かづの》郡にはこの成田氏と同流の奈良《なら》・安保《あぼ》・秋元《あきもと》の諸氏（鹿角四頭）も、郡内に所領を有していた。

たとえば柴内《しばない》村（鹿角市花輪）は、鎌倉末の文保二年（一三一八）十二月二十四日付「関東下知状」（『安保文書』）では、安保次郎行員に「祖母藤原氏跡」が安堵されている。安保氏は得宗被官として知られ、同郡にも糠部郡と同様に北条氏関係の所領が散在しており、その関連によったと考えられる。

南部氏はこの鹿角郡でも、北畠顕家の「下文」を奉じ執行の任を与えられた。当郡の成田頼時は顕家から「国代」に任命され、その拠所大里《おおさと》城（鹿角市八幡平）で南部氏とともに郡内支配を担当した。ただし、当郡では旧北条与党が少なくなかった。隣接の比内郡の浅利《あさり》氏をはじめとして、鹿角・比内両郡の境界は両勢力の拠点だった。そうした関係から建武三年（一三三六）から翌年まで戦闘が継続し、大里城での攻防は焦点となった。南部政長やその子息政《まさ》持《もち》（新田）も、その戦闘に参じている。成田氏のその後は明証を欠くが、三戸南部氏の支配力が浸透しその支配下に入ったとされる。

④比内郡――肥内郡とも表記されるが、鹿角郡南西に隣接し、同じく秋田県に属す。ここも南部氏の支配に属した。ただし、それは中世後期以降のことで、鎌倉以前には奥州藤原氏の支配、その後は甲斐国の御家人浅利氏が地頭職を得て入部、やがて北条氏勢力により糠部郡と一体の勢力圏にあった。当郡も建武体制執行のために南部氏が影響力を有し、南部政長・政持が足利与党・浅利氏と対抗した。浅利氏は甲斐源氏に出自を有し、浅利郷（山梨県中央市）を拠点とする武士で、新羅《しんら》三郎義光《よしみつ》の曽孫浅利与一義成《よしなり》を流祖とした。鎌倉期を通じ比内郡を支配した浅利氏は、建武

体制下では南部氏による北奥支配に抗した。建武三年（一三三六）浅利清連《きよつら》は津軽の曽我貞光《さだみつ》らとともに、足利方として挙兵したことが知られる。

また建武年間の関連史料で曽我貞光は南部氏の政持を「比内郡凶徒新田彦次郎政持」と、その行動を指弾している（建武五年五月一日付「浅利清連注進状」『南部家文書』）。この政持は「新田」を冠し、贄柵《にえのさく》付近の二井田《にいだ》に比定される。八戸南部の勢力が浅利氏の支配域に抵触したためと考えられる（なお、「新田」の地は八戸方面にもあり、比内郡所在か糠部郡所在かの議論がある）。ちなみにこの比内郡の地は奥州合戦にさいし、平泉を脱した泰衡《やすひら》が贄柵（大館市二井田）で、郎従の河田次郎に討たれた所として知られる（『吾妻鏡』文治五年九月三日条）。河田次郎は当該の贄柵周辺の開発領主として、奥州藤原氏と主従の関係にあった。

＊　南部師行は光行の曽孫政行の子で、一族の相論で所領を失い八戸に移ったとの理解もある。また師行についても波木井《はきい》郷の南部長継の養子となり、実弟の政長とともに北畠与党として活躍したとする。南部氏の関係系図は種々の解釈があり一定しない。ちなみに『南部家譜』の語るところでは、奥州合戦のおり加賀美遠光父子が従軍、それにより南部光行は糠部郡を拝領、建久二年（一一九一）末、家臣数十人と入部したとされる。「奥州下向ノ先陣ニ供奉シ、平泉阿津賀志山国見等ニテ武功アリ、コレニヨリ其ノ忠賞ノタメ、奥北糠部等ノ数郡ヲ賜リ、甲州ヨリ此ノ地ニ移ル……糠部ヘノ下向ハ建久二年トモ、承久元年トモ云、……鎌倉由井浜ヨリ出船、十二月二十八日奥北八戸浦ニ着岸」と見えている。

＊＊　糠部郡には馬牧関係の「戸」を称するものが多く、鎌倉期にはすでに存在していた。一戸から九戸がそれであった。さらに糠部の行政区画には「門制」があった。東西南北の四門が前記の「戸制」とどのような対応関係か不明とされている。吉田東伍『大日本地名辞書』では糠部郡を東西南北の四門に分け、南門（一戸・二戸〈＝岩手県〉）、西門（三戸・四戸・五戸〈＝青森県〉）、北門（六戸・七戸〈＝青森県〉）、東門（八戸〈＝青森県〉・九戸〈＝岩手県〉）に配したとする。

糠部郡にあっては「数字＋戸（部）」の呼称が付せられたが、この人為的行政区画の数字の配列は奥大道《おくだいどう》から糠部への分岐ルートを意味し、征討軍の進路と対応したとの解釈も示されている。さらに東西南北の各門については各戸と各門との対応は明瞭ではなく、「方位＋門」の呼称は戸に編成されなかった糠部南部の残余を、東西南北の四門に分割したとの理解も示されている（以上『青森県の歴史』）。

＊＊＊　三戸南部氏の出自に関しては種々の理解がある。一般的には系図上で三戸南部の十一代の信長《のぶなが》の兄弟に茂時（北条茂時とは別人）がいる。彼は鎌倉末に得宗の有力被官として、長崎思元の娘婿で幕府滅亡のおり鎌倉で自死した。弟信長は同族の八戸南部を頼って糠部に潜伏したことが機縁で、北畠顕家の陸奥国司着任後にこれに従軍、伊予守に任ぜられたとする。子息の政行は北奥各地を転戦、三戸方面に基盤を形成するにいたったとされる。

文和二年（一三五三）正月、足利側に降伏した南部伊予守はこの信長の可能性も高いとされる。かりにそうだとすれば、三戸南部氏は当初は糠部方面で八戸南部氏の師行・政長らとともに北畠側に参じていたが、南朝側の劣勢のなかで足利側に転じたと考えられる。

＊＊＊＊　久慈郡の郡名は常陸国にも同名の郡名がある。陸奥の久慈郡は私称であり、当郡の開発に常陸方面からの入部が予想される。本来の地域から移住した勢力が、新天地に同一の名を冠する事例は少なくない。たとえば「奥六郡」の鎮守府所在の胆沢《いさわ》郡に関していえば、『和名抄《わみょうしょう》』に白川・下野・常石・上総・白鳥の五郷があげられており、多く関東方面の地域名が移植されたもので、集団移住による本貫地の地名が冠せられている（この点『福島県の歴史』参照）。当然ながら久慈郡の場合も、そうした事例と対応したものであろう。常陸北部から陸奥南部（磐城）方面に基盤を有した海道平氏の一族が、閉伊さらに久慈といった北奥の沿岸部に、勢力を移植したことが推測される。海道平氏については、常陸大掾《だいじょう》系を出自とした武士団で出羽清原氏との関係なども注目されている。

＊＊＊＊　閉伊郡そして沿岸部の久慈、内陸部の糠部の三つの郡については、院政期に開発が進められた諸郡だった。三陸海岸沿いに閉伊郡さらに久慈郡へと地域的進展がなされた。久慈・糠部両郡は中世段階の当該地域の呼称だった。後者の糠部は岩手北郡と過半は青森県に属す広大なエリアだった。近世には久慈郡は九戸郡に包括され、その呼称が定着する。同様に糠部郡も九戸の一部や二戸・三戸の地域呼称が与えられる。馬牧制に由来する「戸」制のシステムは、実態としては中世後期に登場したとされる。『平家物語』（巻九）に登場する一ノ谷合戦での熊谷直実《くまがいなおざね》の「権太《ごんた》ノ栗毛《くりげ》」や宇治川合戦での梶原景季《かじわらかげすえ》・佐々木高綱《たかつな》の「生唼《いけずき》」「磨墨《するすみ》」は、「三戸立」「七戸立」とされ、いずれもこの糠部郡の産とされる。本文でも述べたように、久慈・糠部両郡は北条氏の被官だった南部氏が、南北朝期以降ここを掌握する。

＊＊＊＊＊　後世の江戸期の寛保年間（一七四一―四四）の作とされる『八戸家系伝記』には「建武元年、北畠源中納言顕家卿、奥州ノ国司トシテ下向、当宮城郡ニ居住ノ頃、又次郎師行国代ノ列トシテ、奥州筋エ下向スト云々」と見えている。「国代」に任ぜられた師行は、この三戸を基盤に八戸方面にも居住し、二つの異なる地域を掌握したことが飛躍に繋がったとされる。この立場に立つと、

八戸方面から出発した南部氏は、鎌倉期を通じて北条氏代官として糠部方面に基盤を保持、建武体制下で陸奥国府との連携し、北奥全体の統轄のため三戸方面に移り、八戸・三戸を双軸的なかたちで支配下に入れたことになる。これとは別の理解として、三戸南部氏と八戸南部氏は別系の勢力で、吉野側の衰退に対応して八戸南部氏も、足利に与した三戸南部氏にその地位をとってかわられたとの理解となる。

＊＊＊＊＊＊ 工藤氏については、その所領は岩手郡の北部から糠部郡の一戸・七戸・八戸に集中していた。元来伊豆を本領とし、甲斐方面にも一族が繁茂した（この点は前述）。北奥の工藤氏の祖は祐時《すけとき》とされる。幼名犬房丸と称し、曽我《そが》兄弟に殺された工藤祐経《くどうすけつね》の子息とされる。頼朝はかつて、曽我五郎時致《ときむね》の武勇を賞し、これを助命しようとしたが、犬房丸はこれに幼少ながら異を唱え厳罰を望んだという（『吾妻鏡』建久四年五月二十九日条）。祐時の二男祐光《すけみつ》が三戸の名久井《なくい》に居住し権益を拡大させたが、南北朝以降は衰退を余儀なくされた。工藤氏は津軽方面で活躍し、工藤祐貞《すけさだ》・貞行《さだゆき》が知られる。三戸方面の横溝氏も工藤氏の一族とされる。

＊＊＊＊＊＊＊ 米代《よねしろ》川流域に属したこの郡は、現在は秋田県に編入されている。鹿角の史料上の初見は、九世紀半ばの元慶の乱（『三代実録』元慶二年七月十日条）で「上津野」と見える。鹿角郡の成立は平安末期の院政期の新郡建置の段階と推測されるが、確実な史料では文保二年の『安保文書』所収の「関東下知状」とされる。以前にも記したように、明治元年（一八六八）の布告で旧陸奥国は三つに分割され北方は現在の青森県にあたる。鹿角郡は明治の行政区画で陸中国に属したが、その後は秋田県に編入された。

＊＊＊＊＊＊＊＊ 比内郡は現在の行政区では、多くは大館市に入る。建郡の時期は明確さを欠くが、隣接の鹿角郡と同様十一―十二世紀の院政期説が有力だ。かつて元慶の乱にさいし、秋田城以北の北方の賊地とされ「火内」の表記が見られた（『三代実録』）。

◆安東（安藤）氏

謎多き出自 いよいよ陸奥国も大詰めをむかえた。陸奥最北に基盤を有した安東（藤）氏は津軽郡＊を拠点とした代表的武士団だ。総じて中世北奥は糠部の南部氏に対し、津軽の安東（藤）といった構図といえようか。とはいえ、その津軽郡も広大で、曽我・工藤両氏の勢力も影響を保持した。しばしば安倍・安東と併称されるように、同氏のルーツは前九年合戦の安倍氏に由来するとの伝承もふくめ、その流祖に関しては議論がある。鎌倉期以来、北条氏の被官として「東夷成敗権」の執行主体とされる。日本海に面した十三湊《とさみなと》は、この津軽安東（藤）氏の基盤であり、多くの伝承に彩られている。

「蝦夷管領」（『諏訪大明神絵詞《えことば》』）・「津軽代官」（『保暦間記《ほうりやくかんき》』）・「津軽守護人」（『安藤系図』）と、同氏に付与された肩書は異なるが、同じような職責と推測される。安東（藤）氏の強盛は南部氏の勢力圏にもおよび、相互に対抗の関係にあった。安東（藤）の場合、奥州武士団の多くが関東からの移住だったのに対し、地域密着型ともいうべき地生えの勢力だった。いくつかの関係系図のなかには、前九年合戦の安倍氏の貞任を始祖とするものもある。** くわえてその安倍氏のルーツと寄り添う伝承系図によれば、神話的世界の長髄彦《ながすねひこ》（神武東征のおりに大和で滅ぼされた）の兄「安日《あび》」が津軽外ヶ浜《そとがはま》に追放され、その末裔と称したとある。神話的長髄・安日を始発に安倍貞任を経由、そしてこの安東（藤）へと繋げる流れである。安倍一族を媒介に神話上「安日」は、中世の安東（藤）氏と結合したことになる。「安日王」そして「安東」、いずれも敗れし者の記憶という点では同一だった。

安東（藤）氏の自己認識の点において、「安日」とその流れを汲む「悪路王《あくろおう》」「悪路ノ高丸」といった抵抗勢力も、さらには安倍氏の権力抗争も、ともどもが観念上での記憶の光源となった。*** 強靭な反抗の系譜を自己の血脈に見い出すこと、同氏系譜の読みとき方は、そのように解することも可能だろう。

その出自はたしかにナゾが多いが、奥州合戦の現地案内役として「安藤次」なる人物も注目される。難攻する阿津賀志合戦での、間道攻撃の立役者とも目される。当該人物の詳細は不明だが、刈田《かった》郡の根無藤《ねなしふじ》・四方坂《しほうざか》方面の戦闘にさいしても、「三沢安藤四郎」なる人物もいる。「安藤」と名乗る彼らは、関東の軍勢の先導役として、刈田郡三沢郷付近に拠点を有したのだろう。津軽安東（藤）氏も広くその同族と思われる。

鎌倉期を通して、糠部郡さらに津軽郡周辺地域は北条氏が領有、その一族や被官勢力が代官として派遣された。南部氏が糠部方面での代表とすれば、安東（藤）氏は津軽方面で覇をなした勢力といえる。

蝦夷管領　特に海・陸の両様の性格を有した安東（藤）氏は、北方世界にも関与した。同氏が北条氏の被官とし

図43　安東（安藤）氏略系図

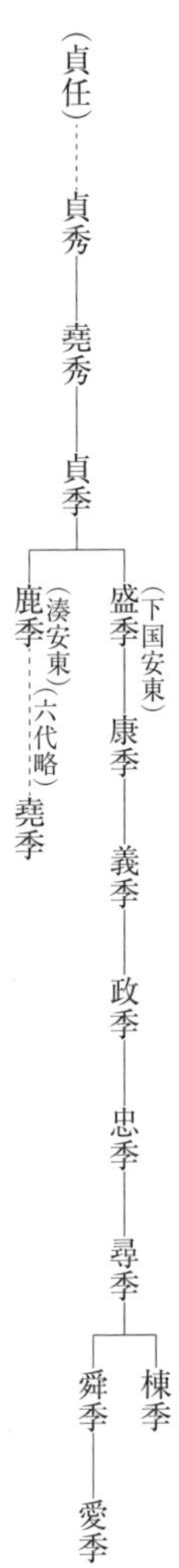

て「蝦夷管領」の立場にあったことは、『諏訪大明神絵詞』にも指摘されている。「武家濫吹ヲ鎮護センカタメ安藤太ト云フ者ヲ蝦夷管領トス」とある。そして『保暦間記』（南北朝期成立の史論書）には安藤五郎三郎・同又太郎について、「彼等ガ先祖安藤五郎トイフ者、東夷ノ堅メニ義時ガ代官トシテ置キタルケル末」と見え、北条義時により蝦夷管領の代行者として、任命されたことが語られている。＊＊＊＊

同氏は得宗領だった津軽藤崎の地を活動拠点とし、一族を繁茂させたとされる。十三湊へと進出し、外ヶ浜をふくむ津軽半島全域を勢力基盤とした。鎌倉末の「津軽大乱」では、一族が二つに分裂して戦闘を展開した。「蝦夷管領」は「蝦夷ノ沙汰」と同義とされる。具体的には『沙汰未練書』にある「東夷成敗」、すなわち「東夷」（蝦夷）を統括する権限と解されるが、その具体的な内容はさまざまな理解があるようだ。

津軽外ヶ浜は中世日本での北（東）の境界とされ、南（西）の鬼《き》界ヶ《かいが》島《しま》と対比される地だった。外ヶ浜以北の蝦夷地は流刑地とされ、「御成敗式目」にあっても流罪の対象とされた。安東（藤）氏はその外ヶ浜・蝦夷地の沙汰権を与えられていたという。鎌倉末期に勃発した前述の「津軽大乱」は、同一族を巻き込む大きな事件となった。同氏については、「津軽大乱」のなかでその足跡を見い出すことができる。＊＊＊＊＊ 同氏の嫡庶相論が蝦夷沙汰権の行方と絡み、幕府を揺るがす大きな事件となり、幕府滅亡の引き金ともなった。

建武体制期にあっては、同氏が基盤とされた津軽郡は、北畠顕家配下の諸勢力（南部・伊賀・多田・大河戸らの諸氏）が入部、旧北条勢力と対抗した。安東（藤）一族も当初は顕家側に参じ、「国宣」により鎌倉期以来の地頭代職の安堵がなされた。その後、足利側が優位となった段階で、安東（藤）氏は足利側へと旗色を鮮明にした。奥州総大将斯波《しば》家長《いえなが》の下で、建武三年（延元元・一三三六）正月、尊氏の御教書《みぎょうしょ》をうけた安藤家季《いえすえ》は、津軽方面でこれに参じた。その動きに対抗したのが前述の南部師行・政長および成田《なりた》泰次《やすつぐ》の北畠与党の勢力だった。

南北朝期にあっては、津軽方面への南部勢力の伸長もあり、安東（藤）氏はそれへの対抗から足利体制との共存を選択した。

「海の武士団」安東（藤）氏のその後

ところで、北奥武士団の双璧ともいうべき南部氏の勢力が、馬牧を軸とした「陸の武士団」に本貫を有したとすれば、津軽安東（藤）氏の場合は、「海の武士団」たるところに特色を有した。糠部郡から北方や西方に版図の拡大を示す南部氏の勢力に対し、津軽安東（藤）氏は北方交易（蝦夷地交易）に射程を据えた。ともどもが得宗被官たる性格を有しつつ、両者それぞれが南北朝の時代を乗り切っていった。安東（藤）氏の「海の武士団」たる性格は、その後の室町期にますます顕在化する。

かつて、「関東御免ノ津軽船」（『大乗院文書』）と称され、海を媒介とする安東（藤）氏の広域的活動は注目される。特に津軽半島西方の十三湊はその拠点だった。室町期の同氏の飛躍は、この十三湊の存在が大きい。同氏と十三湊の関係は、鎌倉後期以降とされている。十三湊を根拠地とした活動は、北は蝦夷地の松前（福島）方面にまでおよんだ。前記の「関東御免……」云々は、幕府公認の交易請負化が同一族に委ねられていたこと語るものだった。嘉元四年（一三〇六）、三国《みくに》（福井市）に入湊した二十隻は、北海の鮭などの産物を若狭方面にまで運んだとされる。同一族の活動は南北朝以降も続く。応永元年（一三九四）、「北海夷狄《いてき》動乱」と呼称されるアイヌの大規模な争乱が勃発する。安藤盛季《もりすえ》・鹿季《かのすえ》兄弟はその鎮圧にたずさわり、安藤一族のさらなるステップがはかられた。その武功によって、康季《やすすえ》は室町幕府から「日本《ひのもと》将軍」の称を付与され、鹿季は秋田湊（土崎《つちざき》）に入部して「湊《みなと》安東（藤）」の祖となった。

乱鎮圧の武功で下国《しものくに》安東（藤）〈十三湊〉・湊安東（藤）〈秋田湊〉の両氏に、北方交易および蝦夷支配の権が委ねられたとする。十四世紀以降の北奥の大勢は、津軽安東（藤）氏とそこから分流した出羽秋田の湊安東（藤）氏、さらにそれと対抗する南部勢力という関係で推移する。

十三湊の下国家は、盛季と子康季の時代に全盛をなした。『後鑑《のちかがみ》』（江戸期成立の室町歴代将軍ごとの編年史）には、「安藤陸奥守（康季）」が新将軍足利義量《よしかず》就任の賀として、馬・銭・昆布等々と並び「海虎」（ラッコ）の皮三十枚を献上した件が記されている。「海虎皮」は北方交易で入手したものであった。康季については、永享八年（一四三六）に後花園《ごはなぞの》天皇の命で、若狭羽賀《はが》寺再建に着手するなど富強を誇った。しかし十五世紀に入ると、台頭する南部勢力の圧迫のなかで、嘉吉二年（一四四二）、安藤盛季・康季が南部義政に敗れ、十三湊を追われることになる。その後は蝦夷島の松前に渡り、雌伏することになる。

同氏の活躍した津軽郡は、中世の一般的表記では平賀《ひらか》・田舎《いなか》・鼻和《はなわ》諸郡に分かれる。以下では他の関係武士団との動きを加味しながら、安東（藤）氏の動きを諸郡ごとに整理しておこう。

①（津軽）平賀郡――津軽地方でも鎌倉幕府の勢力が早く浸透した地域である。文献上の初見は建保七年（一二一九）の「北条義時下文」（『新渡戸文書』）に見える「平賀郡内岩楯《いわだて》村」がそれだ。それによれば曽我小次郎広忠《ひろただ》が地頭代職に任ぜられ、平賀郡への曽我氏の勢力扶植の契機となった。岩楯地域の地頭（代）職は曽我氏の一族に相伝、泰《やす》時《とき》・経時《つねとき》・貞時《さだとき》等々による安堵状がある。鎌倉末には元弘・建武の乱において最北の平賀郡で大光寺《だいこうじ》合戦（岩楯の北に位置）があった。合戦には工藤氏や安東（藤）氏も参加した。この戦いで岩楯曽我氏の光高《みつたか》が大光寺側を攻撃する。その後、岩楯曽我氏は貞光《さだみつ》の時代に足利側に転じ、鹿角・津軽・外ヶ浜方面で戦った。特に暦応二年（一三三九）、貞光は南党の南部政長との合戦で知られる。その後は曽我氏は衰退、代わって安東（藤）氏がこの方面にも勢力をのばす。

大光寺曽我氏の場合は石川（弘前市）の大仏鼻《だいぶつがはな》城に籠もり、南部師行らも援軍として参陣した。北条氏側の勢力は持寄《もちよせ》城（弘前市）で抵抗を試みたが、建武元年（一三三四）十一月旧幕府勢の北条与党は降伏している。この戦闘では安東（藤）氏も建武政府側として参じている。大光寺城・大仏鼻城さらに持寄城の一連の戦いは「津軽合戦」と総称されている。

戦後処理にあたった南部師行が北畠顕家に報じた「津軽降人交名注進状《つがるこうじんきょうみょうちゅうしんじょう》」(『南部家文書』)によれば、五十数名の捕虜と二十余人の預人《あずかりびと》が記されている。この一連の戦いでは曽我・工藤等々の同族武士団も二分するかたちで、戦闘が展開した様子が語られている。ちなみに、工藤貞行の娘加伊寿御前《かいずごぜん》は、八戸南部の政長(師行の弟)の子息信政に嫁していた。この関係で工藤貞光の津軽諸郡に点在した所領は、南部氏に継承された。糠部を拠点とした八戸・三戸両南部氏が津軽方面へと進出する契機の一つに、この工藤氏との関係があったという(『青森県史』『青森県の地名』等々を参照)。

②(津軽)田舎郡――「津軽三郡」のうち東北部に位置する。南の平賀が早く鎌倉期にその名が登場するが、田舎郡の初見は建武年間とされる。安東(藤)氏の元来の拠点藤崎《ふじさき》の地は田舎郡と平賀郡の境界域で、その周辺には北条氏の津軽支配のための御家人・被官が派遣された。工藤・曽我の両氏所領も確認される。頼朝の奥州合戦後当初は、

図44　北奥の郡郷制　『青森県の歴史』より

御家人宇佐美実政《うさみさねまさ》が津軽方面の奉行だった。実政は比企《ひき》能《よし》員《かず》とともに、北陸道方面から出羽をへて頼朝軍に合流した北国ルートの大将軍で、津軽郡の軍政官的立場と推測される。越後をふくむ北陸道地域から出羽にかけて宇佐美姓が後世に広がるが、その一因としてこの宇佐美実政との関係も少なくない。実政が津軽のどの地域に入部したかは不明だが、おそらく田舎郡か平賀郡のいずれかと推測できる。実政は奥州合戦後、出羽での反乱勢力・大河兼任のため敗死した(『吾妻鏡』建久元年正月十八日条)。この大河兼任の乱は出羽国の項で詳述するが、乱が勃発した文治五年(一一八九)十二月、頼朝は即座にこの乱に対応すべく、出羽

図45 村上源氏・北畠氏関係系図

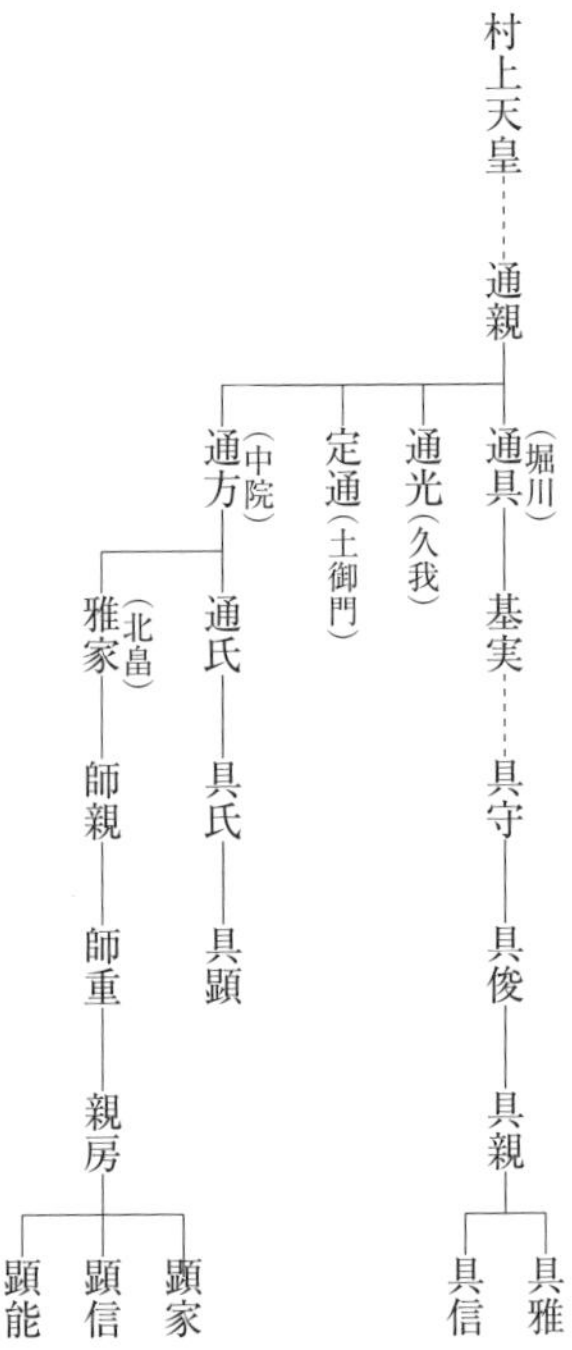

に所領を有した御家人を派遣している。

　宇佐美実政の敗死後、田舎郡を含めた地域は北条氏の手中に帰した。藤崎の地には当該地域の有力者安東（藤）氏が北条氏の代官たる立場で「東夷ノ堅メ」の地位に就任したとされる。同氏はこの藤崎を拠点に岩木川を下り、十三湊へと進出したと臆測されている。この「田舎郡」名が文献に登場するのは、前記の工藤貞行の娘加伊寿御前への譲状《ゆずりじょう》（「尼しれん譲状」）だ。そこに「陸奥国津軽田舎郡黒石郷」の名が見える。この地は当初は工藤氏が、ついで南部氏の手中に帰したと考えられる。

　また、この田舎郡には北畠氏が拠点とした浪岡《なみおか》があった。周知のように北畠氏は村上源氏に出自を有し、顕家・顕信兄弟が建武体制の遺産を守り、八戸南部氏を股肱の臣として活躍した。多賀国府・霊山《りょうぜん》・宇津峰・滴石《しずくいし》と拠点を移しつつ、最終的にはこの田舎郡所在の浪岡で〝吉野〟の記憶を再生しつづけた。

津軽武士団として中世後期に影響を有した勢力として、南部・安東（藤）・曽我・工藤の諸氏がいるが、浪岡の北畠氏の存在も小さくない。南北朝期には「波岡」と表記され、ここは南の比内郡からの奥大道が貫かれ、北の外ヶ浜に向かう地点で、建武段階に田舎郡の北に設定された山辺《やまのべ》郡との境にあたった（建武二年二月二十一日付「北畠顕家国宣」）。浪岡に顕家の子孫と称する北畠氏の一族が居住したのは、南北朝動乱が終了した応永年間（一三九四―一四二八）あたりとされる。南部氏（守行）の後援によるもので、伊勢の北畠氏と連携し独自の勢をつけた。

③（津軽）**鼻和郡**――当該郡は現在の弘前市や北方に藤崎の地を有した地域で、津軽四郡からすれば西に位置した。鎌倉初期にあって、平賀郡が曽我氏との関係が濃厚だったのに比べ、鼻和郡は藤崎を擁したことで安東（藤）氏の勢

力下にあった。既述のように、安東（藤）氏は岩木川を下り十三湊を支配するにいたる。それに先立ち奥州藤原氏の末裔と称する勢力との対抗もあったとの説もある。中世にあっては弘前市に貫流する岩木川の東側が平賀郡に、西側がこの鼻和郡だったという。

鼻和郡を拠点とした勢力には、残された板碑などから源光氏《みつうじ》の一党がいたことが知られている。長勝寺の嘉元四年（一三〇六）の鐘銘文に、檀那《だんな》の一人として、同氏の名が見える。この一族は近辺の中別所《なかべつしょ》の板碑（正応元年〈一二八八〉）にも登場し、鎌倉期を通じ確認できる。

鎌倉北条氏の滅亡にさいし、前述「津軽合戦」の舞台となった鼻和郡所在の持寄城もあった。この戦いでは、また出羽北部に勢力を有した旧越後守護・名越北条氏の時如《ときゆき》と、秋田城介安達時顕《ときあき》の子息の高景《たかかげ》が持寄城の北条与党と合流、抵抗した。建武元年（一三三四）三月から四月にかけてのことだ。平賀郡での大光寺合戦の二ヵ月後のことである。この持寄城合戦は建武体制直後のことだった。その後は陸奥守北畠顕家や南部師行の威令が浸透したこともあり、同年冬十一月には鎮静化する。「津軽降人交名注進状」（『遠野南部家文書』所収）はその時期のものだった。前述したように、反北条の立場で参陣した工藤貞行も恩賞としてこの鼻和郡目屋郷《めやのごう》が与えられた。しかし南北朝期はこの鼻和郡にも足利勢力が浸透、これと協調した安東（藤）氏は十三湊で基盤を強化し、海の武士団として飛躍した。けれども一方で、南部氏も室町幕府体制下で権力を拡大、やがて安東（藤）氏との角逐をへて津軽全域を手中に収めた。十三湊を離れた安東（藤）氏は、蝦夷地松前からさらに出羽秋田の檜山に入ることになる。

＊　津軽郡の表記はこれまでも用いてきたが、古代・中世の呼称ではない。大きく青森県の西半部がこれに該当する。『日本書紀』（斉明紀）に「津刈」とあるが、律令制下の郡名にはなく、広域的通称とされる。当然表記もまちまちで「東日流《つがる》」などの表記もある。戦国期天文《てんぶん》年間（一五三二―五五）の北畠氏の作ともいわれる、「津軽郡中名字《つがるぐんちゅうなあざ》」では六つの郡名が登場する。鎌倉期以来のものとしては、平賀・田舎・鼻和の三郡が知られる。近代明治以降の行政区分では津軽郡は東・西・中・北・南に分けられた。
青森県は中世の段階では岩手県北部から続く糠部郡域（下北半島もふくむ）、そして残りが後世の津軽郡域となる。安東（藤）一

族の勢力は糠部北部にも広がったが、津軽郡が主軸だった。その津軽郡域は前述のように平賀・田舎・鼻和のおよそ三つに分けられた。「津軽三郡」と呼称されている。「津軽三郡」の中心は平賀郡で、史料上も鎌倉初期には見られる。今日の碇ヶ関《いかりがせき》から北方の平賀さらに黒石市南部のエリアが相当する。田舎郡は現在の南津軽郡にほぼ該当する。黒石市と北方の田舎館方面ということになる。そして鼻和郡は中津軽郡地域に相当する。

右の「津軽三郡」の呼称とは別に、津軽半島を二分するかたちで東側半分を「外ヶ浜」、西側を「津軽西浜」という区分もある。なお外ヶ浜をふくむ東津軽郡は中世では田舎郡の東縁辺とされ、現在の青森市もふくむとされる。ちなみに「外ヶ浜」の呼称は「内浜」の西海岸から見て外の地域との意とされる（『青森県の地名』）。くわえて「外」の観念には都（上方）からの連想呼称にも繋がった。

＊＊「藤崎系図」（『続群書類従』）では本文に記したように、「安日」をルーツとしその子孫が安倍姓を与えられたという。応神朝に蝦夷の反乱を鎮圧、「日下《ひのもと》将軍」を与えられ、さらに高丸《たかまる》が奈良期の宝亀年間（七七〇―七八一）に登場して、安倍頼時《よりとき》―貞任へと繋がる流れとなる。その後、貞任の子息高星《たかぼし》が津軽にのがれ、これが祖となったとする。

「安倍系図」では阿倍比羅夫《あべのひらふ》の系統から安倍貞任に、そしてその弟白鳥八郎行任《ゆきとう》（実父貞任）が、行任の子孫季任《すえとう》が「安倍」・「藤原」の両姓を合体させ安藤とした。ついでながら、「安東」「安藤」の表記は諸史料で混用されている。辞書類での立項もまちまちである。総じて室町期の秋田氏関係の系図では「安東」が、鎌倉・南北朝期は「安藤」の表記が目立つが、あくまでも傾向である。ここでは「安東（藤）」で対応した。

＊＊＊『吾妻鏡』には頼朝が奥州合戦の帰路、平泉方の捕虜をともない鎌倉への途上、「田谷窟《たっこくのいわや》」の由来を問う場面が登場する。そこには「是レ、田村麻呂・利仁等ノ将軍、綸命ヲ奉ジ夷ヲ征スルノ時、賊主悪路王並ビニ赤頭等、塞ヲ構ウルノ岩屋ナリ」（文治五年九月二十八日条）と記されている。ここに登場する「悪路王」は史実的には田村麻呂により追討されたエミシの阿弖流為《アテルイ》と同一とされる。「悪路」は〝あくじ・あくろ・あくる〟と、種々読み換えられて流布した。

鎌倉末成立の仏教史書『元亨釈書《げんこうしゃくしょ》』（「延鎮撰」）には、奥州逆賊の名を「高丸」と記し、さらに『田村草子』には「あくろ王」「たか丸」などの表現が見える。中世末期にはこうした流れのなかで「あくじの高丸」が「悪路王」と同一の存在と解されるようになって、定着したと考えられる（この点、拙著『英雄伝説の日本史』も参照）。

＊＊＊＊『保暦間記』に北条義時が「東夷ノ堅メ」に任じた安藤五郎については、外ヶ浜を拠点に東夷成敗権を委ねられたといわれる。

文永五年（一二六八）のアイヌ蜂起のおり、惣領の地位にあった「五郎家」が鎮圧に失敗したこともあり、一族の中心は津軽西浜の「又太郎家」に移ったとされる。『諏訪大明神絵詞』に見る「安東太」は右の「又太郎」の別称と考えられている。なお、その『諏訪大明神絵詞』には「武家、ソノ（蝦夷）濫吹ヲ鎮護センカタメニ、安藤太ト云フ物ヲ蝦夷ノ管領トス、此ハ上古ニ安倍氏悪路ノ高丸ト云ケル勇士ノ後胤ナリ」と見え、安藤へのルーツを安倍氏さらに「悪路ノ高丸」に結びつける記述が見える。

『曽我物語』にも「安日トイウ鬼王」は天から授与された霊剣で、「外ヶ浜」に追放され「醜蛮」（蝦夷）と呼ばれるにいたったことが記されている。

＊＊＊＊　この事件は、元亨二年（一三二二）から嘉暦三年（一三二八）にかけての安東（藤）一族の内紛をさす。『保暦間記』には蝦夷管領職をめぐる安藤五郎三郎と又太郎との相論とする（『諏訪大明神絵詞』では従父兄弟の五郎三郎季久《すえひさ》と又太郎季長《すえなが》の嫡庶相論とする）。この相論は幕府の裁許となったが、内管領長崎高資《たかすけ》が両方から賄賂を取ったため裁定が滞り、この間に合戦におよんだという。合戦の経過は前記の『諏訪大明神絵詞』にも記されている。両者のうちの五郎家は外ヶ浜内末部（青森県東津軽郡）、又太郎家は西ガ浜折曽《おりそ》関（西津軽郡深浦町）に依拠し、岩木川を挟み合戦したとある。前者が季久側、そして後者が季長側と推定されている。

幕府はこの内紛にあって五郎三郎季久側を支援、これまでの地頭代官職や蝦夷沙汰職（蝦夷管領の執行職）を与えている。双方ともにアイヌを動員しての戦闘で、御内人として津軽方面に派されていた津軽曽我氏も参加した。そして嘉暦元年（一三二六）には、工藤祐員が派遣され、季長を捕らえ帰還した。「安藤系図」では又太郎季長は確認できるが、季久については不明。季久はこれを機に宗季《むねすえ》に改名したとされる。

＊＊＊＊＊　十三湊と安東（藤）氏との関係は、福島城（五所川原市）をふくめ近傍の発掘成果からすれば、鎌倉半ばの寛喜年間（一二二九―三二）以降とされる。鎌倉末の成立とされる『十三湊新城記』でも、間接的に確かめられるという。福島城の築城は安倍貞《さだ》季《すえ》（季盛）と伝えられる。得宗北条貞時《さだとき》の一字をもらったと考えられるが定かではない。同氏が十三湊を掌握する以前に、ここを拠点とした地域勢力として、十三氏（藤原氏）もいたとされる。奥州藤原氏の支流で秀衡の弟秀栄《ひでひさ》を流祖とした一族の可能性もあるという。ただし、後世からの史料でなお疑念があるが、当初より安東（藤）氏と十三湊の関係をさかのぼらせるよりは、藤原氏とは断定できないにしろ、地域領主が十三湊に拠点をなし、それを安東（藤）氏が吸収・包摂したと考えるのが自然か（なお十三湊についての発掘成果を平易に叙した『青森県史』も参照のこと）。

＊＊＊＊＊＊　海を介しての活動として、有名な人物に安東蓮聖《れんしょう》が知られる。蓮聖は津軽安東（藤）一族と考えられているが、他流となす考え方もある。実名は為条とも。一般の辞典類を公約数的に紹介すれば、蓮聖の海上交易圏は畿内・西国に集中していた。文永年間（一二六四—七五）には得宗領の摂津国多田院《ただのいん》造営の惣奉行をはじめ、瀬戸内地方を主要な舞台として活躍した北条氏の御内人だったとされる。一方では銭貨の貸付にも関与した有徳人《うとくにん》としての側面もあった。蓮聖と津軽安東（藤）氏の関係を直接に示すものはないが、かりに一族だとすれば、同氏の広域的活動の一端を物語る人物といえる。

なお、文明年間（一四六九—八七）の作とされる「廻船式目《かいせんしきもく》」では、この十三湊は「三津七湊《さんしんしちそう》」の一つとして数えられた。安濃《あのう》津（伊勢）・博多津（筑前）・堺津（和泉）の「三津」と三国《みくに》・本吉・輪島・岩瀬・今町・秋田、そしてこの十三湊を「七湊」とした。留意すべきは「七湊」がいずれも日本海側の越前・加賀・能登・越中・越後・出羽に点在しており、中世後期の交易・海運の拠点を考えるうえで重要だろう。南部一族に追われ、檜山《ひやま》（渡島《おしま》半島）に拠点をなし、さらに一族は秋田の檜山や土崎に入り、秋田氏へと繋がったのも、広域的な海の武士団の特色に根ざすものといえる。

Ⅱ

出羽国

出羽武士団を概観する

『延喜式《えんぎしき》』に出羽国は上国《じょうこく》で遠国《おんごく》として位置づけられている。そして「辺要」とされた。*京への行程は上り四十七日、下り二十四日、令制では南から置賜《おきたま》・村山《むらやま》・最上《もがみ》・田川・出羽・飽海《あくみ》・河辺《かわべ》・雄勝《おがち》・平鹿《ひらか》・山本（山北《せんぼく》）・秋田の十一郡の管轄とされた。陸奥国とともに東山道の最北に位置する。今日の行政区画では大きく南部ブロック（旧羽前地域）は山形県に、北部ブロック（旧羽後地域）は秋田県に属することになる。

出羽は明治元年（一八六八）、羽前国・羽後国に二分されたが、その後の廃藩置県で両国は廃され、山形・秋田の両県となった。陸奥国が岩城《いわき》と岩代《いわしろ》（福島県）・陸前《りくぜん》（宮城県）・陸中《りくちゅう》（岩手県）・陸奥《りくおう》（青森県）と、呼称されたのと同様だった。陸奥ほどではないが、この出羽もやはり広大であった。

中世武士団の展開でいえば、十二世紀末の治承・寿永（源平争乱）から文治奥州合戦にいたる内乱、さらに十四世紀半ばの元弘・建武の乱から南北朝の動乱は、出羽でも画期となった。戦国以前の武士団の画期であり、国内での闘諍も激しさを増す。陸奥国と同じく鎌倉期の一五〇年間は、羽州武士団も地域的展開を明瞭にした時代だった。鎌倉幕府の創出にともない、関東の種子が奥州合戦を通じ散布・拡散し、南北朝の動乱でさらなる脱皮が進んだ。

出羽国の各地域武士団の諸相は後述するが、南方の羽前（山形地域）にあっては大江《おおえ》・安達《あだち》・二階堂《にかいどう》・中条《ちゅうじょう》・大泉の諸氏が特に著名だ。同様に羽後（秋田地域）でも、小野寺・橘《たちばな》といった鎌倉御家人にくわえ、陸奥の安東《あんどう》（藤）氏の分流である湊《みなと》・檜山《ひやま》の両氏が勢力を有した。ちなみに現在は秋田県域に属している鹿角《かづの》・比内《ひない》の両郡は陸奥国に含まれるが、この両郡にも浅利《あさり》・安保《あぼ》の関東勢力が入部していた。当国でも南北朝以降、これらの各武士団は在来の代官を派遣する間接支配から、直接支配を志向する段階となる。その過程を通し、出羽でも惣領・庶子の分裂から統合が進み、戦国期を迎えることになる。

中央政界での南北朝の対立のなかで、足利体制への移行が進む。そのなかで室町幕府体制下、羽州探題の最上氏の存在は大きい。さらに置賜方面の米沢から北上し、当国に影響力をおよぼした伊達《だて》氏の動向は、出羽南方の政治的地図を大きく塗りかえていく。

いずれにせよ、奥州合戦後の鎌倉的秩序への移行は、その後の出羽国の歴史的展開を規定したことは間違いない。以上の歴史的大局を見据えながら、以下では羽前（山形県）そして羽後（秋田県）の各地域に展開した武士団の諸相について整理しておこう。

＊『続日本紀』（和銅五年九月二十三日条）によれば、日本海側の出羽方面は「狄部」と呼称された。その後の王化推進策にともない、「一国」の分置が建議され、出羽国の成立となった。大化改新後の七世紀半ば、渟足柵《ぬたり》（新潟市）・磐舟柵《いわふね》（新潟県村上市）が北方征夷政策で置かれた。かつては越《こし》と呼称された地域である。その後、斉明朝に阿倍比羅夫《あべのひらふ》の津軽《つがる》遠征で鰐田《あいた》（秋田）や渟代《ぬしろ》（能代）など羽後地域の名も確認される。「出羽」の字義は越後国からの〝出端〟の意と解されている。『和名抄《わみょうしょう》』には「以天波」とあり、中世の『拾芥抄《しゅうがいしょう》』（鎌倉中期に成立）で「デハ」と訓じた。国として誕生したとき、陸奥国に属した「最上」「置賜」の二郡を、出羽に付け換えることがなされた（『日本書紀』和銅五年十月一日条）。その後の開拓進展で秋田地域をふくむ出羽国が形成される。

図46　出羽国の荘園・公領の分布　『講座日本荘園史5』より

令制段階に出羽国へ設置された城柵としては、南から城輪《きのわ》柵（山形県酒田市）・雄勝城（秋田県雄勝郡羽後町）・由利《ゆり》柵（秋田県由利本庄市）・払田《ほった》柵（秋田県大仙市）・秋田城（秋田市）・野代《のしろ》柵（秋田県能代市）等々が確かめられる。

国府は当初、庄内の最上川以南に置かれた。その後は秋田城に置かれ、奈良末に再び庄内の最上川以北に遷ったとされる。当初の国府があった城輪柵の近辺には国分寺が所在し、飽海郡から出羽郡の沿岸地域が出羽国での先進地域と目される。出羽国での平安末期の荘園の北限に位置する遊佐《ゆさ》荘は国府の北に位置した。国府南方には酒田・余目《あまるめ》・出羽柵があった（以上の諸点については『国史大辞典』「出羽国」の項や『山形県の地名』などを参照）。

1　羽州武士団（羽前）の沿革

【羽前地域（出羽南部）】

羽前地域の各武士団の大局をまずは簡略に述べておこう。有力武士団が繁茂したのは、南方から置賜・最上・村山の諸地域にくわえて、田川郡・飽海郡が属する庄内地方の四つの地域だった。羽前方面は最上川流域に広がった地域で、南部の置賜方面には米沢、中部の村山方面には山形、北部の最上方面には新庄、そして西部の庄内方面には鶴岡・酒田等々の諸都市が位置する。近世江戸期にあっては、それぞれが近世大名の城下町となったが、その原点は中世武士団の盤踞《ばんきょ》した地域ということができる。以下では当該地域の沿革について、平安・鎌倉・南北朝室町の三つの時期に分けてながめておく。

◆平　安　期

征夷戦の後遺症　平安時代以前にあっては八世紀初頭の和銅段階（七〇八—七一五）に出羽建郡があり、出羽柵が庄内地方に郡衙《ぐんが》とともに併置された。出羽方面の開発は陸奥との共同作業のなかで進展、内陸部方面も最上川流域に広がって展開したようだ。天平期（七二九—七四九）に入り、出羽柵は北進、北部の秋田・高清水《たかしみず》（秋田市）に移され

図47　元慶の乱関係

る。この時期陸奥・出羽両国は、按察使《あぜち》大野東人《おおののあずまひと》が陸奥の多賀《たが》国府から出羽秋田城を結ぶ開路に尽力するなどした。対征夷・俘囚《ふしゅう》政策の進展を通じ、内国化が促進された。そして宝亀・延暦・大同・弘仁期にわたる征夷戦争も、やがて終焉を迎える。

九世紀後半の元慶年間（八七七―八八五）における秋田城下での俘囚の反乱は、出羽国を揺るがす大きな争乱となった。これへの対応として、中央では藤原保則《やすのり》を出羽権守、小《お》野春風《ののはるかぜ》を鎮守府将軍に任じ、硬軟両様の構えでこの乱を鎮圧させた。元慶の乱の舞台は出羽の北部だったが、出羽南部は兵站基地としての役割を与えられ、出羽国府*や雄勝城を経由して、秋田城へ軍事物資が運送された。

後三年合戦とその後

十一世紀には、出羽南部の仙北三郡（雄勝・平鹿・山本）を中心に後三年合戦が勃発する。隣国での奥州十二年合戦（前九年合戦）とも、連動した大きな事件だった。後三年合戦については別途ふれることになろうが、奥羽武士団形成期の事件としておさえねばならない。前九年合戦の主役が安倍氏とすれば、後三年合戦は清原氏がこれに該当する。この清原氏の出自をめぐっては諸説があるが、安倍氏同様に十世紀以降の王朝国家段階に、登場した地域領主だったことは動かない。清原氏は陸奥の安倍氏が「奥六郡」の支配を委任されていたように、出羽の仙北三郡の郡司であった。胆沢《いさわ》城が安倍氏が担い手とされたように、秋田城の場合も清原氏との関係が推測される。そのルーツは俘囚末裔説、あるいは元慶の乱に関係した清原令望《よしもち》子孫説などさまざまだ。重要なことは、前九年合戦の行方を左右したのが、この清原氏の武力だったという点だ。昨今の研究で清原氏と海道平氏との関係も解明されており、清原氏をふくめた王朝国家期の武的勢力の動向が注目されている。

軍事貴族**の立場で、奥羽の二つの戦いに関与した源頼義《よりよし》・義家《よしいえ》父子は、前九年・後三年両合戦を通じ、きたるべき中世武士団へ助走の役割を担った。安倍・清原の血脈的合体にともなう奥州藤原氏の登場は、その象徴といえる。安倍・清原ともどもが軍事貴族たる源氏の進出を媒介に、地域領主として成長、奥州藤原氏という地域権力を創出させた。出羽に関しては、平泉の直接の権力基盤ではなかったが、かつての仙北地域は清原氏の地盤だった。清原氏は前九年合戦後、武則《たけのり》が鎮守府将軍となり、秋田城の支配にくわえ鎮守府機能を掌握するところとなった。つまり仙北三郡と「奥六郡」の支配権を併有する存在となった。清衡《きよひら》はそれを継承し、当該地域の支配者として君臨した。出羽も広く支配した藤原氏との関係のなかで、奥州合戦では、陸奥国と同様に関東の占領下となった。

＊　なお、出羽国衙《こくが》の所在地については諸種の議論がある。有力な見解として、庄内地方飽海郡新田目《あらため》（酒田市）に出羽留守所があったとされる。この新田目氏は留守所の在庁官人として、奥州合戦後の戦後処理を一任されていた。この新田目一族は「本留守」として、秩序維持を頼朝から委任されていた。その後、大河兼任の乱では新田目氏も、これに与党化したため更迭されたことが、『吾妻鏡』に見えている。

＊＊「軍事貴族」概念の詳細は別に譲るとしても、最低限この語が武士ないし武士団の議論で浮上した背景についてだけは語っておきたい（詳細は拙著『武士の原像』『武士の誕生』など参照）。学問用語としての「軍事貴族」概念の提唱は、一九七〇年代以降に本格化する。旧来の考え方では武士を地方・辺境・素朴という観念で捉え、その対極にある貴族的なものを中央・都・風雅なる観念の二極対抗で、解する思考が定番とされた。有り体にいえば中世とは前者の地方的エネルギーが、後者の貴族的世界を圧倒するプロセスのなかで誕生する。こんな解釈だ。「領主制理論」とされている考え方である。

一方で新たに提唱された「軍事貴族」論の場合、乖離する武士的要素と貴族的要素を融合しつつ、古代が中世へと脱皮する方向が模索される。つまりは、一見矛盾する「軍事」と「貴族」の両者合体の〝補助線〟的役割を担うものだった。あるいは中央と地方、貴族と兵《つわもの》（武士）を繋ぐ〝媒介〟的役割として、提唱されたものだった。

源平藤橘を称した段階の武的領有者は地域領主誕生以前の存在で、まだ地名に根ざした名字を名乗っていない。つまりは、地域に土着し、「住人化」する「武士」以前の存在ということができる。そうした存在が「軍事貴族」であり、彼らは中央の権門に近仕しつつ、「兵受領《ずりょう》」（この概念は元木泰雄『武士の成立』参照）として地方に赴任、貴種的権威を介し地方に子孫が土着・住人化する。武士の登場には、「軍事貴族」の末裔たることも大きかった。十世紀以降、軍事力・武力の請負化の進展にともない、「兵」が各地に登場する。中央・地方を問わず、各地の騒擾の鎮圧にも寄与した彼らは、やがて王朝国家における軍制の担い手となってゆく。したがって、種々の議論はあっても、史料上の「兵」と呼称された人々は、「軍事貴族」と重なるものがあった。

◆鎌倉期

出羽と奥州合戦

奥州合戦では、鎌倉側は宇佐美実政《うさみさねまさ》・比企能員《ひきよしかず》率いる北陸道軍が、念珠関《ねずがせき》から出羽へと進攻する。その模様は頼朝率いる中央軍や千葉常胤《ちばつねたね》・八田知家《はったともいえ》の海道軍に比し、わずかの記事しか『吾妻鏡《あずまかがみ》』に語るところではない。奥州藤原氏は鎌倉勢の迎撃の主力を阿津賀志山《あつかしやま》に配した。そこに投入された武力は主に陸奥出身の勢力だったのに比し、出羽方面の迎撃勢力は北陸道軍への備えとされた。したがって主戦場たる陸奥の阿津賀志方面での戦力投入にともない、出羽武士団の鎌倉側への迎撃態勢は万全ではなかった。

田河《たがわ》行文《ゆきぶみ》・秋田致文《むねぶみ》・由利《ゆり》維平《これひら》等々の羽州武士団の抵抗勢力は、散発的なかたちでしか迎撃を展開できなかった。このことが陸奥に比べ、鎌倉側の出羽への進攻を比較的に容易にした。*けれども出羽に温存された武力は、その後の第二次奥州合戦ともいうべき大河兼任《おおかわかねとう》の乱で、強靭な抵抗を示す。この大河兼任の乱は後で詳述することになるが、戦域は陸奥にまで拡大、奥羽全域をまき込むかたちで広がった。

その大河兼任の乱も文治六年（一一九〇）三月に鎮圧、それと踵《きびす》を接するように、年号は翌月建久と改元された。治承から始まった「内乱の十年」は、出羽武士団の抵抗・鎮圧で終焉をむかえた。「建久」はここ出羽にあっても、鎌倉体制が進展する段階だった。出羽から始まったこの第二次奥州合戦も含めれば、関東武士の奥羽鎮圧には、およそ半年を要したことになる。

出羽と鎌倉武士団　奥州合戦以前の源平争乱期にあって、出羽国は平氏一門の平信兼《のぶかね》が出羽守だった。陸奥守藤原秀衡《ひでひら》や越後守城助職《じょうすけもと》の任官にともなう平氏政権下の臨戦人事で、北からの関東包囲の戦略だった。信兼自身は遥任《ようにん》とされるが、鎌倉期に移ると関東御家人が出羽国司に任ぜられ知行国化する。貞応年間（一二二二—二四）での中条《ちゅうじょう》家長《いえなが》、さらには二《に》階堂行義《かいどうゆきよし》らが指摘できる。『吾妻鏡』などには「出羽前司」云々としばしば登場、幕府内での出羽国司の位置づけは、秋田城介と同様で栄爵的地位とされた。彼らは一方で評定衆や引付《ひきつけ》衆に名を連ねた。武人的吏僚で、奥羽方面にも地《じ》頭職《とうしき》を有した。ただし、承久の乱以前にあっては、出羽国司の人事は、必ずしも幕府が掌握するところではなかった。たとえば後鳥羽上皇の腹心だった藤原秀能《ひでよし》が、建保四年（一二一六）出羽守に任ぜられている。秀能は北面の武士にして院近臣であり、討幕のための布石的人事とも解せられる。**

鎌倉期を通じて陸奥同様、出羽も守護は置かれなかった。郡あるいは荘・郷レベルの御家人が地頭として下向した。***主要な武士のみを列記すれば、大曽禰《おおそね》荘に入部した安達一族、寒河江《さがえ》・長井の両荘に関係した大江氏が知られる。このうち寒河江は大曽禰荘の北方に位置し、広元の長男親広《ちかひろ》の系統が相伝し寒河江氏を称した。また置賜郡の長井荘は広元《ひろもと》の次子時広《ときひろ》の系統が相伝し、長井氏を名乗った。建武体制下にあっても、鎌倉幕府内での文人派御家人の立場で活躍した。また庄内地域では田川郡所在の大泉荘に武藤氏が地頭職を与えられ、大泉氏として勢力を扶殖した。大泉荘は院政期に後白河院の長講堂領として、その後は持明院統に伝領された。また成生《なりゅう》荘（天童市）には、二階堂氏が地頭職を与えられた。さらに武蔵七党に属した安保氏も、田川郡の余目地域の地頭職に任ぜられた。

以上、各郡と鎌倉武士団との関係を略記したが、当該郡とその内部に立荘された荘園との関係も、留意を要す。**** 出羽南部の諸地域での鎌倉御家人入部は、陸奥と同じく代官支配と推測されるが、早い段階から庶子家が現地に下向、地域領主としての風貌を強めた武士団もあった。

* 本文に記した通説的理解とは別に、出羽は陸奥に比べ旧来の地域勢力が関東勢力入部後も、温存されたとの考え方もある。出羽にあっては藤原氏の軍事動員力は強固ではなく、秀衡そして泰衡《やすひら》段階の両国押領使《おうりょうし》による公的軍事指揮に基づく動員だったとの考えである。田川・由利・秋田などの郡名を冠した、郡司級武士団の動員もそうした特色を有し、主従制的原理での動員からは距離があったとの理解だ。それゆえに地域領主としての彼らの権限は、鎌倉体制に移行しても安堵・保証された場合が少なくなかった。要は出羽の場合、鎌倉側への抗戦姿勢において、陸奥とは相違があったとする。

** 布石人事云々でいえば、同じく後鳥羽院の近臣として二位法印尊長《そんちょう》の羽黒山長吏への補任もそうだった。羽黒山はよく知られるように月山《がっさん》・湯殿山《ゆどのさん》とともに出羽三山と呼称され、修験道の聖地とされる。山伏・僧兵の武力活用のための人事ということになる。ちなみに尊長は一条能保《いちじょうよしやす》の子息で、子息たちは複数いた。能保の死去後、議奏公卿の立場だった一条家は、親幕派と反幕派に分かれた。尊長法印は藤原秀能らとともに、後鳥羽院サイドの武闘派の代表とされる（この点、拙著『承久の乱と後鳥羽院』も併せ参照）。

*** 奥羽方面に入部した関東武士団は、多くが郡規模での地頭職（郡地頭職）を与えられた。地頭職の設置は、元来、平家没官《もっかん》領《りょう》に代表される「謀反人跡」に限定されていた。奥州合戦以前にあっては特に荘郷レベルが少なくなかった。いわば点の支配に限定されていた。けれども奥羽の地域に関しては、多くが奥州藤原氏との関係で、「謀反人跡」に準じた没官領として頼朝に与えられた。〝面の支配〟への転換、このことが奥羽の両国が領域規模で、鎌倉側の進止とされた理由だった。

出羽国の場合、郡とともに荘・郷レベルでの地頭職も少なくなかったとされる。郷に比べ荘が武士発生史のなかで注目されてきたが、両者に大きな相違があるわけではない。以下学史的潮流をふり返りながら、武士の問題とのかかわりで簡略にこの点に言及しておく。

荘・郷という地域区分は、中世的所領単位とされている。しばしば戦前来の通説では「荘園は武士発生の温床」との理解がなされてきた。今日では武士の発生云々を問題とする場合、修正も必要となっている。

如上の武士＝荘園発生説の背景をなすのは、荘園を西欧的マナーと同義と解し、私的土地所有の側面が強調された結果、西欧的封建制への移行を日本に該当させる学史的要請によっていた。つまりは中世社会を封建制と不即不離な関係とみなし、武士・荘園いずれも律令的古代を克服すべき対抗物と理解されたのだった。

こんな流れが背景にあったが、荘園研究の隆盛のなかで、武士発生史についても非西欧型の封建制へも留意されることとなった。そこにあっては、古代以来の国家公権の比重の大きさが改めて注目されることになる。

一九七〇年代以降、武士研究は荘園公領制なる概念が定着、私権の拡大・伸長のみから武士を論ずることは生産的ではないとの見解が一般化した。武士および武士団の基盤として郡あるいは荘・郷なりの地域単位としての規模は異なるにしても、内部の構造に大差はなかった。

＊＊＊＊　出羽国南部（羽前）での諸郡と関係諸荘園については、『講座日本荘園史』（五）に詳細が記されており、その概要を簡略に記しておく。奥羽地域での荘園の成立は平安末期にさかのぼり得る。院領・天皇家領・摂関家領が少なくない。郡内に設置されたそうした荘園は、令制段階の郡の内部に広大な領域を有した。たとえば「置賜三郡」と呼称された成島《なるしま》・屋代《やしろ》・北条《ほうじょう》の三荘は、置賜郡域の過半を占めており、残りが公領の置賜郡とされた。同様のことは最上郡でも大山・成生・大曽禰・山辺《やまのべ》の各荘が分立。また、最上郡の一部と西方の村山郡にあっては、寒河江・小田島《おだしま》の二荘が分立した。日本海側の田川郡では大泉・海辺《あまべ》の二荘が分立、その北方で国府所在の飽海郡は、広大な遊佐荘が設置された。

これらの置賜・最上・村山・田川・飽海の諸郡は、右に見たようにその内部に天皇・院あるいは摂関家などの権門の荘園をかかえていた（以上の点は『山形県の歴史』参照）。

いずれにしても、出羽国の南部は中世的郡郷制の改変の流れのなかで、令制段階の郡の内部に荘が成立、郡とパラレルな関係で、所領の構成単位となったことがわかる。その点では出羽に入部した関東の武士団は、荘での地頭職は郡からの分出によったもので、一般諸国のそれとは異なっている。

◆南北朝期以降

壮大なる実験場　元弘・建武の乱から南北朝動乱は、室町体制への移行に向けての助走となった。建武体制は政権としては短期だったとしても、その余熱は『太平記』の世界でも看取される。ただし『太平記』には奥羽地域の武士の諸相は、ふれるところが少ない。とはいえ、九州（鎮西《ちんぜい》）と同様、わが国の北と南の両地域にあっては、建武体制の影響が顕著な地域だった。

すでに陸奥国でもふれたように、建武政権が構想化した公武一元化の〝壮大なる実験場〟だった。北畠顕家《きたばたけあきいえ》さらに顕信《あきよし》兄弟は吉野的〝義〟の理念を高唱するが、多くの武士団を動かした動機は、現実的な〝利〟であった。その背景には、鎌倉期を通じて進行した惣領制の解体があった。武士団内部での惣庶関係の対抗の顕在化である。特に関東武士団の東遷にともなう入部・移住の進展で、庶子家の自立化が促進された。これが地頭御家人制の制度的疲弊に拍車をかけた。建武体制は鎌倉的武士団の惣領制的秩序からの脱皮を促進させ、奥羽方面に移住した庶子の自立化を進めることとなった。建武体制側も公家一統を掲げつつも、そうした武家との連携も要請された。奥羽ではそうした武士団内部の矛盾が顕著だったこともあり、吉野勢力への密着度が高かった。

約半世紀にわたる南北朝の動乱は、「宮方」「将軍方」の区別はあるにしても、当初は「反北条」が凝固作用を与えた。「反北条」（反得宗）にともなう独裁への批判と新秩序への模索のなかで、登場したのが公武一元化を志向する建武体制だった。だが、それは「反北条」という〝同床〟にあってこそ結束できたものだった。建武新政の三年は、政権内での〝夢〟の相違を鮮明にさせた。そうしたなかで、「将軍方」と称された足利側は持明院統を北朝として戴くことで、「宮方」の吉野（南朝）と対峙、次第に新秩序を構築していった。

闘う貴族たち　最終的には足利体制へと収斂されるにしても、出羽も陸奥同様、「闘う貴族」たる北畠氏の影響が陰に陽に作用した。陸奥守北畠顕家との対比でいえば、出羽守には葉《は》室《むろ》光顕《はるあき》が任ぜられた。*くわえて陸奥・出羽按察使には大納言の堀川具親《ほりかわともちか》（村上源氏）が兼任した。いずれもが後醍醐政権下の信任厚い貴族たちだった。

出羽も北条氏の権力の残存度は強く、新政権との確執が繰り返されることとなった。中先代の乱（建武二年〈一三三五〉）に呼応して挙兵した北条泰家《やすいえ》（高時《たかとき》の弟）が幕府滅亡にさいし、奥州に逃れたのもこの地域に北条勢力の基盤があった証だった。建武体制はその旧北条勢力の地盤の突き崩しが課題とされた。一方で、足利側にとっても奥羽地域への権力の浸透は、権力維持の要だった。

以上のことを前提に、出羽国南部での武士団の動きを追ってみる。同族内での南北両党の分裂は出羽も同様だった。たとえば寒河江荘内にあっては、大江広元の末裔たる寒河江氏は南朝に属し、長井氏は足利側に与した。両者は同族ながら対抗関係にあった。これは村山郡地方の状況だが、国府所在の庄内地域についても同じだった。出羽国司の光顕の死去後、子息の光世《はるよ》が堀川具信《とものぶ》らと藤島《ふじしま》城（鶴岡市）に依拠、北朝の足利側に対抗した。この藤島城はかつて光顕が居所としたとの伝承もある（『藤島町史』）。ここは大泉荘内にあったとされ、鎌倉期を通じ武藤氏が大泉荘の地頭として勢力を有した。その武藤氏はしばしば羽《は》黒山《ぐろさん》の山伏勢力と対立しており、南北朝期にはそうした背景もあって、羽黒山側の僧兵・山伏勢力は反武家の立場で吉野側に与した。

図48　出羽南部の城址

ちなみに藤島城で葉室光世を擁した堀川具信は、具親の子で、暦応四年（一三四一）鎮守府将軍北畠顕信《きたばたけあきのぶ》（顕家の次弟）によって出羽庄内に派遣された人物として知られる。だが藤島城も足利側の攻勢で、康永三・興国五年（一三四四）陥落する。鎌倉期以来この庄内には、武蔵武士団の安保氏も勢力を有していた。田川郡の余部《あまるべ》地域には、白河結城《しらかわゆうき》氏が清川地域（東田川郡三川町）に所領を有しており、足利側の安保氏に対抗した。

出羽の南北勢力の相殺

北畠顕家の戦死後、出羽国内での南朝勢力の中心は北畠顕信だった。顕信は陸奥・宇津《うつ》峰《みね》城で敗退後、出羽へ入り、貞和三年（一三四七）田川郡の立谷沢《たちやざわ》城に籠もった。劣勢にあった南朝側も、その後の足利側の内紛（観応《かんのう》の擾乱）により、息を吹き返した。顕信はこの間に多賀《たが》国府の奪回を試みたものの成功せず、再度出羽に潜伏することとなる。

十四世紀前半の吉野（南朝）側の勢力の推移を巨視的に整理すれば、一三三〇年代の最末、暦応・延元の段階での北畠顕家・新田《にった》義貞《よしさだ》の戦死（一三三八年）と翌年の後醍醐天皇死去の打撃は大きかった。奥羽との連携をめざす北畠親房《ちかふさ》らの東国経略（一三三八―四三年）も失速するにいたった。出羽国にあっても、南北両党の勢力地図は塗り変えられる。北畠顕信・堀川具信・葉室光世らを中心とする、庄内地方での抵抗も、それに対応する方向で次第に退潮する。

一三五〇年代後半には、隣国陸奥での奥州管領を軸とする足利体制の浸透で、斯波氏の勢力が出羽方面にも影響をおよぼすこととなる。出羽では南北朝動乱は、その斯波氏の入部で画期を迎えた。奥州斯波氏の流祖家兼《いえかね》は観応の擾乱後の文和三年（一三五四）に奥州へ下向、四管領（吉良・畠山・石塔・斯波）時代の混乱に終止符を打った。子の兼《かね》頼《より》は二年後の延文元年（一三五六）、「出羽大将」として、村上郡に入部したとされる。その子孫は戦国大名最上氏へと成長する。

一方、兼頼の兄直持《ただもち》は陸奥で大崎氏を名乗り、奥州探題の職責を与えられた。『余目記録』にはその兼頼について「大崎ヨリ出羽へ御越候テ、守護ニ成給」と見えており、「羽州探題」を守護と同義と解している。

そうした斯波氏による秩序の再構築のなかで、出羽も同氏が凝固作用を担った。

奥州探題大崎氏と羽州探題最上氏の両氏にあっては、足利氏の名門の血筋に位置し、それが奥羽方面の支配に作用した。これは『武家名目抄』以来の通説的理解とされる。ただし、最上氏と羽州探題の関係を示す中世の文書はないとされている（『山形県史』）。とはいえ兼頼の子孫が出羽方面に守護的職責を有した点は動かず、足利体制の奥羽での一翼を担ったことは動かない。その後の一三〇〇年代末期、奥羽の政治秩序が再び変動する。明徳年間（一三九〇—九四）における奥羽両国の鎌倉府への移管である。将軍義満の鎌倉公方氏満《うじみつ》への陸奥・出羽両国の分国化の容認だった。これにより、在来の奥羽における斯波氏（大崎氏）の探題との権力関係が微妙となる。南北朝合一はそうした情勢下でなされる。

京都幕府と鎌倉府

一四〇〇年代の奥羽は、南北朝問題の終焉後、京都幕府と関東の鎌倉府との間に新たな〝東西問題〟を生じさせた。「南北」問題が王朝内部に発したものとすれば、この「東西」問題は武家の幕府内部に由来した。足利氏の血脈に端を発したこの問題で、奥羽もその渦中に引き込まれる。そこには関東と東北とを含めた〝東国の歴史性〟が宿されていた。

「関東」と自らを称した鎌倉幕府は、奥州合戦を「征夷」と位置づけ鎌倉的武威を体現するかたちで、奥羽に御家人を入部させ「鎌倉体制」を定着させた。関東武士団の東遷で奥羽地域との同化が進められた。その後の南北朝の動乱は、「関東」との親和性を有した奥羽の地を御破算にする役割を有した。建武体制下での陸奥将軍府への奥羽武士団の参画は、「関東」の軛《くびき》からの解放を改めて可能にさせた。建武体制解体後、奥羽にあっては、各地域武士団は独自の選択を行った。その選択は大きく北条・足利・北畠の三つに分かれ、その政治的選択で推移することとなる。時としてその選択をめぐって同族内での戦闘もあった。だが重要なことは、南北朝の動乱は彼ら関東武士団に新来の移住者観を払拭させ、地域領主への脱皮を可能にさせたことだった。

室町体制への移行はそれをさらに鮮明にさせた。広大な奥羽の秩序を足利という血脈で、保証した措置が奥州探題だった。斯波（大崎・最上）氏の存在は、その象徴として機能した。京都幕府との連帯を前提としての流れだ。奥羽両国の鎌倉府への移管は、鎌倉公方の分国化を意味した**。鎌倉府は京都将軍と連枝（兄弟）の関係にあった。

鎌倉というかつての権力的磁場に、足利的秩序を再構築するための〝関東版ミニ幕府〟の性格を有した。その鎌倉府にあっては、京都への協調・連帯とは別に、将軍権力への抗心も宿された。京都・鎌倉の両公方家の両府相剋（鎌倉府と京都幕府）が東西問題として顕在化する背景には、右のような事情があった（この点、拙著『その後の鎌倉』参照）。鎌倉府にとって在来の関東十ヵ国の支配に奥羽二ヵ国がくわわることで、分国化の領域が拡大することになる。両国移管の必要性は鎌倉府側からも要請がなされてきた。特に二代公方氏満にとっては、小山義政《おやまよしまさ》・若犬丸の乱での長期戦の影響も大きかった。小山氏の乱が旧南朝与党の田村氏をふくむ奥州勢力との連携への危惧が、鎌倉府への直轄化をうながしたともされる。さらに旧新田勢力と出羽の反幕勢力の封印も背景にあったとの理解もある。広大な奥羽を探題のみで統括することへの危惧である。さらには足利一門たる大崎一族の陸奥・出羽の権力拡大への警戒も、義満側にはあったとも考えられる。

その幕府・鎌倉府側の方向も、同床異夢として終わった。両国移管決定後、氏満の子息満兼《みつかね》による篠川《ささがわ》・稲村《いなむら》両御所の南奥への設置で、鎌倉府側が幕府の思惑を越えて奥羽の直接支配の強化が明瞭となる。ここに稲村・篠川両御所に近い南奥地域の武士団と、斯波・大崎氏と協調する勢力との対抗が、十五世紀の出羽での政治的趨勢を規定する。

十五世紀の出羽国の諸勢力については、最上郡山形方面に入部した奥州管領（探題）最上氏、さらに庄内地方の武藤氏、あるいは置賜郡米沢を拠点とする伊達氏等々が地域支配の主役をなした。とりわけ、斯波兼頼の子孫を称した最上氏は郡内に一族を分封、戦国大名へと道を進めた。義光《よしあき》の時代は南方の伊達氏と対抗関係を演じることとなる。

＊　光顕の葉室家は勧修寺《かじゆうじ》流（藤原北家高藤流）に属し、白河院の近臣藤原為房の次子顕隆《あきたか》を流祖とする。吉田・万理小路《までのこうじ》も一族である。「名家《めいか》」（弁官をへて蔵人《くろうど》から大納言にいたる）の家格に属した。元弘の乱で、反幕派公卿として出羽に配流された人物だった。建武新政で出羽守に任ぜられるが、建武二年（一三三五）十一月、庄内地域の足利与党のために斬された。北畠顕家とともに〝闘う貴族〟の立場の光顕の場合は、その意志を出羽では貫徹できなかった。光顕の数代以前の光親は、承久の乱で後鳥羽上皇の近臣として知られる。光親は北条義時《よしとき》追討の宣旨の作成の責を追及され、乱後に駿河で斬された（『吾妻鏡』承久三年七月十二日条）。

＊＊　奥羽両国の鎌倉府移管問題について、さまざまな解釈がある。当該期の明徳二年（一三九一）は山名氏の明徳の乱直後だった。奥羽両国の鎌倉府移管がこのタイミングでなされた。明徳の乱直後での移管決定は、南北朝合一達成のための秩序統合に向けての前提とされる。鎌倉府への権限委譲を介し、奥羽方向の南朝勢力の清算を企図したとの理解もある。関東の鎌倉府をそのための足場に据えたとの考え方だ。だが、鎌倉公方氏満の死後、三代満兼は南奥の地に篠川・稲村両御所を設置、幕府の思惑とは異なる方向が展開する。義満による鎌倉府との宥和策は別の局面をもたらす。他方、当該期の幕府内部にあっては明徳二年春に管領が斯波義将《よしゆき》から細川頼元《ほそかわよりもと》に交替したことも小さくなかった。奥羽の斯波勢力削減のために、細川頼之《よりゆき》・頼元の力が働いたことも考えられる。

元来、義満が氏満に与えた御教書《みぎょうしょ》については「陸奥・出羽両国ノ事、沙汰致スベシ」「両国ハ鎌倉ノ分国タルベシ」との簡略な表現しか載せておらず、いわば義満側と受けとった氏満の鎌倉府側では、権限授与に思惑の差があったとされる（『山形県史』）。強大な権限を付与されたとする鎌倉府側と、在来の探題との関係も加味しての権限の付与とする立場の相違だともいう。

2 羽州武士団の諸相㈠

◆長井氏・寒河江氏

置賜郡と大江氏の足跡

置賜《おきたま》地方での有力勢力は長井氏である。同氏は鎌倉幕府の有力吏僚大江広元の流れに属した。鎌倉・南北朝期に置賜地域に権益を有したが、十四世紀後半の天授年間（一三七五―八一）、当該地方の覇権を握った伊達氏に滅される。長井氏の流祖の大江広元一族は、この置賜郡とその北方の村山郡を領していた。置賜地方は次男時広の系統が相伝し、地頭職を与えられた。北方の村山郡の寒河江は嫡男の親広に伝えられた。長井氏が相伝した置賜地方には成島（米沢市）・屋代（南陽市）・北条（南陽市）の三荘が知られる。*平安末期に摂関家領や院領荘園とされた。屋代荘では奥州藤原氏との関係が確認されており、置賜方面にも平泉の権勢がおよんでいたと考えられている。大江広元が地頭職を与えられたのも、奥州藤原氏の置賜方面への利権との絡みで、敵人所領とされた結果だった。

長井氏は『尊卑分脈』には、「時広―泰秀《やすひで》―時秀《ときひで》―宗秀《むねひで》―貞秀《さだひで》―挙《たか》（高）冬《ふゆ》―氏元《うじもと》」が見えている。同氏は関東評定衆の地位にあって、幕府の法曹関係の経歴を有した。一族は備後や美濃方面にも所領を有した。実朝の没後、出家した時広はもちろん子の泰秀も関東に住し評定衆として活躍、その子の時秀も引付衆として幕政に参画、その後の文永年間（一二六四―七五）に評定衆にくわえられていた。さらに宗秀も父祖同様に評定衆としての活動が知られる。

このように鎌倉期を通して、時広の流れは評定衆・引付衆として鎌倉での活動が知られており、置賜三荘への下向は鎌倉末・南北朝期と推測されている。それ以前は代官による間接支配と理解される。置賜地方の三荘を中心とする大江（長井氏）との関係については、信仰面でのその足跡をわずかながら認められるという。領域内に所在の成島《なるしま》八《はち》幡《まん》（鶴岡八幡を勧請）や北条荘の熊野社などに残されている棟札から、同一族との繋がりも推測されるようだ。

南北朝期の長井氏の動向

幕府内での長井氏の立ち位置は、北条氏与党として勢力を保持していたと思われる。元弘・建武の乱以後、置賜三荘は楠木正成《くすのきまさしげ》に与えられた（『由良文書』）。北条氏領に準ずるかたちで、北条氏と近い立場として長井氏の所領が没収された可能性が高い。その後、長井氏は当該地域で復権を果たしたようで、建武体制崩壊後は足利氏側の人事で暦応二年（一三三九）、長井（毛利）貞親《さだちか》は幕府引付に名をつらねていた。** 長井氏は道広《みちひろ》の時代、伊達宗遠《むねとお》により、当地域を追われたことが見える（『伊達正統世次考《だてしょうとうせいじこう》〈宗遠譜〉』）。

大江親広と寒河江氏

それでは同族大江親広の流れに属した、村山郡寒河江を名字の地とした寒河江氏はどうか。

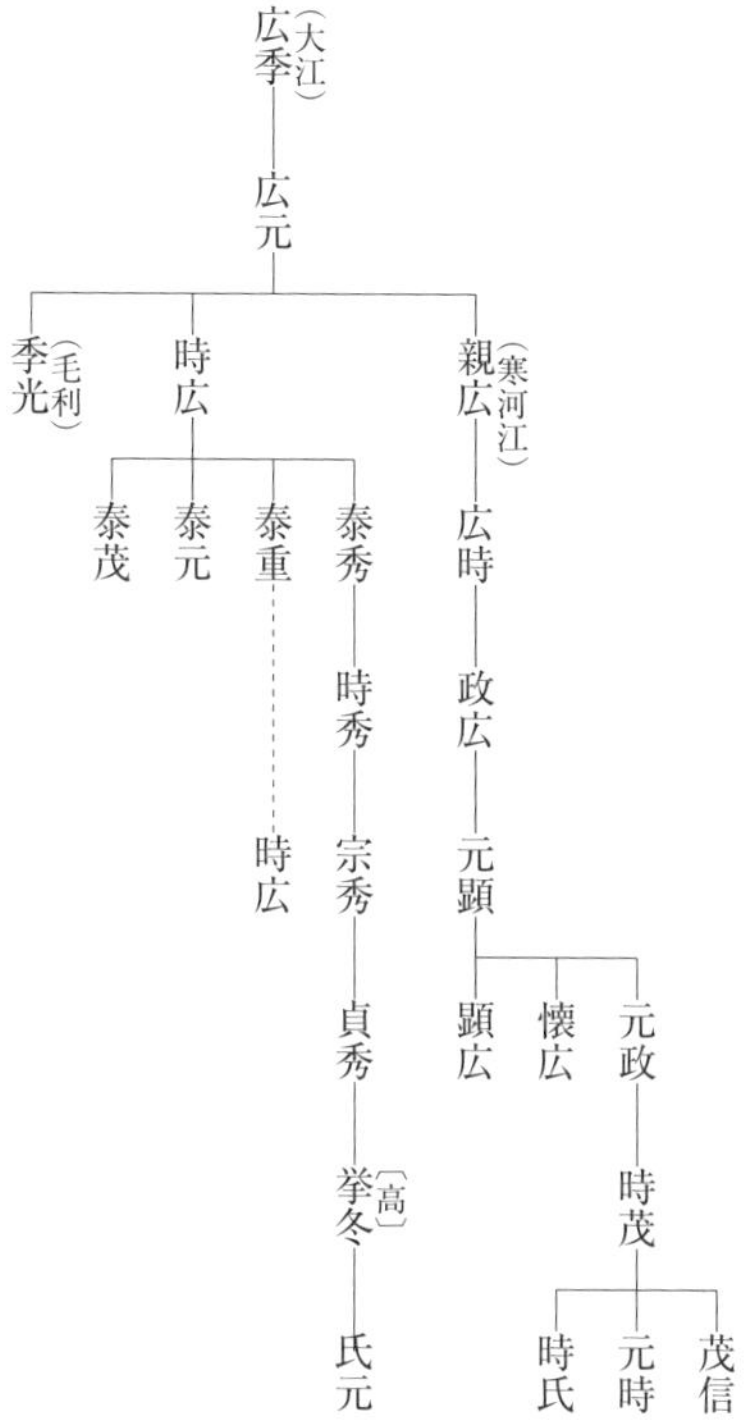

図49　寒河江氏略系図

大江氏の寒河江荘入部は、広元から五代目の元《もと》顕《たか》の時代とされる。流祖の親広《ちかひろ》は承久の乱のおり京都守護だったが、上皇側に与し、寒河江に逃亡・潜伏した。子息の佐房《すけふさ》・広時《ひろとき》が幕府側に参戦したので、同荘はそのまま一族に相伝、親広もまた貞永元年（一二三二）に許された。元弘・建武の乱以後、南北朝期の元政《もとまさ》・時茂《ときしげ》・時《とき》氏《うじ》の時代には「羽州宮方」として吉野勢力に与し、足利側の斯波兼頼《しばかねより》と対抗した。山形方面に勢力を伸ばした兼頼は、応安元・正平二十三年

（一三六八）、寒河江西方の漆川《うるしかわ》合戦（西村山郡大江町）で寒河江氏を打倒した。この戦いで、茂信《しげのぶ》・元時《もととき》以下が敗死し、大きな打撃をこうむった。当該期以降、南方からは置賜方面の伊達氏が、そして西方からは山形方面の斯波（最上）氏が進攻するなど、厳しい局面に立たされた。

＊ 成島荘（米沢市）は置賜郡の米沢盆地の南西に位置し、平安末期には摂関家領だったことが知られる。屋代荘（南陽市）も摂関家の藤原頼長《よりなが》との関係が確認される所領だ（『台記《たいき》』仁平三年九月十四日条）。平泉の藤原基衡《もとひら》との間で貢納数量の交渉がなされたことは有名だろう。頼長との関係で保元の乱後は、没官の対象となり後白河院の院領となった（『兵範記』保元二年三月二十九日条）。その後は大江氏（長井氏）が地頭職を領有、幕府滅亡後は一時、本文でも述べたように楠木正成が領した（『由良文書』）。屋代荘の北に位置した北条荘（南陽市）も、前記二荘と同様、その成立は十二世紀段階と推測される。鎌倉期を通じ長井氏がここを領有したが、幕府滅亡後は闕所となり、一時相模国の池上氏（足柄下郡が本貫）に給されたが、その後は再び長井氏の領有に帰したようで、南北朝末期の伊達氏の置賜侵攻まで長井氏の支配が続いた。

ちなみにこの北条荘については、鎌倉府の奥羽両国の移管にともない、関東管領の上杉朝宗《うえすぎともむね》が置賜方面を領した伊達氏（政宗《まさむね》）に（篠川・稲村両御所の）御料所の進上を要請した。そのさい、伊達氏は「北条荘内の三十三郷」の進上を申し出ており、そこに北条荘の名が見えている。結果的には上杉側（鎌倉府側）は、これを不服として、折り合いがつかず伊達氏は鎌倉府に反抗することとなったという（『余目記録』）。南北朝最末期、置賜方面は伊達の勢力圏にあったことがわかる。

＊＊ なお、足利氏の内紛として知られる観応の擾乱の余波は、出羽の寒河江地域にも見られた。当該地域では当初、足利直義《ただよし》が同荘内の円覚寺領への押領停止を吉良氏に御教書で令達していた（観応二年四月二十一日付「前田家所蔵古蹟文徴」）。その後、尊氏が観応三年（一三五二）九月三日付の御教書で長井備前太郎に同様のことを命じており（『瑞泉寺文書』）、奥州の岩切合戦で直義派の吉良に追われた尊氏派の畠山国氏に替わり、地の利のある長井氏が任ぜられた。南北朝期における長井氏の地域領主としての立場が推測できる。

◆伊達氏

置賜郡と伊達氏の台頭　伊達氏の基本的事項は、陸奥国でも紹介した。戦国大名として南奥に覇を振るった同氏の来歴は関係書が語るところだ。ここでは大江勢力を駆逐した置賜地域での動きに焦点を絞り整理しておく。同氏は常陸国伊佐荘《いさのしょう》中館（筑西市）から奥州合戦後の論功で伊達郡に入部した。関東武士の奥州移住の早期の事例に属した。伊達郡は伊達一族が奥羽両国に勢力拡大をはかる扇の要に位置した。伊達氏の勢力は西の隣国出羽に向かう流れとともに、陸奥国内の北方諸郡に進攻し国府所在の宮城《みやぎ》郡へと、伸びる二つの方向があった。出羽国置賜地方での伊達氏の存在は、南北朝の末期の十四世紀後半から確かめられる。

流祖朝宗《ともむね》（念西）から数えて七代目に行朝《ゆきとも》がいる。以前にふれたように、南朝勢力に与し武名を誇った人物だ。置賜地方への進出は、行朝の子宗遠の時代とされる。康暦二・天授六年（一三八〇）、宗遠は長井荘に進攻するが、長井氏が地域密着型の領主ではなかったため、間隙をぬっての拡大だった。三年後の永徳三・弘和三年（一三八三）には、かつて長井氏が鶴岡八幡から勧請したとされる成島八幡を修復し、当該地域支配の正当性の足場とした。

米沢盆地の置賜地域は伊達郡の西方に位置し、進出の格好の地だった。置賜攻略は伊達氏にとって守護大名から戦国大名化へ脱皮の足場となった。宗遠以後、政宗の時代には、南奥の宇多《うだ》・名取《なとり》・宮城等々の諸郡を掌握、この置賜方面への領域拡大を確実なものとする。その後の十五世紀初頭までには、伊達・信夫《しのぶ》両郡という本来の基盤にくわえ、この置賜郡は伊達氏の領域版図の中核をなした。

伊達政宗と鎌倉府との対立　政宗の時代は鎌倉府との間で紛争が勃発した。背景には奥羽両国の鎌倉府への移管問題があった。奥州管領による統治の任が困難となっていた情況下、将軍義満は明徳の乱直後に右の決定をなした（一三九二年）。奥羽両国移管は三代の満兼が、南奥の郡山方面に稲村・篠川両拠点の足場を築くことで促進された。応永六年（一三九九）のことだ。そのさい鎌倉府側は、白河（結城）・伊達の南奥有力者に直轄の経済基盤たる御料所の献上を要請した。

政宗は置賜の長井荘内の郷を申し出たが、関東管領上杉朝宗は不満を伝えたという（『余目記録』）。これが引き金となり政宗は反鎌倉府への蜂起におよんだ。鎌倉府の奥羽支配は、鎌倉府体制を奥羽に拡大させようとするものだった。だが、一方では南北朝期以来の奥州管領府体制も存在した。前者が関東を基盤とする鎌倉府の権力系統だとすれば、後者は京都幕府—奥州・羽州探題の権力系に位置した。

当然ながら奥羽地域での鎌倉府権力の構築は、奥州管領府勢力との反目をもたらすことになった。とりわけ鎌倉公方満兼《みつかね》についていは将軍義満への抗心も強く、また畿内では応永の乱（一三九九年）が勃発、中心となった大内義弘《おおうちよしひろ》とこの満兼との結託が取り沙汰された。こうしたことが幕府側の警戒感を強めることに繋がった。幕府は両探題のテコ入れを強化すべく、鎌倉府牽制の政策転換をはかった。斯波（大崎）詮持《あきもち》や直家《なおいえ》が陸奥・出羽にそれぞれ有した諸権限の、鎌倉府からの相対的自立化の方向だ。伊達一族にとっても、自己の勢力圏の拡大と鎌倉府の奥羽支配とは齟齬をもたらすことになる。

先述の置賜地域に対しての御料所進上問題は、それを象徴した。政宗の時代以降、幕府側との連携にともなう、反鎌倉府路線の背景にはこうした流れがあった。

奥羽宮方ノ余党伊達大膳大夫政宗、法名円教、隠ヲ企テ、篠川殿《ささがわどの》ノ下知ニシタガイ申サズ、一味同心ノ族蜂起シケル間、同五月二十一日上杉右衛門佐入道禅秀《ぜんしゅう》、大将トシテ発向ス

『鎌倉大草紙』は政宗の蜂起（赤館合戦《あかだてかっせん》）をこのように述べる。篠川殿（満直《みつただ》）の命に従わなかったため、鎌倉府側の上杉禅秀（氏満）が追討に向かった。伊達氏は「赤館」（福島県伊達郡桑折《こおり》）で、これを撃退したものの降伏したという。応永九年（一四〇二）の五月から九月にかけてのことだった。奥羽両国の鎌倉府への移管決定がなされた明徳三年（一三九二）から十年後のことで、この間鎌倉府側では氏満が死去、満兼へと代替わりし、奥羽支配の内実を促進させるべく篠川・稲村両御所へ派遣がなされていた（一三九九年）。伊達氏の政宗の鎌倉府への反抗は右に見るように、鎌倉府体制の浸透への危機感によるものだった。

赤館合戦で関東管領禅秀側の攻略が進捗しなかったのは、伊達氏蜂起の背景に幕府側の暗黙の了解があったとされ

る。当初、義満が構想した〝夷ヲ以テ夷ヲ制ス〟、要は鎌倉府を介しての間接的奥羽支配が構想化された。しかし、その後の鎌倉府側による両御所設置（奥州版鎌倉府）に見られる独走や、応永の乱での満兼の反幕勢力との通謀で、奥羽への風向きが変化したことも、政策の転換に作用したと理解されている（以上の点は『山形県の歴史』も併せて参照）。

政宗から持宗へ

鎌倉府側が篠川・稲村両御所を南奥の郡山付近に設けたのは、中奥地域での管領・探題勢力との軋轢を想定したためで、関東の勢力を背後に有することを前提とした。その限りでは両御所は奥羽支配の前進基地的性格を有したことになろう。当然ながら伊達氏の保持する南奥基盤はそれと抵触することとなる。伊達氏は鎌倉府的な軛からの脱却をめざすことになる。政宗の孫持宗《もちむね》*の時代にあっても、鎌倉府への反抗は継続された。応永二十年（一四一三）伊達郡・信夫郡へのさらなる基盤拡充をめざし、近隣の石川氏・留守《るす》氏らと同盟をはかり、伊達氏は鎌倉公方の持氏《もちうじ》勢力に対峙している。南北朝争乱後の伊達氏の政宗―氏宗《うじむね》―持宗三代は、鎌倉府との対抗の時代ということになる。さらに持宗の子成宗《しげむね》は上洛し、将軍義尚《よしひさ》に謁見、贈物などを通じ接近した。孫の稙宗《たねむね》の時代には、ついに陸奥守護職に任ぜられ、その覇権のさらなる強化がはかられた。

〝南北問題〟から〝東西問題〟へ

以上、置賜地域との関係に絡めて伊達氏の動きをながめた。伊達氏は当初、建武体制下で北畠与党として行動した。行朝（行宗）時代の伊達氏は、北畠氏と連携しつつ一族の存立をはかったが、その後は足利体制の奥州執行府（＝奥州管領・探題）に参ずることで、伊達郡・信夫郡西方の出羽置賜郡方面へと進出した。十四世紀末期は出羽地域にあっても、南北朝動乱の終焉とは別に、新たな問題が浮上する情勢となった。既述した京都幕府と鎌倉府の両府相克である。それは〝南北問題〟から、〝東西問題〟への流れとして浮上する。「明徳」から「応永」段階までの出来事には、それが集中する。とりわけ関東と境を接する奥羽の地は、幕府的秩序と鎌倉府的秩序の両者が各地域武士勢力の動向を規定した。

伊達氏の場合、政宗や持宗のように脱鎌倉府的秩序を志向した。ただし関東に隣接する南奥の武士勢力の多くが鎌倉府体制へと包摂されることになった。他方で伊達氏以下、白河・蘆名《あしな》・南部《なんぶ》・安藤・小野寺の「京都扶持衆」を軸にそれに対峙する動きも登場する。「応永」段階の後半から「永享」にかけて、上杉禅秀の乱（一四一六年）に続く永享の乱（一四三九年の公方持氏と稲村御所滅亡）、さらに結城合戦（一四四〇年の篠川御所滅亡）で鎌倉府体制は瓦解した。鎌倉公方にはその後、持氏の遺子成氏《しげうじ》が就任するが、享徳の乱（一四五四年）で鎌倉を離脱する。鎌倉府の終焉により、奥羽は新しい段階を迎える。

＊　持宗は幼名を松犬丸と名乗った。『底倉之記』（新田一族の歴史を記した軍記。成立は南北朝末以降とされる。『改定史籍集覧』所収）には、鎌倉公方・足利氏満による「小山退治」の件の記述が見えている。応永二年（一三九五）の南奥の田村氏攻略に向けて、関東・奥羽両国への軍勢の動員がはかられた。奥羽併管後の鎌倉公方による本格的軍勢の動員を通じ、奥羽武士の向背を判別する機会ともなった。そのおり、これを迎撃する小山・田村両勢力は、伊達松犬丸（持宗）を担ぎ参じたとある。松犬丸（持宗）の祖父政宗の妻は、将軍義満の生母紀良子《きのよしこ》の妹でもあり、幕府に近い位置にもあった。「田村退治」での伊達政宗・氏宗父子の動向は不明だが、『底倉之記』に松犬丸（持宗）が田村方に参じたとの記述も、伊達一族の鎌倉府との対峙の仕方から、考えられないことではないという（『山形県史』）。

◆最上氏

名族斯波氏の分流

出羽国南部（羽前）にあって、中世後期に最大の勢力を有したのが、斯波氏の一族最上氏だ。郡名を名字としたこの一族のルーツは、清和源氏とされる。すでに陸奥国での斯波氏の項でも指摘したように、奥州探題斯波家兼《いえかね》の長子直持《ただもち》は大崎氏の始祖となった。最上氏はその家兼の次子兼頼《かねより》を祖とし、基盤とした最上郡に由来する。南北朝動乱期の延文元年（一三五六）のこととされる。最上郡は平安期の仁和年間（八八五—八八九）に、その北方に村山郡を分出した。＊同氏は最上郡と北方の村山郡を併合し、さらに庄内方面にまで進出をはかった。南方の置賜郡を基盤とした伊達氏とともに、最上氏は戦国大名へ転身をはたした好例といえる。足利一門の血脈を分有する最上氏の勢威は、羽州管領（探題**）の立場が小さくなかった。陸奥の奥州探題とともに、足利体制を支えた出羽の要といえる。

最上氏の入部以前、最上・村山両地域の事情はどうだったか。平安期末期、当該地域にはいくつかの権門の荘園がおかれた。その点では置賜と同様に地域的開発が進んでいた。そうした関係で両郡には、十一世紀以降大山荘・大曽禰荘・山辺荘・成生荘《なりうのしょう》等々、権門領（院領・摂関家領）が設置された。

鎌倉期にはこれらの諸荘園にも関東武士団が、地頭として入部する。今日知られているのは安達・中条・二階堂諸氏で、いずれも出羽以外に陸奥国の諸郡にも所領を与えられていた。ただし、鎌倉末期には成生荘を除く多くの荘園に北条氏が進出、当地域に権益を有した武士勢力は北条氏の傘下となり、権益保持が認められた。こうした関係で幕府滅亡にともなう建武体制から足利体制への変革のなかで、かつての北条氏の有した権益は足利氏に与えられた。

羽州探題・最上氏の登場

奥州管領（探題）の正当を以て任ずる斯波氏は、最上郡を起点に勢力拡大の道筋が与えられた。兼頼の最上入り以後、その子孫たちは山形を挟み、北の天童から南方の上山《かみのやま》地域を名字の地として繁茂す

図50　最上（斯波）氏略系図

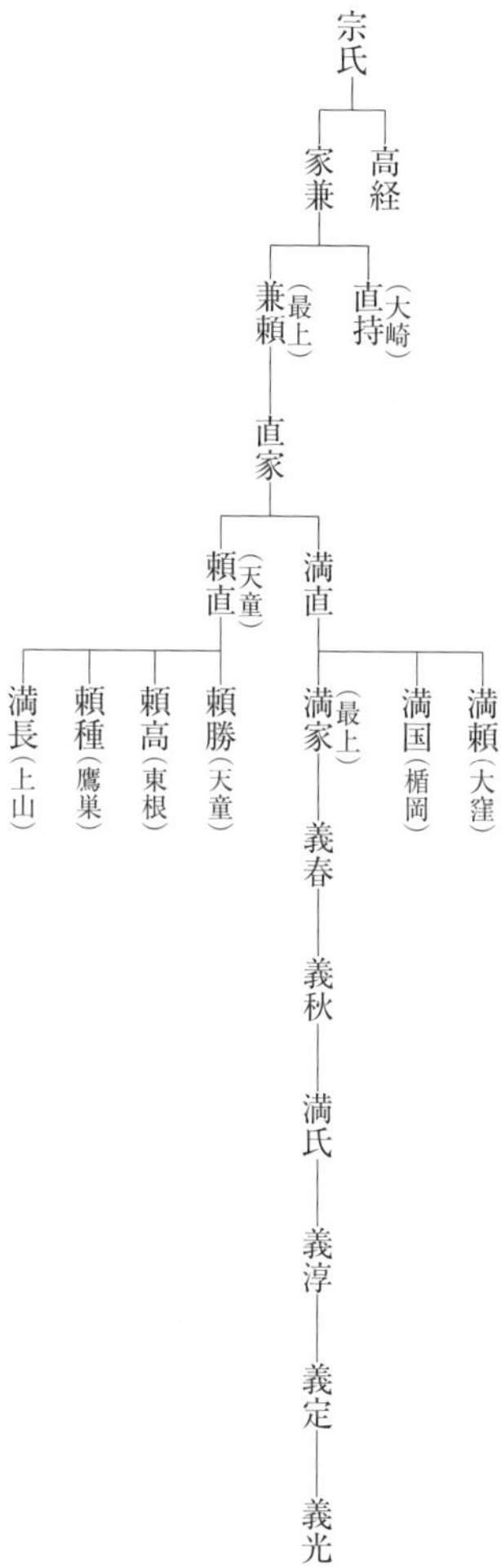

ることになる。足利氏でも家格随一とされた斯波氏にあって、家兼はその血脈的遺産を陸奥・出羽の両探題として、二人の子息に分有させた。当該期、陸奥方面での南朝北畠氏の勢力は宇津峰《うつみね》城陥落以降、下火になっていた。その後の北畠顕信《あきのぶ》の出羽方面での潜伏と、蜂起への対処が課題とされた。羽州探題たる立場での兼頼の最上郡入部は、そうした軍事的要請に対応するものでもあった。兼頼以後、最上氏は次第に勢力を周囲に拡大、着実に支配を堅固なものにしていった。

最上氏は強力な惣領制を通じて一族の結集をはかり、地域の国人《こくじん》級領主との婚姻を介し、十五世紀後半以降には戦国大名への道を歩み始めた。

その後は一族内の対立のなかで名門の権威が失墜、義定《よしさだ》の時代には南方の伊達稙宗《たねむね》の進攻で弱体化するが、孫の義《よし》光《あき》の時代には混乱を平定、戦国大名として力を発揮するにいたった。

この間、最上一族は最上郡・村山郡を基盤に、伊達氏はもとより庄内の武藤氏、仙北の小野寺氏とも覇権を争った。以下、最上氏が基盤とした二つの郡についても簡略に指摘しておく。

① 最上郡――同郡は最上氏の支配以前、北条氏領だった。その関係で幕府滅亡後は足利氏領となった。平安末期以降いくつかの荘園が確認される。山形盆地の東南部には大山荘（上山市）、北部に成生荘（天童市）、そして西方には山辺・大曽禰両荘（山形市）があった。大山荘は成生荘とともに八条院領とされ、鎌倉末には亀山院領となった。大山荘の地頭は不明だが、北条氏が代官を介し担っていたと推測される。斯波氏の入部にさいし、兼頼や直持とともに、奥州の相馬《そうま》氏が軍功により当荘への権益を行使している。貞治三年（一三六四）九月のことだ。ちなみに当荘近傍の高楯城は、兼頼子孫の満長時代のものとされ、南方の置賜方面の長井氏とその後の伊達氏への備えとされた。

また成生荘（天童市）については八条院領とされる。鎌倉幕府の地頭は二階堂氏とされ、代官を介しての間接支配と考えられる。鎌倉末には寒河江荘に勢力を有した中条氏や、新田氏の支流の里見氏との関係が、残された諸史料から推測される。ちなみに兼頼の孫の頼直は、里見氏の養子となり成生荘に住していたとされる。天童城はその拠点とされる。山辺荘については、貞治三年八月十日付の「斯波兼頼預状」(『倉持文書』)では、当荘が勲功賞として倉持氏に預けられている。右の史料は兼頼発給文書の数少ないものの一つとされ、兼頼の最上郡内での軍事行動を確認できる。なお、倉持氏は陸奥国賀美《かみ》郡(宮城県)にも所領を有した足利氏の家臣で、兼頼とともに南朝勢力掃討作戦での武功によったと推測される。

そして山辺荘と隣接する大曽禰荘だが、ここは摂関家領で『台記』(藤原頼長の日記、仁平三年〈一一五三〉九月十四日条)に見える。父忠実《ただざね》から頼長《よりなが》に譲られたもので、奥州藤原氏の二代基衡との年貢増徴交渉で知られる。保元の乱での頼長敗北により当荘は没収、後白河の院領となった(『兵範記』保元二年〈一一五七〉三月二十九日条)。鎌倉段階で当荘に入部したのは安達氏だ。盛長《もりなが》の次子時長《ときなが》以降、大曽禰氏を名乗った。鎌倉後期の霜月《しもつき》騒動(弘安八年〈一二八五〉)まで同氏が相伝する。時長以降、長泰《ながやす》・長経《ながつね》・宗長《むねなが》と継承され、最終的には北条得宗領となった。

元弘・建武の乱で当荘も没官領となり、南北朝期の貞治三年(一三六四)、前述した斯波(最上)兼頼・直持と行動をともにした相馬氏に与えられている(『相馬文書』)。右に見るように最上郡の中心山形の地に拠点を据えた兼頼は、ここを基盤に南朝側の北畠与党を制圧する軍事行動を推し進めた。山形城はその兼頼以来、義光にいたるまで中心となった。

② 村山郡――最上郡の北方に位置する村山郡地域も、最上氏の基盤だ。当郡にも平安末以来いくつかの荘園の設立があった。有名なものに村山郡の南半分を占めた小田島荘(東根市)がある。摂関家領として十一世紀半ばに成立したとされる。『後《ご》二条師通記《にじょうもりみちき》』(寛治六年〈一〇九二〉十二月四日条)に登場し、当荘もまた奥州藤原氏との関係が推測されるという。

奥州合戦後は横山党小野氏の義勝法橋成尋が地頭職を与えられた(『鬼柳《おにやなぎ》系図』)。兼綱の子義季は陸奥刈田《かった》郡にも地頭職を有していた。『吾妻鏡』の建長年間に所見の小田島義春は、この義季の末裔と解される(同、建長三年〈一二五一〉八月十五日条)。その後は、当荘も北条氏領に編入されたようで、建武体制下で没収・闕所の地となった。そのため当地は白河結城氏の親朝《ちかとも》に与えられた。親朝は当初南党だったがやがて尊氏側に与したため、同荘の支配は存続した。

一方で、在来の地域領主たる中条氏の子孫小田島一族は、地頭代官的立場で南北朝期以降も勢力を保った。その後は南朝与党として活動、一時的に所領の回復がはかられたこともあった。小田島氏は斯波（最上）氏の村山地方への進出にともない、北の新城（新庄市）に拠点を移すことになる。当荘の東部に位置する東根《ひがしね》城は小田島城とも呼称され小田島長義が南北朝期に拠点とした地で、やがて最上一族の天童氏（頼高《よりたか》）が領主となったという。

小田島荘は現在の東根市から北の村山市にわたる地域で、南北朝期を通じ羽州探題の斯波（最上）氏に凌駕される。兼頼の曽孫満頼やその弟満国が楯岡《たておか》城（村山市）を拠点としたため、西方に位置する寒河江地方への最前線となった。そうした状況下で最上氏は周辺の山家《やんべ》氏や寒河江氏と婚姻関係を結び、同盟により勢力維持を選んだ。村山郡の北方には新庄盆地があるが、ここは南からの最上氏、西の庄内方面の武藤氏、さらに北方の小野寺氏の三者からの争奪の対象とされ、厳しい関係のなかで戦国期を迎える。

＊　最上郡は『和名類聚抄《わみょうるいじゅしょう》』には「毛加美」と訓じられ、天武・持統朝の建郡とされる。元来は山形・新庄両盆地にわたる広大な領域で、九世紀の仁和二年（八八六）に北部に村山郡が分出された。分郡後の最上郡は今日の上山市・山形市・天童市地域がほぼ該当する。本文でもふれた大山・大曽禰・成生の諸荘が所在した。その後、太閤検地の文禄年間（一五九二―九六）で在来の村山・最上両郡の位置関係が逆転した（『国史大辞典』）。

＊＊　羽州探題は初めは羽州管領と称した。その創設年代については明白ではない。本文にも記したように延文元年（一三五六）斯波兼頼が当職に任ぜられ、その子孫がこれを継承したとされているが、その事例が少なく探題云々の呼称は後世からのものとされる。とはいえ、出羽国における幕府の命令は兼頼を介してなされており、実質上、探題・管領の地位にあったと解されている。

なお、「管領」と「探題」の称の区別であるが、指摘されているように足利義満政権下で実権を掌握した細川頼之が幕府管領を名乗っていたことで、管領の称号は幕府と鎌倉府のみに限定、それ以外の諸国の地域統合のブロック長は管領ではなく探題としたとの理解もある。奥州や羽州にあって、当初は軍務執行権者としての管領の称は探題に転換していったということになる（この点『山形県史』参照)。

◆武藤(大泉・大宝寺)氏

庄内の名族　田川郡の庄内地域は武藤一族の基盤だった。大泉荘に地頭職を有した武藤氏は秀郷《ひでさと》流藤原氏に属す。武者所《むしやどころ》官職系出自説や武蔵国由来説がある。武藤氏平《うじひら》の兄資頼《すけより》は鎮西奉行《ちんぜいぶぎよう》として、のちに少弐《しように》氏を名乗ることで知られる。氏平・資頼の父頼平《よりひら》は頼朝の側近として活躍した(たとえば『吾妻鏡』建久五年〈一一九四〉七月二十日条)。氏平の末裔は大泉荘に居住し名字の地とした。さらに「武藤氏系譜」(酒田本間氏蔵)によると、六代目の長盛《ながもり》の時代に大宝寺《だいほうじ》(鶴岡市)にも館を構えたので、大宝寺氏とも称した。鎌倉期以来の名族として、戦国大名にまで成長した例は出羽南部でも珍しい。

大泉荘は長講堂領荘園で田川郡大泉郷に所在した。長講堂(後白河院の持仏堂)荘園群は、宣陽門院《せんようもんいん》(覲子《きんし》、母は丹後局高階栄子《たかしなえいし》)から後深草院・伏見院と相伝され、持明院統に伝領された。同荘は地頭として武藤氏平が鎌倉期当初より権益を有したが、一族や代官派遣での間接的支配と考えられる。大泉荘は羽黒山との関係も深く、武藤氏が地域領主として勢力を拡大させた背景には、羽黒山との連携もあった。ただし、氏平が大泉荘の地頭職を有した段階には、羽黒山衆徒の間で押領事件も勃発している。『吾妻鏡』によれば、将軍実朝の時代に氏平は先例を無視、地頭の狼藉

図51　大泉氏・武藤氏略系図

が問題となり、「無道ヲ張行スル」として訴えられている（同、承元三年〈一二〇九〉五月五日条）。自身は鎌倉に在住し現地の状況を把握できず敗訴した。建保六年（一二一八）実朝の左大将就任のおりにも、鶴岡八幡宮に供奉した。子息長氏《ながうじ》・氏村《うじむら》も建長年間（一二四九—五六）の将軍随兵《ずいひょう》・近習に名を連ねており、鎌倉中期までは間接的支配と理解できる。ちなみに、羽黒山の王泉寺は鎌倉時代の建立で開基は長氏とされている。王泉寺はその後、十五世紀後半に焼失・再建されたが、それに助力した淳氏《きようじ》は長氏の末裔とされる。鎌倉末期は大泉荘もまた北条氏の家領となったと考える。武藤氏はその北条氏の地頭代的職務の執行者となったようだ。

戦国大名への助走

幕府滅亡後も、武藤一族の大泉荘での活動が確認できる。南北朝期の康安元年（一三六一）には同荘の地頭職に越後守護上杉憲顕《うえすぎのりあき》が補任されており、武藤氏の地頭代官的立場は、上杉氏の下でも継続されたと考えられる。武藤氏と、上杉氏との深い関係も庄内地方の地理的関係による。大泉荘の地頭職は上杉憲顕以後の明徳から応永段階に、上杉憲方《のりかた》ついで子息の憲定《のりさだ》に安堵された。武藤（大泉・大宝寺）氏は、この上杉氏の下で自身の勢力を確保してゆく。

鎌倉府が憲方《のりかた》・憲定《のりさだ》以後、上杉禅秀（氏憲）の乱や永享の乱をへて、公方と関東管領の乖離が拡大したことは、『鎌倉大草紙』等々の説くところでもある。享徳の乱（一四五四年）での鎌倉府の瓦解で、下総国の古河《こが》に居拠し公方の立場を維持しようとする成氏《しげうじ》に対し、成氏討伐の命令が出羽南部の有力大名に幕府から令達された。

大崎・伊達・天童諸氏とともに、この淳氏にも討伐令が与えられており、庄内方面での政治的立場が確かめられる。淳氏の出羽守補任、さらには淳氏の将軍義政《よしまさ》との謁見（『蔭涼軒日録《いんりようけんにちろく》』）等々からも窺えるように、中央政界にもアンテナを張り羽前・庄内の雄として独自の動きを示したことが理解できる。政氏《まさうじ》の時代には武藤氏が羽黒山の別当を兼任するなど戦国領主への歩みを加速したとされる。戦国期に向けての武藤氏を含めた庄内の争乱については、関係諸書にも記されており参照されたい。以下ではこの武藤（大泉・大宝寺）氏の領域基盤たる田川《たがわ》・飽海《あくみ》両郡との関連を加味しつつ、同一族の発展を略記しておこう。

①　田川郡――武藤氏入部以前の武士勢力として、郡名を冠した田河太郎《たがわ》行文《ゆきぶみ》の存在が知られる（『吾妻鏡』文治五年八月七日条）。奥州合戦のおり防衛の任に就いた田河氏は、奥州藤原氏の押領使たる軍事指揮権の動員と、藤原氏との主従関係から、鎌倉勢への迎撃にあたったとされる。宇佐美実政・比企能員率いる北陸道軍の念種関から庄内への侵攻ルートにあっては、この田河行文が最初の抵抗勢力となった。けれども劣勢のなかで、行文はあえなく梟首された（同、十三日条）。

武藤氏はその田河氏の基盤も継承したことになる。既述したように子孫は大宝寺氏あるいは大泉氏と称し、その勢力基盤は東は最上郡、北に飽海郡を、そして南は越後に接したことで、武藤氏は最上氏と上杉氏の両勢力、さらに置賜から庄内へと進出をねらう伊達氏の勢力とも対峙することになる。肥沃な庄内平野の中央郡に位置し、ここを押さえたことが武藤氏の飛躍に繋がった。

『義経記《ぎけいき》』はもちろん虚構伝承的世界が混在する軍記ではあるが、そこには中世の記憶が息づいていることもたしかだ。義経の北国逃亡ルートを記した同書にも、田川郡関係の地名が見えている。そこには義経一行が大泉荘大梵寺をへて羽黒山を拝し、平泉へと向かったとある。「大梵寺」は「大宝寺」であったとされる。武藤長盛は南北朝期の文和二年（一三五三）、大梵寺（大宝寺）に居所を定め、ここを名字の地としたという。居所となった大宝寺は鶴岡市内にあり、鶴《つるが》ケ岡《おか》城の前身とされる。武藤氏の基盤となる田川郡内には南北朝期以降土佐林《とさばやし》氏（羽黒山別当職を務める）などの勢力がいたが、これを組み入れるなどして、国人勢力を傘下に急速に台頭する。ただし、惣領家と庶子家との対立もあり、一族の砂越《さごし》氏との闘諍も激しさをくわえ、この大宝寺城も十六世紀前半の天文年間（一五三二―五五）には砂越氏の攻撃で落城した。その後、武藤氏は越後上杉氏の勢力を背景に最上氏に対抗するが、最終的には最上義光により滅ぼされる。

②　飽海郡――当郡もまた武藤（大泉）氏が進出した地域だ。田川郡の北方に位置した飽海の地は、最上川がもたらす肥沃な先進地帯で商都酒田を擁した。田川・飽海両郡にまたがる庄内の地は、最上氏も進出をはかる垂涎の地だ

った。飽海郡は出羽の南と北の境界にあたる。鳥海山《ちょうかいさん》の裾野には出羽国最北の荘園遊佐荘《ゆさのしょう》が飽海郡から分立した。飽海郡にはまた古代以来国府が所在しており、中世に最上郡へと国府機能が移されるまで、軍略的に重要な役割を与えられた。武藤一族にとって、田川郡とともに飽海郡の掌握は自己の領域基盤の確保に繋がった。

武藤氏進出以前、当郡の有力武士団としては出羽留守氏がいた。出羽の国府は城輪柵から近い新田目《あらため》（酒田市本《もと》楯《たて》）にあったとされる。留守氏の名字は国府の留守所の職責に由来する。留守所の在庁官人として実務を掌握した留守氏は、その有力在庁の家系だった。当然、奥州藤原氏の直接・間接の支配下にあったと推測される。出羽留守氏の場合、有力在庁の立場で頼朝の奥州進攻後も出羽での田籍調査の指示を与えられていた。北陸道軍の進攻後、新たに入部した地頭らの「門田《もんでん》」の検注を実施、旧勢力の立場で鎌倉側の地頭と対抗するなど、留守氏の在庁としての立場も推測できる。なお、大河兼任の乱にさいし、出羽留守氏は兼任軍に与力したようで乱後は責任を問われた（『吾妻鑑』建久元年〈一一九〇〉二月六日条）。ただし、その後も北目《きため》地頭だった留守氏に出羽国の両所宮（大物忌《おおものいみ》・月山両所）の修造が命ぜられており、留守氏の立場は存続した*。

また鳥海山南側の裾野に広がる遊佐荘については、当初は摂関家の奥州五荘の一つとして成立した。荘園領主は藤原頼長で、その日記『台記』（仁平三年〈一一五三〉九月十四日条）には、藤原基衡との間で砂金・鷲羽・馬などの貢納のトラブルの件が見えている。保元の乱での頼長の敗北で、遊佐荘も後白河院領となる。この遊佐荘の本家職の相伝とは別に、地頭職は留守氏が保持していたとされ、その後は北条氏の支配となった可能性が高い。南北朝期には北畠顕信が田川郡大泉荘内藤島《ふじしま》城を退去後、この飽海郡に身を潜めたこともあった。一宮両所大菩薩に南朝の復興祈願として、由利郡小石郷を寄進したことも知られている（正平十三年〈一三五八〉）。一時的ではあれ、在府郡としての性格から出羽攻略のため北畠軍も当郡をよりどころとしていた。

中世後期は、田川郡から北進する武藤氏の支配が浸透する。武藤氏は田川・飽海の国人勢力、たとえば土佐林氏などを傘下に置き成長するが、内部には惣庶間で対抗を宿していた。この点は既述したように、飽海郡内に庶子家の砂越家がおり、対立の状況にあったとされる。同氏は砂越城（酒田市）に依拠しつつ対抗した。これを押さえるべく惣家の武藤氏側は、酒田に東禅寺《とうぜんじ》城を構えるなどし、相互に越後上杉氏や最上氏との合従連衡を繰り返し戦国期を迎えることとなる（詳細は『山形県史〈通史編〉』参照）。

＊　留守氏の出自は明瞭さを欠く。「吹浦《ふくら》大物忌神社旧記」などの伝承によれば、出羽留守所は源義家が後三年合戦後に家臣の須藤《すどう》氏（首藤氏）を留め、その須藤氏が新田目に住し留守氏を称したことに始まるとする。平安末以降、出羽国府も奥州藤原氏の支配圏にあった関係で、奥州合戦後は留守氏も頼朝の支配下に属した。本文で記したように、出羽支配のため奥州藤原氏との関係を不問にして、地頭職を与えられたとの考え方（本留守氏継承説）と、それとは別に別の系統の在庁を新留守氏として抜擢（あるいは鎌倉からの御家人派遣）との理解（新留守氏就任説）の両様が考えられる。一般に奥州藤原氏の基盤だった陸奥に比し、出羽に関しては支配のあり方は同一ではなかった。要は藤原氏との関係性が相対的に弱かった関係で、出羽国府（留守所）の支配は存続が許されたとの理解もある（この点、『山形県の歴史』参照）。

◆安保氏

得宗被官・安保氏のその後

武藤氏と同じく鎌倉期以来、庄内地方を基盤とした武士勢力に安保氏がいる。同一族の来歴については陸奥国北部の鹿角郡にも地頭職を有しており、そこでも述べたように武蔵七党に出自を有し、同国賀美《かみ》郡安保《あぼ》郷を本貫とした。同氏が拠点を有した海辺《あまべ》荘（酒田市）については、建久元年（一一九〇）の大河兼任の乱にさいしての関連地名として、『吾妻鑑』にも見える（同、正月六日条）。

安保氏の奥羽両国への地頭職は、鎌倉期も比較的早い段階とされる。鎌倉後期の北条氏勢力の台頭後も得宗被官の立場で、現地支配を推進したと考えられている。鎌倉末の正安三年（一三〇一）、行員が田川郡の海辺・余部《あまるべ》内の地頭職を安堵され、さらに南北朝初期の暦応三年（一三四〇）の安保光泰《みつやす》の置文《おきぶみ》には、余部内の所領が嫡子・庶子に分割譲与されたことが知られる（『安保文書』）。安保氏は建武体制下では旧北条氏との関係から順風ではなかった。その

図 52　出羽南部の荘園

後の足利勢力の東北地方での進出に対応、これに与した。

前述したように、建武体制下で出羽守に就任したのは葉《は》室《むろ》光顕《はるあき》だった。建武二年（一三三五）十一月光顕は兇徒のために斬首されたが、この事件には足利与党の安保氏の関与の可能性もあった。国府があった庄内の地は葉室光顕をはじめ、南朝与党が少なくなかった。光顕の嫡子光世《はるよ》や堀川具信《ほりかわとものぶ》らも田川郡藤島城（鶴岡市）で挙兵したとされる。藤島城は大泉荘内に位置し、この海辺荘とともに南朝勢力の活動の拠点だったことが知られている。羽黒山伏と大泉荘の地頭武藤氏の鎌倉期以来の対抗もあって、南朝側にとっては羽黒山側との連携も視野に入れられていたという。

藤島城が攻略され、庄内武士団の多くは足利側の傘下に属したが、建武体制瓦解後も羽州の地も反足利の動きは続けられていた。先の藤島城陥落後の貞和三・正平二年（一三四七）、奥州の宇津峰城敗退後、出羽へと逃れた北畠顕信は、この田川郡の立谷沢城《たちやざわ》（東田川郡庄内町）に拠ったとされる。また海辺荘に権益を有した武士勢力として白河結城氏も知られる。建武元年の頃と推測される結城宗広《ゆうきむねひろ》の所領注文（『結城文書』）には、余部郷《あまるべ》内の所領が見えており、当該地域への白河結城氏の領有も確認される。同氏の庶子の流れに属した白河為興《しらかわためおき》は、惣領家の足利与党化とは別の動きをした。海辺荘の余部郷内にある自己の所領の領有をめぐり、安保氏と対立の様相もあった。

安保氏との対抗関係にあった白河結城氏との連携は、北畠勢の難局打破にも必要とされた。北畠勢はその後、観応の擾乱の混乱に乗じ、出羽の与党勢力を統合、立谷沢城を出て、多賀城奪回を企図した。その後は再度の出羽入りを果たしたものの、延文元・正平十一年（一三五六）、ここを離れ北方の飽海方面へと撤退する。一方、安保氏は鎌倉期以来の地域領主として、その庶子家の一族が海辺荘余部の地に屋敷を構え成長するが、やがて武藤氏（大泉氏）の領域拡大に呑み込まれてゆく。

3 羽州武士団（羽後）の沿革

【羽後地域（出羽北部）】

北羽、すなわち今日の秋田県方面は、南から雄勝《おがち》・平鹿《ひらか》・山本の山《せん》（仙）北《ぼく》三郡、そしてその西側の沿岸部にかけて由利《ゆり》郡が、さらに河辺《かわべ》郡・秋田郡・山本郡と続く。＊ 鹿角《かづの》および比内《ひない》という秋田郡の東に位置した内陸の両郡は出羽ではなく陸奥国とされた。北羽方面の軍制・武力の特色は辺要国に対応し対蝦夷《えみし》問題が大きい。蝦夷戦争終焉後も九世紀末の元慶の乱（八七八年）、さらに山北三郡での清原氏の台頭と十一世紀後半の後三年合戦、そして奥州藤原氏による奥羽両国での新秩序というかたちで、十二世紀末までの北羽地域の歴史は展開する。

鎌倉期にいたり奥州合戦の余震ともいうべき大河兼任《おおかわかねとう》の乱があったものの、北羽地域にも関東御家人の入部が本格化する。雄勝郡の小野寺氏、男鹿《おが》・秋田郡方面の橘《たちばな》氏、その他、在来の地域領主も御家人として所領（地頭職《じとうしき》）を安堵された。さらに陸奥の津軽《つがる》方面から秋田郡方面に進出した安東《あんどう》（藤）氏の勢力も、鎌倉末から南北朝にかけて秋田氏へと成長することになる。北羽地域も北条氏の勢力の進出があり、その支配に組み込まれた。陸奥国に属した比内郡には浅利《あさり》氏が、その東の鹿角郡には成田・安保《あぼ》・奈良・秋元らの四氏が土着を進め、出羽北部との関係を強めた。

南北朝の動乱はかつての鎌倉幕府の秩序を御破算にした。そうしたなかで陸奥方面から南部《なんぶ》氏が進出し、浅利氏や鹿角四氏のようにその家臣団へと編成された武士団もいた。また、戸田氏のように陸奥国岩手郡の滴石《しずくいし》に拠点を有した勢力が、北羽の山本郡角館《かくのだて》に移り拠点化する流れもあった。南北朝動乱以後、北羽でも秩序の再統合が進展する。こうしたなかで小野寺氏と安東（秋田）氏の両者が戦国大名への道を歩み始めることになる。以下、右に述べた骨格を、例によって平安・鎌倉・南北朝各段階に分け肉付けしておく。

＊　出羽国は明治元年（一八六八）の布告で南北に二分され、そのおり秋田・山形両県の県境にある飽海《あくみ》郡は当初、羽後（秋田県）に属したが、その後、明治四年の廃藩置県で羽後国は廃され、飽海郡は酒田県をへて山形県に属することになった。

◆平安期

征夷政策は律令国家の喫要《きつよう》の課題だった。平安初期の延暦段階での坂上田村麻呂《さかのうえのたむらまろ》、つづく弘仁段階の文室綿麻呂《ふんやのわたまろ》の遠征で、大規模な征夷戦は終了する。陸奥における胆沢《いさわ》城と志波《しわ》城はその象徴といえる。胆沢城に対応するかのように、出羽方面で雄勝城の防衛・強化がはかられ、その北方の平鹿郡に払田《ほった》柵が設けられる。あたかも志波城と対応するようにである。構図的にいえば、胆沢の地をふくむ陸奥での「奥六郡」に安倍氏が依拠し、出羽にあっては雄勝以北の「山北三郡」が清原氏の基盤とされた。

幾度かふれたように安倍・清原の両氏は陸奥・出羽にあって、それぞれ複数の郡の統轄を通し、徴税・軍事の職責を委任される有力土豪だった。出羽の俘囚《ふしゆう》勢力の末裔ともされる清原氏は、王朝国家への転換がなされた十世紀以降に台頭する。律令段階での征夷政策の終焉のなかで、武断政策からの脱却がはかられる。〝夷ヲ以テ夷ヲ制ス〟の方向は現地の委任・請負を進展させた。奥六郡の支配を委ねられた安倍氏と同様に山北三郡の清原氏の登場にはそうした背景があった。国家レベルでの政策的転換を前提に清原氏は、地域有勢者として領主的風貌を強めてゆく。九世紀の元慶の乱（元慶二年〈八七八〉）は、ターニングポイントとなった。

この事件は秋田城司良岑近《よしみねのちかし》の暴政に俘囚勢力が蜂起したもので、『三代実録』が記すように、出羽権守藤原保則《やすのり》や鎮守府将軍小野春風《おののはるかぜ》らの登用で、鎮圧に成功する。十ヵ月におよぶ大規模な争乱は圧政・苛政への不満が原因とされた。いわば「怨乱《おんらん》」としての側面も強く、保則や春風らの軍事エキスパートが俘囚たちの意を汲み上げ、妥協点を探る方向で鎮撫に成功する。脱武力路線の推進が功を奏し、律令国家段階での出羽の大規模な蜂起は、これ以降減少する。十世紀以降の王朝国家にむけて、この元慶の乱は俘囚勢力との対応を示すものとなった。*

清原氏の出自は不明だが、安倍氏と同様、「俘囚長」として山北三郡地域の支配を委任された存在だった。前九年合戦（奥州十二年合戦）にあって、陸奥守・鎮守府将軍源頼義《よりよし》の要請で助力した清原氏の武力は、頼義を凌ぐものがあった。『陸奥話記《むつわき》』に見えている清原氏の武力は、同族結合を主軸とした武士団の構成を彷彿させる。同族勢力にあたる武則《たけのり》の甥橘貞頼《たちばなのさだより》が「志万太郎」の通称を有した。「志万」は「男鹿島」（現雄勝郡羽後町）の地名が該当するとの理解もあり、山北三郡を超え、秋田郡方面にまで勢力が広がっていた可能性もある。清原氏の参陣によって、頼義は優勢に転じることが可能になった。頼義軍三千、清原軍一万余という兵力比からもわかるように、清原氏の圧倒的軍事力が争乱の行方を左右した。勝利した清原氏は安倍氏の「奥六郡」を併せ、奥羽の大勢力になった。

十二世紀後半に横手盆地を舞台に展開した後三年合戦（一〇八三―八七年）は、清原氏の内訌に起因した。その結果、清原氏の遺領は奥州藤原氏の祖清衡《きよひら》へと継承された。安倍氏の「六箇郡之司」、清原氏の「出羽山北俘囚主」たる両者の立場を、奥州藤原氏は併呑することとなった。

奥州藤原氏の大局は既述したが、その支配圏には濃淡があったとされる。出羽の場合、陸奥ほどに強大な支配力を有したわけではない。それゆえに鎌倉側の進攻に対する徹底抗戦が稀薄だったようで、この点は確認されるべきだろう。当然ながら出羽側の鎌倉側への反応は、時間的に落差があったことも首肯される。

＊ なお、出羽では十世紀の天慶《てんぎょう》の段階でも俘囚の蜂起はおさまらず、たとえば天慶二年（九三九）にも『本朝世紀』によれば「国内浪人、高家ノ雑人ヲ論ゼズ、軍役ヲ差シ宛ツ」と見えるように、秋田城の防衛のため、「国内浪人」や「高家ノ雑人」などの地域優勢者たちが、武力を提供したとある。清原氏も地域豪族として、国内の騒擾事件の鎮圧に寄与したと考えられる。

天慶期の十世紀は、まさに律令国家から王朝国家への転換期に該当するわけで、関東での将門《まさかど》の乱をはじめ「兵《つわもの》」と呼称された武的領有者が、都鄙を問わず誕生した。出羽にあっても清原氏は、「兵」にふさわしい存在として成長する。

◆鎌倉期

敗者の遺産　滅亡した奥州藤原氏の存念は、出羽にあっては二つのタイプとして表面化した。一つは由利八郎《ゆりはちろう》に象徴される「言説」による反撃だ。二つは大河兼任の乱に象徴される「武力」闘諍である。前者は頼朝の北陸道軍に抵抗・捕縛された羽州武士の由利が、自身の思惑を語ったものだった。そこには「関東」に討滅された「平泉」の無念も代弁されていた。そして、後者の兼任の乱は「主君ノ敵ヲ討ツ」べく、奥州合戦直後の文治五年（一一八九）末から翌年三月にかけての武力蜂起だった。第二次奥州合戦の危機を孕んだ事件といえる。＊鎌倉初期の出羽を舞台に展開したこの争乱をへて、鎌倉体制が奥羽の地にも次第に浸透をみる。

鎌倉前期は奥州合戦での勲功賞として、関東御家人が地頭職を与えられた。北羽地域の南方の雄勝郡には、下野国《しもつけ》都賀郡《つが》に本領を有した小野寺一族が、地頭職を与えられる。稲庭（湯沢市）を拠点に勢力を拡大し、中世後期には同氏は最上氏《もがみ》と対峙し得るまでに成長する。また隣接の平鹿郡には平賀氏《ひらが》が入部、小野寺氏と対抗したとされる。さらに先述の由利八郎は由利郡の所領を安堵され、その後は子息の維久《これひさ》に継承、やがて小笠原《おがさわら》一族がその権益を受け継いだ。また、大河兼任の乱にさいし、鎌倉側に参陣した橘公業《たちばなのきみなり》は秋田郡の小鹿島《おがしま》（男鹿半島）に所領を与えられた。橘氏の本領は伊予の宇和島だったが、鎌倉中期の嘉禎年間（一二三五—三八）、北条泰時の要請で鎮西《ちんぜい》方面に代替所領を与えられ、この小鹿島の地から離れることになる。

出羽地方の様子　なお、陸奥国に属した比内・鹿角両郡は、出羽地域と地勢的にも密接な繋がりを有した。比内北部には甲斐に本領を有した浅利氏が、鹿角郡には武蔵七党系の安保氏（武蔵国賀美郡《かみ》）・成田氏（同騎西郡《きさい》）・奈良氏

（同）や下野宇都宮氏流の秋元氏らの四氏が、入部し覇を競った。彼らの多くが庶流の立場で、当該地域に所領を分与され、北条得宗領の権限拡大のなかで代官的役割を与えられ、現地に下向したと考えられている。出羽北方の秋田郡は津軽（陸奥国）に接した関係で、安東（藤）氏の影響下に置かれた。その津軽安東（藤）氏から分流し、秋田郡を拠点とした秋田安東氏の基盤となった。

＊ただし、大河兼任の乱での「主君ノ敵」云々の表現は、あくまで挙兵にさいしての戦略的発言とも解せられる。出羽での平泉権力の浸透度から推して、陸奥での支配とは落差があったと考えられる。鎌倉勢力は割合として陸奥に比べ少なく、在来の出羽の地域領主は所領安堵も少なからずなされたと解されている。それゆえに、鎌倉勢力との新規入部に対して、権益をめぐる軋轢が生じ易い状況にあったと思われる。大河兼任の弟二人は御家人であり、その点では兼任自身の所領も安堵されていた可能性があった。となれば、「主君ノ敵」云々の表現には割引も考慮する必要もありそうだ（以上の点は、拙著『敗者たちの中世争乱』）。

◆南北朝期

奥羽武士、自立の背景　元弘・建武の乱後の建武政府の対東北戦略は、『保暦間記』の以下の一説に反映されていた。

東国ノ武士多クハ、出羽・陸奥ヲ領シテ其力アリ、是ヲ取放サントシテ、当今ノ宮一所可㆑奉㆑下トテ、国司ニハ彼ノ親王ニ親シク奉㆑成ケルノヤ、土御門ノ入道大納言親房息男顕家卿ヲナシテ父子トモニ下サル

右に語る趣旨は、奥羽両国に所領を有した関東の武士の勢力を切り離すことで、奥羽方面の武力を活用し関東を牽制するとの内容だろう。関東と奥羽の間に楔を打ち込むことで、北畠《きたばたけ》親房《ちかふさ》・顕家《あきいえ》父子の東北下向がうながされたというものだった。『保暦間記』が伝える建武政府側の眼目は、東国武士団の分裂策だった。「是ヲ取放」の語感には因縁ある関東の武士たちの関係を建武体制へ引き込む方策が見て取れる。鎌倉末期以降の惣庶関係の変化は、武士団内部

での対抗を生み出した。その点では奥羽武士の自立に建武体制は火を付けたことになった。南北朝の動乱が全国レベルで長期にわたった理由は、その深部に惣領制の解体があったことによる。『保暦間記』が語るとおり、奥羽武士たちの結集の軸として王朝の存在が機能し、それへの回帰がはかられた。闘う貴族北畠父子にくわえて「当今ノ宮一所」（後醍醐天皇の皇子たちの一人）の下向という政策は、まさに王威の再生の具現化だった。陸奥守北畠顕家と義良《のりよし》親王による陸奥将軍府は、それを示していた。

出羽の南朝勢力の衰退　出羽にあっても葉《は》室《むろ》光顕《はるあき》を国守に補任、その姿勢を演出しようとした。だが、現実路線への回帰のなかで、建武体制は解体する。出羽守光顕が国府において、足利勢力に打倒されたのはそれを象徴した。時あたかも楠木正成《くすのきまさしげ》が湊川《みなとがわ》合戦で敗死した日のことであり、以後、劣勢の吉野側の苦節の半世紀が続く。概して出羽は陸奥に比べ吉野との密度は濃くはなかったが、顕家死後も北畠氏の抵抗は出羽でも続いた。指摘したように北畠顕家死後、弟の顕信《あきのぶ》が陸奥から出羽の庄内地域へと一時的に入部し、吉野・南朝勢力の再生に尽力するが、撤退を余儀なくされた。

陸奥に属した比内・鹿角両郡の領主たちは、その去就をめぐり紆余曲折があった。北羽の中軸たる山北三郡方面は、大きな混乱はなかったとされる。当地域の小野寺氏は強固な惣領制を展開し、南北朝の動乱期に旗色を鮮明にせずに勢力を温存し戦国大名へ飛躍した。

図53　葉室氏略系図

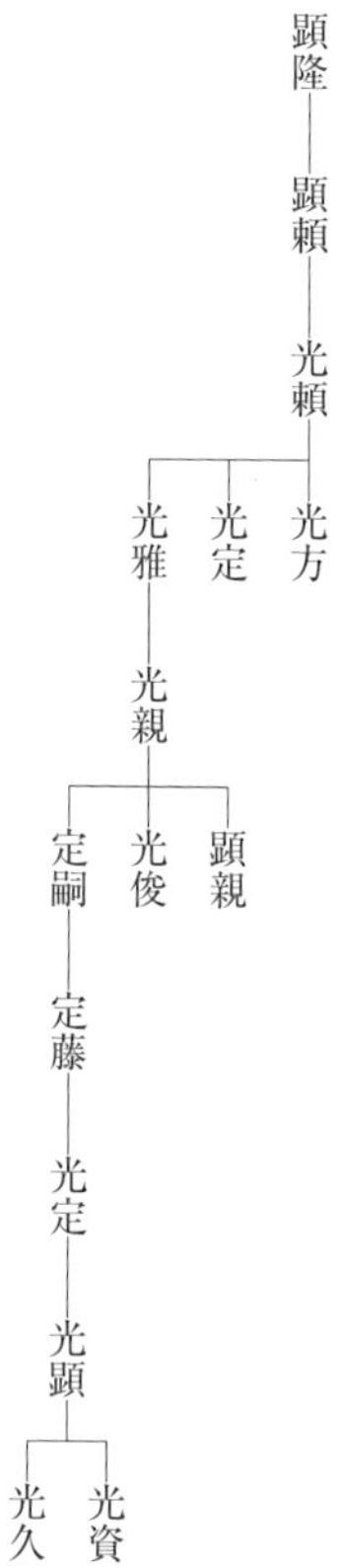

南北朝期の動乱を漕ぎ抜いた有力武士団として、北羽の双璧とされたのが秋田安東（藤）氏の一族だった。既述したように、津軽安東（藤）氏の流れは、北羽の秋田郡の土崎湊《つちざきみなと》を拠点とした勢力に成長していた（湊安東氏）。南北朝期末に十三湊を拠点とした津軽安東氏は、南部氏の圧迫でここを追われ、北海道の松前へと入った。その後、松前を離れた同氏は、秋田郡の能代川流域の檜山《ひやま》へと拠点を移した（檜山安東氏）。かつて津軽を基盤とした安東氏は、室町期には秋田郡へと基盤を移し、両者の血の混淆により戦国期には秋田氏を称することになる。

以上、北羽地域の武士勢力の趨勢について略記した。次に地域別に各地の有力武士の足跡を概観しておこう。

4　羽州武士団の諸相(二)

◆由利氏

由利八郎の抗弁

由利郡を基盤に、ここを名字とした地域領主に由利八郎がいた。頼朝の関東勢が出羽方面から進撃したさい、田川郡の田河行文《たがわゆきぶみ》や秋田郡の秋田致文《むねぶみ》らとともに関東勢を迎撃した。そのおり由利八郎は宇佐美実政《うさみさねまさ》に生虜され、陣岡《じんがおか》（岩手県紫波《しわ》郡）で頼朝と対面した。由利八郎は主君の泰衡《やすひら》を論難した頼朝に、自身の存念を語り抗弁した。その堂々とした挙措《きょそ》は頼朝を感動させ、所領の安堵に与ったとある（『吾妻鏡』文治五年〈一一八九〉九月七日条）。

当該条によれば、泰衡が百日も支えられず、家人の河田次郎の裏切りで滅亡したとの頼朝の難詰に、由利自身もかつては頼朝の父義朝でさえ海道十五ヵ国を管領しながら、家人の長田《おさだ》忠致《ただむね》に誅殺されたことを引き合いに、彼我の「甲乙」はつけ難いと、弁駁したという。そこには羽州武士の意地が語られている。

由利八郎の出自は明瞭さを欠く。郡を名字とする有力在庁層で、住人系の武士と考えられる。由利氏が基盤とした由利郡は、出羽の国府・留守所に近く、在庁官人として武士化した一族だったとされる。ちなみに郡名として由利郡は『和名抄《わみょうしょう》』にはなく、初見は『吾妻鏡』（建暦三年〈一二一三〉五月七日条）である。ともかく由利八郎は「勇敢ノ誉アルニヨリ」（文治五年九月十三日条）、頼朝から許されたとある。* その後、大河兼任の乱にさいし、これと戦い敗

図54 小笠原氏略系図

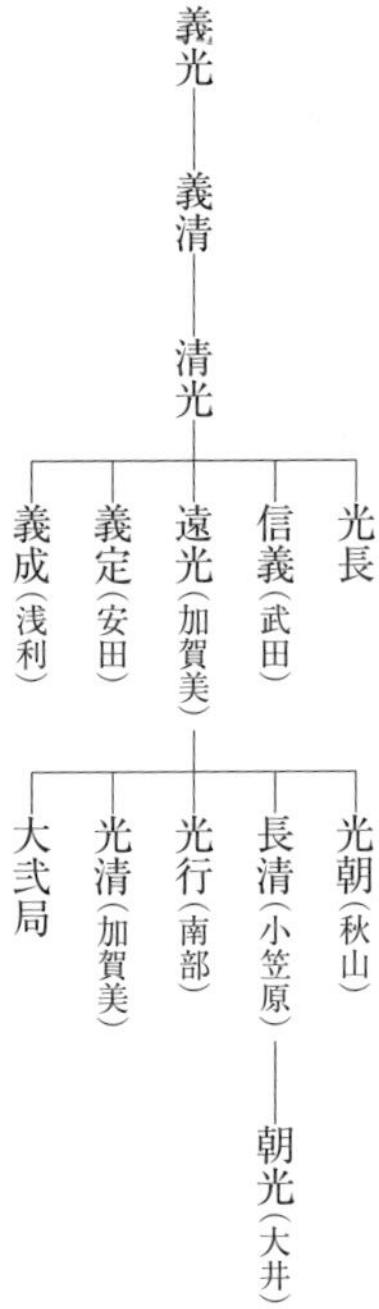

死した（同、建久元年正月六日条）。そのため由利八郎の所領は子息の維久《これひさ》に継承されたという。維久は建暦三年五月の和田合戦で北条泰時側に参戦したが、「造意ノ企」があったため所領の没収となった（同、五月五日条）。

由利郡と小笠原氏

由利の所領はその後、小笠原一族の大弐局《だいにのつぼね》に与えられる。由利について鎌倉前期の維平《これひら》・維久二代で、その所領支配は終わることになる。新しく利権を得た大弐局は、甲斐源氏の加賀美遠光《とおみつ》の娘で、文治年間から頼朝に近仕した女官だった。「信濃守遠光ノ息女、官仕トシテ、始メテ二品ニ謁シ申ス、ソノ名ヲ大弐局トナスベキノ由、仰セラルト云々」（『吾妻鏡』文治四年九月一日条）と見えており、頼朝が彼女の命名者だったという。

彼女の父遠光は頼朝の信頼度も高く、かつての源平の争乱期にあって、鎮西攻略に向かう範頼《のりより》の補佐役として、その名が見えている（同、元暦二年〈一一八五〉正月六日条）。大弐局への権益移譲は頼朝死後のことだったが、幕府の女官だったことから当該地域には代官が派されたと思われる。あるいは所領を没収された由利氏は、郡内に小規模勢力として戦国期まで存続したところから、維平・維久の子孫が代官的役割を果たしたとも考えられる。『小早川家文書』には元弘没収地として、由利五郎維方なる人物の所領が同郡の小《お》友《とも》村（由利本荘市）にあったらしく、これが小早川氏に給与された（元弘三年〈一三三三〉八月二十四日付「小早川性秋申状并葉室光顕安堵外題写」）。さらに大弐局の由利郡所領は、後継者がおらず、兄の長清《ながきよ》の系統の大井《おおい》朝光《ともみつ》に継承、室町期には小笠原氏が当郡に入部したと考えられている。

＊ 由利八郎については、由利中八維平とも記されており、頼朝挙兵時に参陣した伊豆出身の「中八維平」との関連が注目される。出羽の由利郡に地頭職を与えられ由利の名字を名乗ったのは、頼朝に抗弁して許された由利八郎とは別人との理解もある（この点、野

口実「出羽国由利郡地頭由利維平をめぐって」〈京都女子大学宗教・文化研究所『研究紀要』三二号、二〇一九年〉)。その考え方に立てば平安末期以来の奥州藤原氏の家人だった由利八郎は、奥州合戦での捕虜後に、その武勇さゆえに許されたものの、所領安堵云々にはいたらず、由利郡地域は頼朝配下の御家人由利中八維平に安堵された。この人物が旧来の「由利」を名乗ったことで両者が混同されたのだとする。本書では明確な断案は下せないが、由利一族がその後、和田合戦で所領没収の憂き目に遭ったとすれば、出羽の地域領主たる立場の由利氏が和田氏と関係することはいささか難しい。その点で出羽出身の由利氏の系譜には、断絶があった可能性も否定できない。

ちなみに和田合戦では維久が泰時に矢を射たことが「造意ノ企」(謀反人)に与した証拠とされた。しかし、維久はこれについて、和田方との戦闘で自分の名を付した矢は敵方から射返されたもので、自身の矢ではない旨、弁明したが許されなかったという(『吾妻鏡』建暦三年〈一二一三〉五月五日条)。

由利八郎維方は北条氏との関係が強く、鎌倉を戦場とした和田合戦でも活躍しており、出羽との地域的関連性は薄かった可能性がある。

◆清原氏

清原氏の血脈　清原氏を武士団の範疇に入れるべきかどうか議論もあるはずだ。ただし、軍制史の観点からすれば、中世的軍事システムの架橋をなす存在といえる。[*]その出自については『陸奥話記』に指摘する「山北ノ俘囚ノ主」との表記はやはり注目される。清原氏が基盤とした「山北」(仙北)の地は、西方に前述の由利郡が隣接し、雄勝・平賀・山本の三郡を併せた呼称とされる。同氏はこの三郡にわたる地域的支配を委ねられたと考えられている。「奥六郡」の統轄を委任された陸奥国の安倍氏と、対比されると解される。

出自は元慶の乱での軍事官僚清原令望《よしもち》の末裔説、南奥の海道平氏の血脈説、出羽国衙《こくが》や秋田城との関係性を有する在庁出自説等々、一様ではない。いずれにせよ安倍氏がそうであったように、清原氏も実態として辺境軍事貴族的存

図55　清原一族婚姻関係図

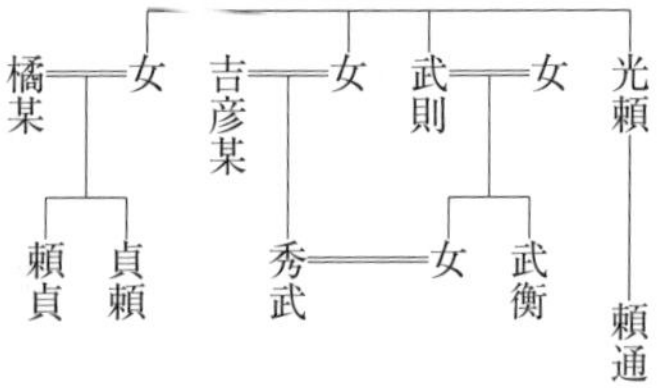

在として、**中央政府から山北三郡の支配権を委ねられたと解されている。その清原氏が名実ともに軍事貴族の地位を与えられたのは、前九年合戦での武功による。源頼義軍を輔翼にして参陣した清原武則は、「従五位下鎮守府将軍」の地位を与えられた。前九年合戦での源頼義軍の勝利は、清原氏の来援が大きかった。『陸奥話記』には、「山北三郡」の清原氏は一万余の勢を有し、頼義軍を支援したという。陸奥鎮守府将軍たる頼義軍は、劣勢を脱すべく清原氏の武力に期待した。その点では「夷ヲ以テ夷ヲ制ス」との王朝軍制の武力発動に、対応する方向も見て取れる。前九年合戦での源頼義軍の攻勢は清原氏の参陣が契機だった。康平五年（一〇六二）七月のことだ。両者連合軍の陣容を『陸奥話記』は以下のように伝える。

一陣　清原武貞（武則の子）
二陣　橘貞頼（武則の甥、字《あざな》志万太郎）
三陣　吉彦秀武《きみこのひでたけ》（武則の甥で娘婿、字荒川太郎）
四陣　橘頼貞（貞頼の弟、字新方二郎）
五陣　源頼義（一、頼義直属軍。二、清原武則軍。三、陸奥国府軍）
六陣　吉美侯《きみこ》武忠（字班目《まだらめ》四郎）
七陣　清原武道（字貝沢三郎）

以上が追討軍の構成である。本陣ともいうべき頼義の五陣の内部は、清原武則軍や陸奥国府軍の混成部隊となっている。この第五陣以外の諸陣は、大部分が清原氏一族に占められていた。清原氏の武力は七陣中の六陣に配され、婚姻関係で結ばれた同族連合のかたちをとっていた。各陣が「諸陣押領使」を頂き、戦闘を遂行する。そこにあっては、各陣がほぼ独立で一個の戦闘集団（武士団）の構成といえる。

同時に留意されるのは、清原一族の広域的な領主制だろう。その本姓とは別に地名を冠した名字を有したことは、地域領主としての風貌を保持していた証といえる。後三年合戦はその清原氏内部での争いに起因した。

後三年合戦のあらまし

後三年合戦の戦いのあらましは、『奥州後三年記』（「後三年合戦絵巻」の詞書を収録、『群書類従』所収）あるいは『康富記《やすとみき》』に所収の「後三年絵」の抄録から、その経過を知ることができる***。戦いの経過については、おおよそ三つの段階に整理できる。

第一段階は、清原氏の嫡流を継いだ真衡《さねひら》と異母兄弟の家衡《いえひら》・清衡が対立する段階だ。父祖の武則は前九年合戦の功労者として鎮守府将軍の地位を与えられ、安倍氏の旧領を併せる勢力を有した。同時に清原氏は安倍の血脈の遺産も継承した。藤原経清《つねきよ》（秀郷《ひでさと》流の子孫）に嫁した安倍頼時《よりとき》の娘は、乱後に武則の子武貞《たけさだ》に嫁した。経清との間に生まれた清衡を連れての再嫁だった。そして清原氏への再嫁後、武貞との間に家衡が誕生した。かくして真衡・清衡・家衡

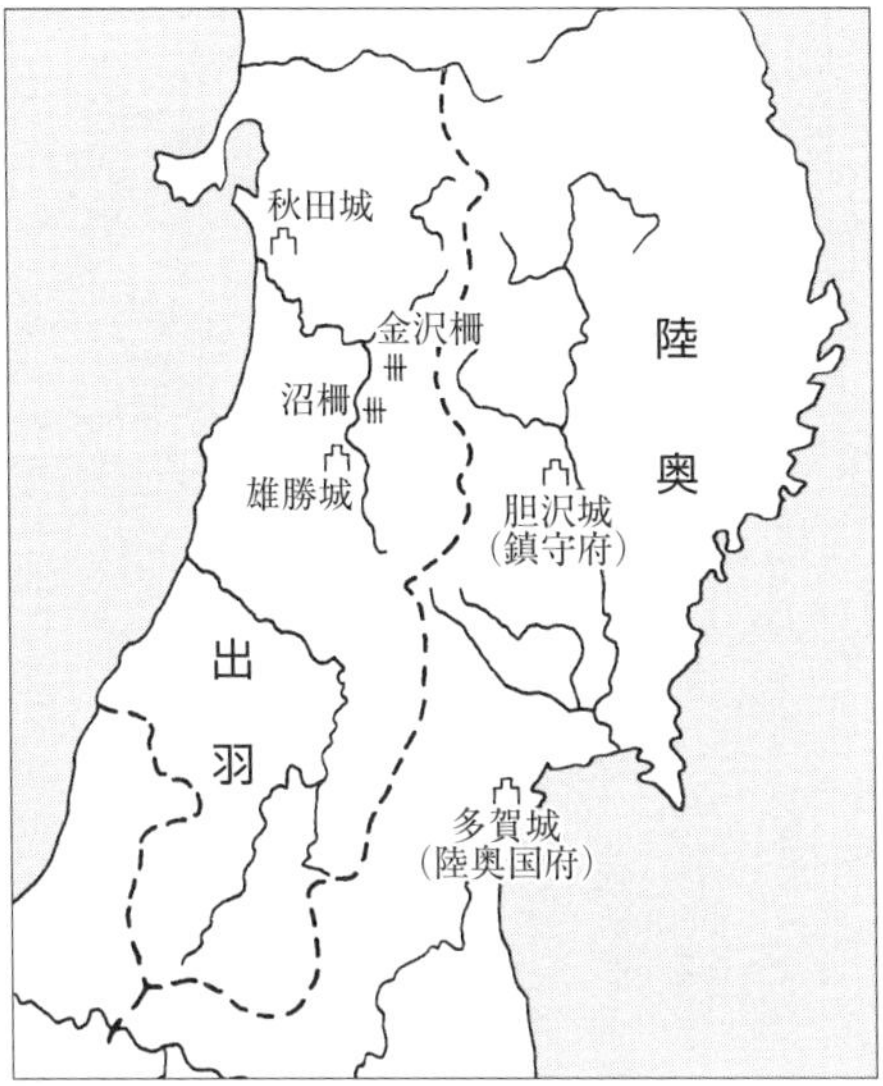

図56　後三年合戦関係図

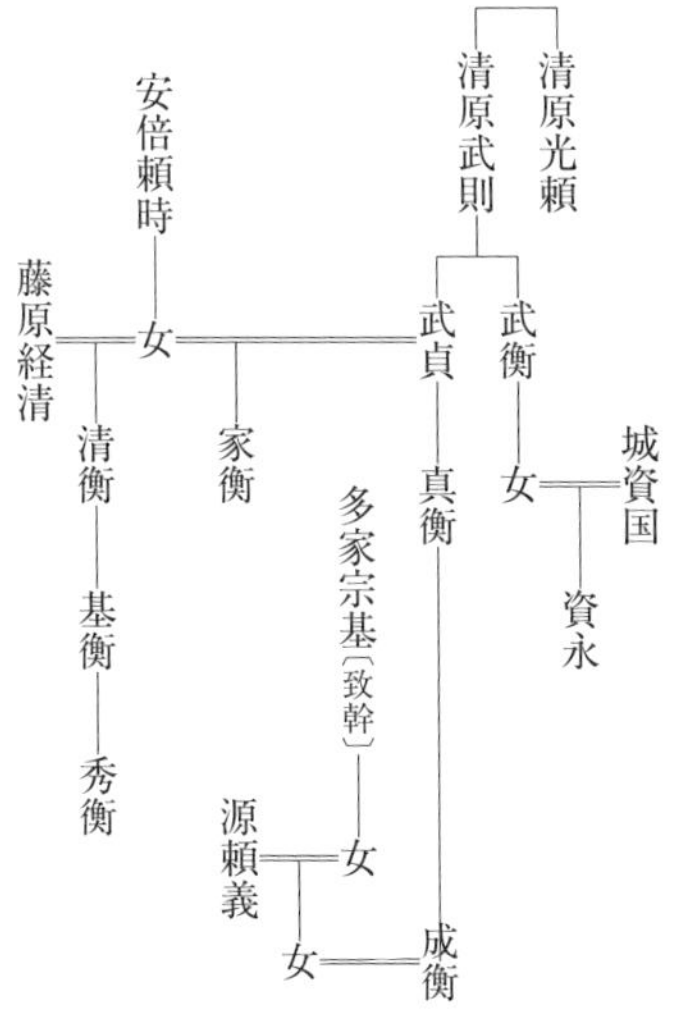

図57　清原氏関係系図

三者は、父母をそれぞれ異にする複雑な関係があった。

永保三年（一〇八三）秋、源義家の陸奥守赴任で、清原氏の内紛は深刻さを増す。系図を参照するとわかるが、嫡子真衡の養子成衡《なりひら》（海道小太郎）の母は、常陸平氏の多気致幹《たけむねもと》の娘を母としていた。義家とも姻戚の関係があった。

真衡は一族の長老吉彦秀武《きみこひでたけ》と対立、これを討つべく出陣したおり、清衡・家衡が真衡館を襲撃する。この一族内の闘諍事件は義家の来援で鎮められたが、兄弟間での疑心と対立は継続することとなった。

第二段階は、真衡が追討途上での死去後、その遺領をめぐって家衡・清衡兄弟が対立する。これに義家が介入、義家と清衡軍による家衡の沼柵攻略にむけての段階だ。応徳三年（一〇八六）の夏、家衡は清衡の館を襲撃する。そのおり妻子を殺害された清衡の訴えで、義家軍は数千騎で家衡の拠る沼柵を攻める。兵糧不足と降雪のため攻撃は難航、義家軍は撤退を余儀なくされる。この事件は都でも話題となり、義家の弟義綱《よしつな》の出羽への派遣が議されたほどだった（『後二条師通記』応徳三年六月二十六日条）。おりしも家衡来援のため叔父武衡《たけひら》も参陣する。家衡は武衡の進言で堅固な金沢柵《かねざわ》（横手市）へと拠点を移し、義家・清衡連合軍を迎撃する姿勢を示した。

第三段階は、沼柵攻略に失敗した義家が翌寛治元年（一〇八七）春から夏にかけて、兵糧の準備を進め、金沢柵への総攻撃を開始する。同年九月、数万騎の兵力を動員し力攻、義家の追討官符の要請も中央では私戦とみなされた。兵糧攻めによる長期戦のなかで、同年冬の十一月十四日金沢柵は陥落する。合戦の主戦場となった沼柵や金沢柵は、平鹿郡北部から山本郡方面に位置する。清原氏がこの地域を義家・清衡連合軍の迎撃戦場としようとしたことから、山北三郡のなかでも、一族の権力基盤と推測される。

以上がおよその後三年合戦の経過だ。詳細については関係諸書に譲るとして、この戦いで勝利した清衡は大きな果実を得た。奥州藤原氏の栄華を開く礎は、ここに築かれることになる。

＊　ここで、奥羽の争乱と武士登場のかかわりを、いささか長くなるが補説として付加しておく。問題意識には古代から中世への軍制史的展望も加味される。武士論を軍制史にどう落とし込み、繋げるのか。この点も以下での主題となる。

律令国家が残した二つの軍事的課題への着目が必要となる。九世紀後半における蝦夷・俘囚問題と新羅《しらぎ》海賊問題である。一つは奥羽、もう一つは鎮西が抱えた軍事的課題だった。元慶年間（八七七—八八五）の出羽を舞台とした俘囚たちの大規模な反乱はその象徴だった。そして貞観・寛平段階に勃発する新羅来襲事件である。十世紀以降の王朝国家はその課題と対峙するなかで、種々の軍事政策が提案される。軍事官僚と目される小野春風・清原令望・文室綿麻呂等々、対蝦夷・新羅問題に有効な治安実績を治めた人物登用策がなされた。しかし良吏主義での政策的限界のなかで、制度上の転換がなされる。十世紀の王朝国家の登場のなか、地方国衙への大幅な権限安堵と請負化の進展がなされ、軍制分野にもそれが浸透する。律令軍団制の解体とともに、地方の騒擾や争乱にあって、武力の請負化が促進される。

奥羽を事例とすれば、かつての鎮守府が置かれた胆沢城や出羽の秋田城の近傍で、勢力を拡大させた安倍氏や清原氏に対し、これを慰撫しつつ、俘囚勢力を鎮撫させる立場を与え、王朝国家の辺境軍事の請負者たる役割を担わせた。この王朝的軍制的秩序は前九年と後三年の二つの争乱で、大きく変化する。中央軍事貴族たる源氏勢力が、陸奥の安倍氏や出羽の清原氏による王朝的秩序に、変更をもたらすこととなる。ただし、結果からすれば、中央軍事貴族たる源氏の奥羽進出は、見果てぬ夢として封印される。安倍・清原両者の奥羽の遺産は、最終的に奥州藤原氏が継承するところとなった。前九年・後三年という二つの争乱をへて、奥羽両地域は奥州藤原氏を媒介にして、王朝秩序はより堅固に再生されたともいえる。

他方、中央軍事貴族の源氏にとって、二つの戦争は中央政界での武威を彫磨させたことには繋がったものの、東北での果実の入手にはいたらなかった。奥羽両地域へ足場という〝因縁〟の創出においてのみ有効だった。そしてその転期は、頼義・義家以来の〝因縁〟を有効活用する頼朝の段階におとずれた。頼朝は「源家の正義」を演出、奥羽入りを断行した。その点では十二世紀末の源氏による奥羽への討ち入りとは、父祖たる頼義・義家の夢の継承という側面があった（以上の点については、拙著『武士の誕生』および『東北の争乱と奥州合戦』を参照のこと）。

次に西に目を転ずれば、東の異域・蝦夷（俘囚）問題と対比して、同様に新羅（海賊）問題が浮上する。ともどもが異域・境界と接する領域で、わが国の軍制と武士論をリンクさせる問題提起が可能だろう。いわば外との武力行使が内部の国制へ与えた影響である。その点では、九世紀段階の東西の二つの軍事的課題——俘囚問題と新羅海賊問題——の行方は、王朝国家への移行に向けての、軍事・武力の請負化として結実する。「兵」の登場はそれを象徴化した。十世紀の将門・純友《すみとも》の乱は、その「兵」による蜂起であった。そして十一世紀は再び東西での軍事的緊張が勃発する。奥羽での前九年・後三年の二つの戦い、さらに鎮西での刀伊《とい》の入寇《にゅうこう》事件だった。この十一世紀の東西の辺境での戦いは、王朝軍制史を考える場合、一つの雛型を示すものだった（この点は拙著『刀伊の入寇』を参照）。

九世紀の東の元慶の乱と、対比される西の寛平の新羅侵寇の戦いは、ともどもが律令軍団制を主軸として遂行された。けれども十一世紀の前九年・後三年の場合、律令軍団の機能喪失後、中央の軍事貴族の源頼義・義家らが、安倍・清原らの諸勢力と協調・対峙しつつ、合戦が遂行された。同様に鎮西での寛仁年間の刀伊の入寇事件の場合も、大宰権帥《だざいごんのそち》藤原隆家《たかいえ》とともに、筑前・肥前等々の地域「住人」勢力との連合で、これを撃退する。十一世紀の王朝軍制の最大の特色は、地域・地方名士の武力の成長が戦いの帰趨を決定づけたことである。

従前、「地方豪族」と一括されてきた彼らの存在は、源平交替史観のなかで、「中央」に対比された「地方」としての、補助的武力としての役割しか与えられてこなかった。それは律令的な統一軍制解体後に新たなる軍制秩序を生み出し得なかった段階の産物として、「地方豪族軍」の呼称が与えられていたことからも推測できる。

『今昔物語集』に登場する平忠常《ただつね》の乱にさいし源頼信《よりのぶ》軍を輔翼した平惟基軍がそうであり、この後三年合戦での源頼義軍と清原軍の関係もそうした位置づけとされてきた。これらの辺境争乱は、確かに中央軍事貴族たちの地方進出の機会を促した。が、同時に旧来の〝地方豪族〟云々と一括された勢力を王朝軍制上の体制内武力として、位置づけることを可能にさせることにも繋がった。そうした点で王朝軍制の新たなる脱皮が促進され、中世への本格的軍制の架橋をなした。

＊＊ 辺境軍事貴族なる概念は、一九七〇年代後半以降の国衙軍制史研究とのかかわりで提起されたものだ。中央軍事貴族との対比で関東や東北の優勢者に、付与された学問概念といえる（戸田芳実氏の一連の研究〈『国衙軍制の形成過程』『初期中世社会史の研究』所収〉）。実態としては、地方豪族の範疇に近い存在といえる。それでは、なぜ地方豪族と異なる用語が必要とされたのか。

そこには以下のような事情があった。地方豪族は、一種の超歴史的概念で厳密な規定からは遠い。軍事貴族が中世史分野の研究者から提起されてきた学史的背景には、領主制理論との関係があった。かつての石母田正氏の在地領主制論の批判的継承がなされ、わが国の中世への移行は、在地領主すなわち武士が中央の権門貴族を、内乱の過程で打倒するシェーマでも、「ドラスティックな改革」でもなく、「なし崩し的改革」こそに特色があるとするものだった。アジア的専制国家を前提とした、わが国の古代国家の性格に帰因する。それは、律令的国家公権の残存を前提とした立場からの、理解ということができる。その立場にあっては、中世への移行を十世紀段階に見出し、王朝国家も初期の中世国家と解する考え方となる。軍事貴族なる概念も、常識では相容れない「軍事」と

「貴族」、「実力」と「権威」の二つの要素を合体させることで、移行期・過渡期の国家の見直しに向けての提案だった。古代国家の体内で成長した地方名士（「兵」）が、国家公権をテコに地域領主に成長する。こうした存在こそがその後の中世の武士の祖型をなすとの解釈だった。

中世的武士への脱皮のプロセスが問題視されたとき、旧来の「地方豪族」論では、「中央」に対する「地方」、「貴族」に対する「豪族」という対比観念が前提となっていた。「地方豪族」の「中央貴族」に対する対立的・敵対的側面が、強調されてきたことも事実だった。そこにはともすれば、一般民衆と同一の被支配者の代表として、「地方豪族」を措定する傾向も否めなかった。いわば階級解放者として、彼らを認定する立場である。

けれども「新領主制論」にあっては、武士もまた被支配者ではなく、貴族と同じ支配者であり、両者がともに権力を分掌しつつ、一般の民衆と対峙する構図を考えるべきとの理解となる。その点で「軍事貴族」は、「中央」「辺境」（地方）を問わず、王朝国家期に形成されたもので、当該期国家の請負システムを、軍事・軍制レベルで体現する役割を担ったとの理解となる。本文で記したように、清原氏の場合も「俘囚主」とはいえ、在庁化の促進や婚姻関係で、自らが地方名士へと転身を果たした存在と考えることが可能となる。中央との対立・対決姿勢を残す「地方豪族」論からの脱却として、「辺境軍事貴族」論が登場したことを右のように整理できる。

＊＊＊　後三年合戦については、『群書類従』所収の『奥州後三年記』があるが、これは「後三年合戦絵巻」の詞書のみを集めたものである。同絵巻は南北朝期の貞和三年（一三四七）頃の成立とされ、欠脱も多く一貫性に問題も残るとされる。

一方『康富記』（文安元年〈一四四四〉閏六月二十三日条）は、筆者の中原康富《なかはらやすとみ》が伏見殿にて、仁和寺宝蔵より取り寄せた「後三年絵」を陪観したことが述べられており、そのさい康富自身が「後三年絵」の詞書を筆写した旨が記されている。それによれば、この絵は承安元年（一一七一）に院宣により、静賢法印《じょうけんほういん》（藤原信西《しんぜい》の子）が、絵師の明実に描かせたものだとある。事件の八十年後であり信憑性が高い。

◆大河氏

出羽武士団の自己主張

大河兼任の乱の主役をなした一族で、本姓は藤原氏ともされるが、出自は不明（『姓氏家系大辞典』）。山北三郡*の北部から秋田郡にかけて広域的に反乱勢力を組織し、鎌倉支配に対抗した。奥州合戦での埋《うずみ》火《び》を再燃させた。『吾妻鏡』はその蜂起を以下のように伝える。

奥州故泰衡ノ郎従、大河次郎兼任以下、去年（文治五年〈一一八九〉）窮冬《きゆうとう》以来、叛逆ヲ企テ、或ハ伊予守義経ト号シ、出羽国海辺荘ニ出テ、或ハ左馬頭義仲ノ嫡男朝日冠者ト称シ、同国山北郡ニ起ル、各逆党《げきとう》ヲ結ブ。遂ニ兼任・嫡子鶴太郎、次男於畿内（男畿内）次郎、幷ニ七千余騎ノ凶徒ヲ相具シ鎌倉方ニ向ヒ首途《かどで》セシメ……多賀国府ニ出デント擬ス……（建久元年正月六日条）

ここには兼任の乱の情報がコンパクトに要約されている。泰衡郎従たる大河兼任の蜂起が、奥州合戦後の三ヵ月後のことだったこと。そこでは、義経や義仲《よしなか》の子息朝日冠者（義高《よしたか》）らの反鎌倉勢力をも糾合しての蜂起だったこと。反乱軍は山北郡を皮切りに七千余騎の大軍で鎌倉を目指し、多賀《たが》国府へ向かったこと等々が指摘されている。

奥羽両国への鎌倉勢力の入部に対する〝一矢の報い方〟という点で、兼任の乱は東北武士の意地を語る象徴的行為といえる。『吾妻鏡』にはまた、兼任自身の挙兵を「古今ノアヒダ、六親モシクハ夫婦ノ怨敵ニ報ズルハ尋常ノ事ナリ。イマダ主人ノ敵ヲ討ツノ例ニアラズ、兼任ヒトリソノ例ヲ始メンガタメニ鎌倉ニ赴クトコロナリ」と伝えている。ここには主君泰衡の無念を晴らすための行為として伝えている。由利八郎が生虜られながら、言説により頼朝に抗弁したのと同様に、兼任の武力行使を介しての鎌倉側への反抗姿勢だった。自己の行為を歴史に問うことにも繋がった。正義のあり方の示し方という点で敗者の意地を代弁したものだった。「義」への演出という点では「主人ノ敵ヲ討ツ」との美談に値するようだ。

血縁者の敵討ちを古今尋常の例としつつ、兼任が声高に表明した仇討観には、中世的主従観が裏打ちされているともいえる。そこにあって、兼任自身の「主人ノ敵ヲ討ツノ例ニアラズ」との文言の当否を、改めて問うことは必要ではない。兼任がそう断じた観念が存在したことが、重要だからだ。別段、主人の仇討は兼任の専売特許である必要はない。かく信じて挙兵し、その観念を共有することで、「七千余騎」の軍勢を動員し得たことが大きい。同時に表面上の「義」の演出とは別に、問題は水面下での挙兵の思惑だった。ともどもが分ち難く結合していたことが、これだけの大軍を四ヵ月にもわたり、出羽から陸奥にかけて広く動員できた理由だろう。これは、ひとえに兼任に与同した出羽の武力の問題に帰結される。

挙兵の理由　既述したように、奥羽両国での、頼朝の占領政策の相違とも関係する。出羽の場合、陸奥と異なり所領の保全・安堵のケースが少なくなかった。山北郡北部から秋田郡南部を基盤とした、この大河氏の場合も同じだった。特に兼任の場合、遅ればせながらの挙兵だった。頼朝の北陸道軍進攻のおりには、特段の抵抗は示すことなく旧所領は、安堵されていたと考えられる。おそらく、兼任の挙兵をうながしたものは、隣接地域での鎌倉側による先例無視の地域支配への危機が、伏在していたと推測できる。出羽の武士勢力については、藤原氏の基盤とはいえ陸奥方面とは異なっており、それを関東勢力が一律支配したことへの反抗があった。挙兵の背後には、自己の権益の危機にさいしての、共闘路線があったはずだ（拙著『敗者たちの中世争乱』を併せ参照）。

頼朝に敵対し、敗者となった義経・義仲父子や泰衡等々は、その義挙に向けての格好の素材となった。ちなみに、頼朝は奥州への討ち入りにさいし、かつての敵対勢力（木曽義仲・平家一門さらには義経といった勢力）をも参陣させ、免罪の機会を与えていた。その点を考えるならば、兼任が〝仕掛け〟た義挙の中身は、この頼朝の戦略を逆手に取る〝亡者連合〟の提案だった。〝鎌倉を目指す〟云々にどれほどの現実性があったかどうかは不明だが、かりに鎌倉攻略を考えるならば、東国・関東方面での反頼朝勢を与党化する構想もあったことになる。

兼任の乱の敗因　同時に留意すべきは、兼任が動員した膨大な兵力は、彼が尋常の従者ではなく、奥州平泉体制下にあっても、有数の家人だったことを予想させる。兼任には二人の弟がいたが、彼らはともどもが鎌倉の御家人であり、兄兼任に与しなかった。新田三郎と二《に》藤次《とうじ》忠季《ただすえ》の両人の名が『吾妻鏡』に見えているが、兼任が挙兵したおりには、彼らは鎌倉に帰順した。兄兼任の挙兵の報を伝聞するや、彼らは「奥州下向途上」ではあったが、鎌倉に戻ったと記されている。その忠季について『吾妻鏡』建久元年正月七日条には「去年奥州ノ囚人二藤次忠季ハ大河次郎兼

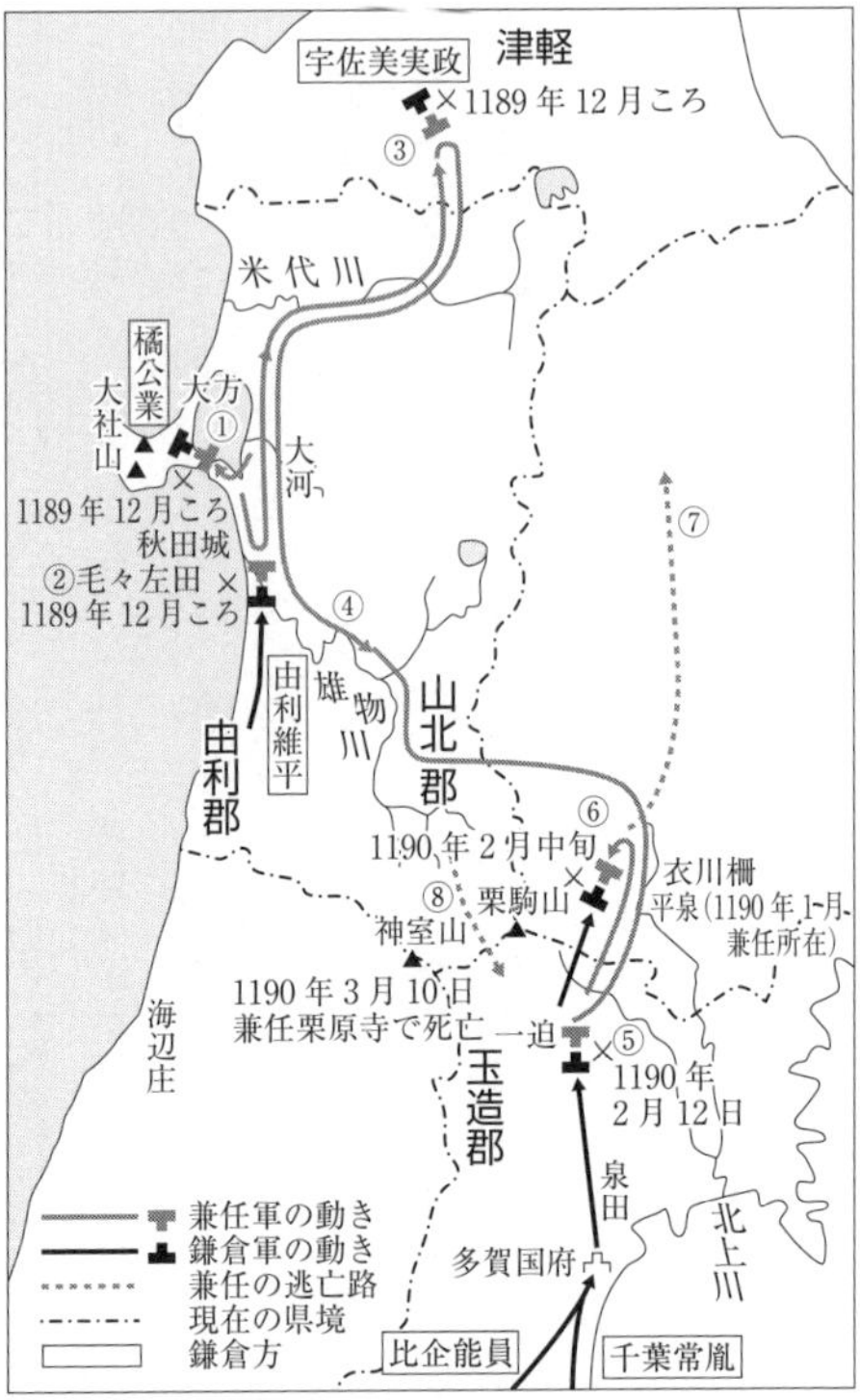

図58　大河兼任の乱関係図　『仙台市史』より

任ノ弟ナリ、頗ル物議ニ背カザルノ間、スデニ御家人タリ」とも記されており、兼任とは処遇を異にしていた。同族とはいえ兄弟間での鎌倉に対する行動には開きがあったことになる。

かりに大河一族が武士団としての存立をかけて抗戦したとすれば、兼任の所領はおろか、弟たち二人の所領の安堵もあり得なかった。その点では、大河一族の惣領的支配は一枚岩ではなかった証ともいえる。『吾妻鏡』によれば、兼任与党の勢力を「伴党《ばんとう》」とも表現している。「伴党」は同一レベルの所領を有した中小武力集団で、それ自体が一個の武士団と呼び得る。それを幅広く結集したことで、大規模な反乱軍を構成できた。しかし、他方では一族内での足なみの乱れも、乱の行く方に影響を与えたことになる。

乱の終焉　兼任の乱は、その後、冬場の秋田大方《おおがた》（八郎潟）を渡るさい、氷が割れ五千人余りが溺死したものの、その勢力は依然として強大だったという。男鹿の大社山および百三段《ももさだ》（毛々左田）では橘公業《たちばなこれなり》や由利維平と戦い、これを破ったという。維平は戦死し、公業は敗走して鎌倉に戻ったと『吾妻鏡』は記している。さらに反乱軍は北方の津軽へと進軍、奥州合戦で北陸道大将軍だった宇佐美実政らを、敗死させるにいたるほどだった。

鎌倉側でも、こうした兼任軍の攻勢を注視しており、文治六年（一一九〇）正月には相模以西の御家人への軍事動員が発令、千葉常胤《ちばつねたね》を海道大将軍、比企能員《ひきよしかず》を山道大将軍に任ずるほどだった。戦局は鎌倉側に不利で、頼朝自身の再度の遠征を考慮に入れる状況となっていた。明らかに第二次奥州合戦の様相を呈するにいたった。その後、二月中旬にいたり、兼任軍の敗北が決定的となり、兼任自身も三月に入り、討ち取られたとの報が鎌倉に到着した（『吾妻鏡』文治六年三月二十五日条）。

以上、山北郡から秋田郡を基盤とした大河氏の蜂起について紹介した。奥州合戦後の出羽武士団の動きを考える材料の一つといい得る。山北三郡の地域にかかわった平安期の清原氏、そして、鎌倉初期の大河氏についてながめたが、この地域は鎌倉期を通じ小野寺氏が入部、戦国大名へと成長する。

＊　出羽国内に雄勝郡が建郡されたのは、天平五年（七三三）のことだった（『続日本紀』）。北の境は明確ではなく、雄勝郡の北方平鹿郡が史料上に登場するのは、天平宝字三年（七五九）であり、八世紀中葉には平鹿郡も建郡されたと思われる。さらに九世紀後半の元慶年間には雄勝・平鹿・山本の三郡を、「山北」と呼称したことが知られる（『三代実録』元慶四年〈八八〇〉二月二十五日条）。
この「山北」の称は鎌倉期にも用いられ、「仙北」とも表記された。ちなみに現在の仙北郡の地は、大曲市を含め古代から近世初めまで山本郡と呼称された。したがって、仙北の称は歴史的呼称としてのそれと、今日の行政呼称とでは、相違があることは確認されねばならない。その後、雄勝郡の呼称は中世を通じて使用されるが、三郡の区別は失われ、「山北」の称が一般的に用いられたとする。戦国期にこの三郡は北浦・中郡・上浦の三つに分けられた。

◆平　賀　氏

平賀氏の出自　雄勝郡の北に位置した平鹿郡は、中世後期には小野寺氏の支配領域となった。それ以前には平賀氏が所領を得ていた。「平賀氏系譜」では、本姓は松葉《まつば》氏とされ、「羽州在名ニ依テ平賀ヲ称スト云々」と所見する（それとは別に津軽に本領を有した平賀氏とする説もある）。奥羽の郡名などを名字とする御家人の例では、後述する秋田郡男鹿半島に所領を得た橘氏が小鹿島《おがしま》氏を名乗っており、由利郡での由利氏も同じだった。松葉氏（平賀氏）の初代は資宗《すけむね》で、安芸・上総・越中諸国の地頭職とともに、出羽平賀（平鹿）郡にも所領（地頭職）を与えられたとされる。その子息に惟泰《これやす》・惟時《これとき》の両人がおり、彼らの時代から平賀姓を名乗ったというが、その来歴の詳細は不明である。

松葉（平賀）氏の所領のうち、平賀郡内の関係所領は、鎌倉末期の文保二年（一三一八）の「平賀惟藤譲状《ゆずりじょう》」（『平賀家文書』）に、「平賀郡八柏《やがしわ》」の名が確かめられる。その後、兼宗《かねむね》さらに直宗《なおむね》（貞宗）と伝領されたが、南北朝の段階にあっても北畠顕家が「国宣《こくせん》」で中尊寺「別当管領ノ地」の差配権を小野寺氏と平賀氏にも命じており、この両者が雄勝郡および平賀郡での有力地頭だったという。また兼宗の子息直宗については、「足利義詮《よしあきら》下文」（延文四年〈一三五九〉四月二十日）で「平賀郡惣領職」を「勲功ノ賞」として安堵されており、同一族が足利側に与したことがわかる。ただし、南北朝以降、平賀氏の出羽での活動は不明で、所領経営の重点は安芸方面に移ったとされる。

雄勝郡を基盤とした小野寺氏は、その平賀氏に替わり平鹿郡に勢力を移植することとなる。当郡および北方の仙北郡は、後三年合戦の舞台となった地域で、かつては清原氏の権力基盤だった。

◆小野寺氏

「小野寺系図」は語る　秀郷流藤原氏に属した小野寺氏は、下野国都賀《つが》郡小野寺郷を本拠とした。『吾妻鏡』によると、流祖の小野寺小太郎道綱《みちつな》は源範頼の西海合戦に従軍、奥州合戦にも参じその武功で、雄勝郡一帯に地頭職を与えられたという。同氏の出羽への下向は鎌倉末・南北朝期と推測されている。「小野寺系図」によれば、鎌倉中期の寛元年間（一二四三―四七）に一族の経道《つねみち》が、雄勝郡の稲庭《いなにわ》の地（湯沢市）に下向したとする。その孫の道有《みちあり》の時代に

「雄勝・平鹿・仙北ノ三郡ヲ領ス」と記されているが、時代的に同一族の三郡併有と進出は、後の段階と推測される。雄勝郡に移住した経道は道綱から四代の子孫にあたるが、庶流に位置した。同系図では経道の次男道直と三男道定がおり、羽後町方面に建治年間（一二七五—七八）に館を構えたとある。

ただし、これらは後世の系図からの伝承で、明瞭さを欠くようだ。小野寺氏の南北朝期の動向は不明だ。延元二年（一三三七）の北畠顕家の小野寺肥後守に宛てた「国宣」では、中尊寺別当支配下の下地《したじ》の引き渡しの令達の件が見えており、出羽国内での小野寺氏の立場を推測できる。小野寺氏は顕家死去後、中立的立場を堅持、南北いずれとも等距離を保持したとされる。顕信の下向にさいしても積極的加担はしていない。

貞和五・正平四年（一三四九）の『米良文書《めらもんじょ》』によれば、小野寺一族は「稲庭殿」と「川連《かわつら》殿」の二家があったとされる。南北朝後期には雄勝郡北方に足利勢力が入ったが、小野寺氏は勢力維持に尽力、その後の有力大名への足場を築いた。

小野寺氏の飛躍

小野寺氏が拠点とした稲庭には、鎌倉末の正和五年（一三一六）の板碑が残される。また同じく同一族の拠点だった西馬音内《にしもない》城（羽後町）は、西方の由利氏の進出に備えたものとされている。同氏が移住した雄勝郡はかつて律令時代には雄勝城がつくられた地域で、山形方面からの北進ルートと陸奥の多賀城方面から西進する合流地点とされた。

図59　小野寺氏略系図

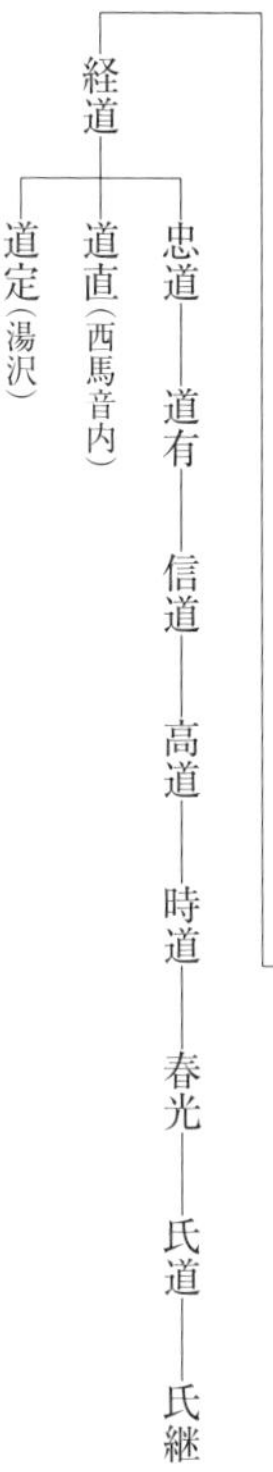

いずれにしても南北朝期から室町期にかけて、雄勝郡以北の平鹿（平賀）さらに仙北の三郡は、小野寺氏の支配版図に属することになった。この山北三郡の西側には由利郡が位置し、前述したように由利氏の支配を継いだ大弐局の一族の小笠原氏が勢力を有した。また雄勝郡の南方に

は北進する最上氏が、さらに山北北部の角館《かくのだて》地域には陸奥から入部した戸沢《とざわ》氏が勢力を有していた。※ 中世後期、山北三郡に進出した小野寺氏以前の支配の実態については定かではない。

＊ 角館を拠点とした戸沢氏は、かつて陸奥の岩手郡滴石《しずくいし》を基盤とした。その支族は出羽の山北に移り、ここで南朝の支援をなしたとされる。そのルーツは桓武平氏の末裔で、鎌倉初期に常陸から岩手郡の滴石の戸沢に入り、ここを名字としたとする。北畠顕信が足利側の内訌期（観応《かんのう》の擾乱）に一時多賀国府入りをはたすが、戸沢氏も助力したとされる（『秋田県史』）。戸沢氏の勢力範囲の南方に小野寺氏がおり、さらに周辺に安東（秋田）・南部両氏がいて勢力拡大は難しいものがあった。そのあたりはたとえば応永二十七年（一四二〇）、横手城の小野寺征道と角館の戸沢家盛が争ったことや、さらに文安元年（一四四四）の安東氏と戸沢氏との争い等々からもわかる。

なお、戸沢氏の動きとして、明徳二年（一三九一）の陸奥・出羽の鎌倉府移管後の伊達持宗の乱にさいし、小野寺氏とともに鎌倉府の軍勢催促に応じ、出兵していることは注目される。

◆橘（小鹿島）氏

男鹿半島に権益を有した名族

秋田郡の男鹿半島方面に拠点を有した鎌倉御家人に橘一族がいる。＊ 橘公業《きみなり》は幼少より京都で活動して、鎌倉幕府成立後も頼朝の側近として、活躍した御家人として知られる（『吾妻鏡』建久六年〈一一九五〉三月四日条）。＊＊ 橘公業が与えられた秋田郡は、かつて奥州藤原氏に与した秋田致文《むねぶみ》が領有していた。そうした関係から敵人没収所領として橘氏に給与されたのは、合戦終了後の文治五年（一一八九）九月の頃と推測される。翌年の建久元年（文治六）正月には、大河兼任の蜂起の件が伝えられるが、そこには、「小鹿島橘公業」と見えており、それ以前の地頭職の分与と推測される。

小鹿島は現在の男鹿半島に所在し、八郎潟から南は雄物川《おものがわ》に沿う地域とされる。橘氏に与えられた秋田郡を中心とした地域＊＊＊はその南に由利氏、そして北には津軽安東氏、さらに東南部には大河氏等々、かつての平泉政権下での在来勢力があった。反乱勃発にさいして、橘氏の役割を鎌倉側は期待していたようだ。兼任の乱にあって、まずは鎌倉側の御家人橘公業がその攻撃対象とされたことからもわかる。秋田城はかつての出羽国での戦略的要地でもあり、元弘・建武の乱にさいしては、北条氏与党がここを基盤に建武体制に反旗をなした。

大河兼任の乱後、公業自身は鎌倉に在住、将軍側近として仕えており、一族の当該地域への下向は代官による間接経営だった。この点、本領たる西国伊予宇和郡の領主経営の場合も同様だった。

公業は晩年にこの秋田郡の所領と伊予の宇和郡の所領を、子息たちに分割して与えた。系図によれば公業は十二人の子女がいた。承元四年（一二一〇）、郡内の「湯河」以下三ヵ所の地頭職は公業の長女（薬上《くすのうえ》）に与えられた。女地

図60　橘（小鹿島）氏略系図

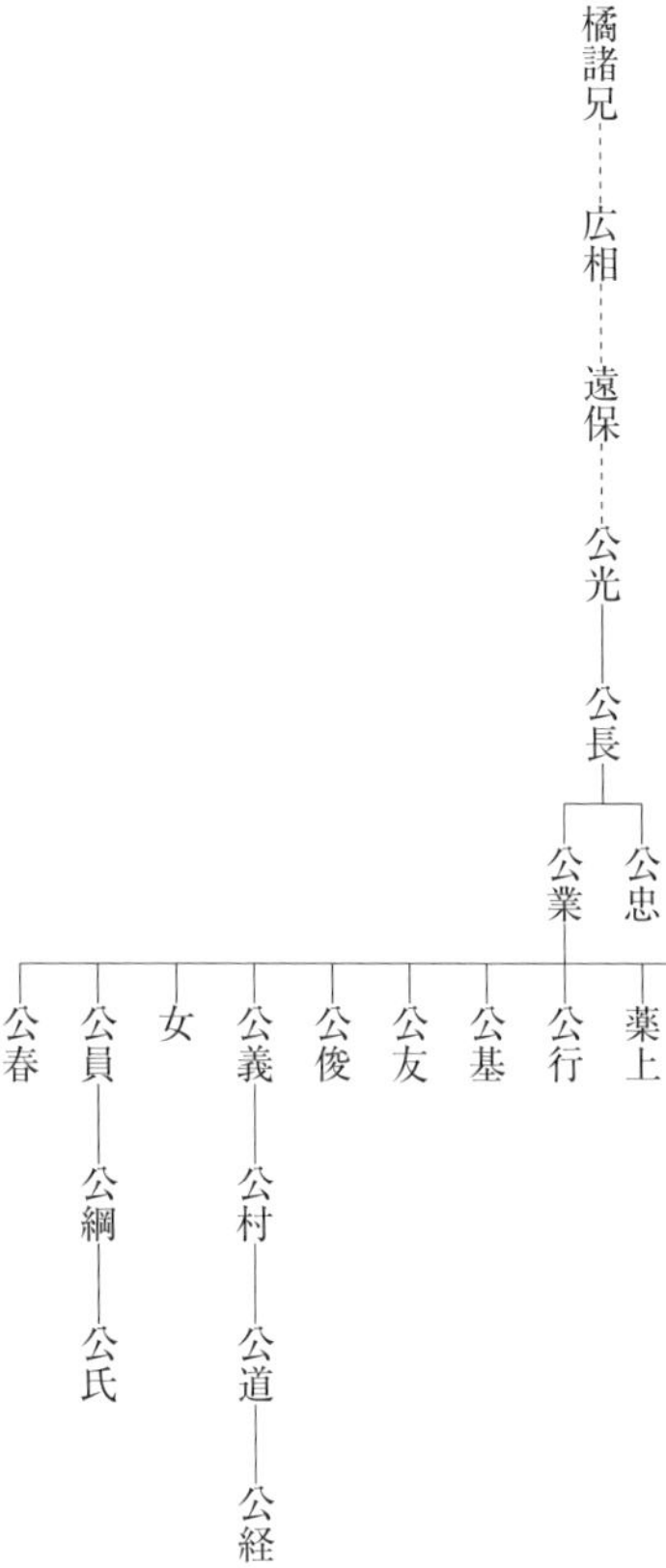

表３ 橘公業関係年表

年号	西暦	事項
治承４	1180	12 月 橘公業，頼朝の家臣になる．
元暦元	1184	9 月 公業，平氏追討戦に功をつくす．
文治５	1189	7 月 公業，奥州合戦に参加．
		9 月 公業，地頭職に任命され，秋田郡を支配．
		12 月 大河兼任，反乱．公業，敗走．
建久３	1192	1 月 公業，年始の弓始めに射手．
6	1195	3 月 頼朝の上洛にさいし，公業，案内役をつとめる．
承久３	1221	6 月 承久の乱，公業，幕府軍として参陣．
嘉禎２	1236	2 月 公業，本領伊予国宇和郡を没収，九州に分散所領を給与．
延応元	1239	6 月 公業，子息公員に秋田郡の村々を譲る．

頭の立場でこれを領有し、「関東下知状」において地頭職安堵の件が見えているが、薬上の死後、夫の藤原頼定と薬上の弟公員《きみかず》（公業の子）との間で所領相論が勃発、幕府は延応元年（一二三九）十一月五日の関東下知状（『小鹿島文書』）で公員の領有を認めた。また、公員の兄公義《きみよし》にも秋田郡内の一部が分割されたことがわかっている（これらの点については『秋田県の歴史』参照）。橘氏にとって出羽の地域は間接的経営でしかなく、さほどの比重を占めたわけではなかったようだ。

出羽から鎮西へ、橘氏の西遷

これ以前、橘氏が有した本領の伊予宇和《うわ》島《じま》をめぐって、予期せぬ変化があった。承久の乱後まもない嘉禎二年（一二三六）、北条泰時の要請で公業が有した宇和郡の地から、鎮西への所領替がなされた。公業にとっては、先祖相伝の所領を失う結果となった。西園寺《さいおんじ》公《きん》経《つね》側からの強い要望で実現されたもので、橘氏側も不本意な結末に終わった。このことが秋田郡の橘氏の知行に、少なからず影響を与えたことになる。

橘氏は宇和郡の代替地として肥前国の杵島《きしま》郡長島荘・大隅国の種ケ島・肥後国球磨《くま》郡久米《くめ》郷・豊前国副田《そえだ》荘の四ヵ所を与えられた。いずれも伊予国宇和島に比べ遠隔地であり、好条件とはいえなかった。そうした状況下で公業の子息公員は、所領経営の主軸を出羽から鎮西へとシフトさせることとなった。肥後国久米郷の地頭職を中心に、一族の所領経営は鎮西諸地域へと比重が移ることになり、十三世紀末段階には同一族は秋田郡支配から撤退したとされる。他の隣接諸勢力からの侵略や圧迫というわけではなかったが、名族とはいえ九州以外での分散所領の維持は、橘氏規模の武士団では困難だったと思われる。

＊　公業以前の橘一族の来歴を最低限記すと、十世紀の天慶の乱のおり、伊予の警固使として橘遠保《たちばなのとおやす》が純友の乱の鎮圧に武功をなし、宇和郡を与えられたという。後世の系図上での記載であり、いささか疑わしいが、橘氏と宇和郡とのかかわりはここから始まる。『橘氏系図』によれば遠保の末裔の公光《きみみつ》の時代、鳥羽院から「公」の一字を与えられたとする。その子公長《きみなが》は平氏の知盛《とももり》の家人だった。その後、公長は平重衡《しげひら》にも従軍するが、やがて公長は子息公業とともに頼朝に参ずる（『吾妻鏡』治承四年〈一一八〇〉十二月十九日条）。父子は京都出身で「弓馬ノ道」に堪能だった。頼朝は鎌倉に来往した彼らに弓始の儀でしばしば射手の役を命じている。頼朝の傘下に入った橘氏は義経に従軍、一ノ谷・屋島を転戦した。捕虜となった平宗盛《むねもり》を斬る役目は、この公長が担うところとなる。奥州合戦のおりには公業は橘氏の惣領として、頼朝随兵一千騎に加わり出陣する。

＊＊　公業の出自は明瞭を欠くが、たとえば本文に例示した『吾妻鏡』の記事には、頼朝の二度目の上洛がなされた建久六年（一一九五）三月近江国で比叡山の衆徒たちと、頼朝軍との間で対立する出来事があった。「故実」を知悉《ちしつ》していた公業が召し出され、礼儀にかなう対応とその弁舌で、事無きを得たとの話が見えている。この公業の行動を評し「公業幼少ヨリ京洛ニ経廻シ、事ニヲヒテ故実ヲ存ズルガ故ニ」と伝える。また前年の建久五年、公業は頼朝の三浦の地での山荘落成の「弓始の儀」にも、射手として参じており、信頼が厚かった。

＊＊＊　公業が与えられた秋田郡のうちには、百三《ももさ》段《だ》・豊巻《とよまき》・楊田《やなぎだ》・湊《みなと》・沢田・湯《ゆ》河《かわ》・小鹿島・桃川《ももかわ》・井のもり・吉田・磯分《いそわけ》・大島の郷地頭職が与えられた。この地域は本文にもふれたように、現在の秋田市・南秋田郡の南方と八郎潟をへて、男鹿半島におよぶエリアとされる。

＊＊＊＊　代替地を与えられたとしても、本領の宇和郡の地頭職を没収されたのは公業にとって不本意であり、『吾妻鏡』（嘉禎二年〈一二三六〉二月二十三日条）にも、幕府（北条泰時）に嘆願し、「老後ノ眉目」を失うとして訴えているが、決定を覆すことは困難だった。西園寺公経は、承久の乱にさいし、幕府側に味方したことで発言力が大きい人物として知られる。摂関家に次ぐ家格である清華《せいが》家《け》に属す京都政界の大物だった。

◆秋田氏

安東（藤）から秋田氏へ

秋田氏は津軽安東（藤）氏の子孫とされる。秋田地方*に基盤を有した安東貞季《さだすえ》の次子鹿季《かのすえ》が土崎湊《つちざきみなと》（秋田市）に本拠を築き、秋田氏の流祖となった。津軽安東氏の来歴は陸奥国の項でもふれた。要は鎌倉期を通じ、北条氏との関係が強かった同一族は、十三湊へと進出するなかで、海の武士団としての性格を濃厚に持つにいたり、日本海交易にも深くかかわった。安東（藤）氏は十三湊近辺を基盤に庶子を分出、惣領の統轄支配を強化させ発展した。しかし、鎌倉末の文保年間（一三一七―一九）に季久《すえひさ》と季長《すえなが》との対立で一族が内紛、分裂する。そうしたなかで津軽安東氏の鹿季の流れは、南北朝動乱期の間隙をぬって秋田方面へと勢力を伸ばし、秋田安東氏の基礎を築いた。

一方で本拠地十三湊に残った鹿季の兄盛季《もりすえ》（下国《しものくに》安東）の流れは、永享四年（一四三二）、台頭する南部氏に追われ、一時蝦夷地の松前（福島）方面に移った。その後は再び津軽をへて、秋田湊の北方の米代川《よねしろがわ》沿いの檜山《ひやま》（能代市）地域を拠点を据えるにいたった。その結果津軽安東（藤）氏の末裔は、室町期には秋田郡とその北方の能代地域の檜山郡**に安東（藤）氏の二流が共存することとなった。前者は湊安東（藤）氏、後者は檜山安東（藤）氏と、それぞれの地名を冠して呼ばれた。

津軽・十三湊から秋田・土崎湊に拠点を移した湊安東（藤）氏の成立時期は定かではない。十五世紀半ば嘉吉段階とする立場もあるようだが（『東日流《つがる》外三郡誌《そとさんぐんし》』）、明瞭さを欠く。流祖の鹿季が南北朝期の活躍とすれば、時期的には湊安東（藤）氏の成立は、十五世紀初頭の応永年間初期までさかのぼり得るといわれている（『秋田県史』）。他方、檜山安東（藤）氏については、十五世紀半ばの政季《まさすえ》の時代とされる。檜山地域は出羽北部の戦略上の要地で、ここを津軽安東（藤）氏が南北朝期から拠点を有していたとの理解もある。***いずれにせよ湊と檜山の両安東（藤）氏は、中世後期以降、秋田郡と檜山郡を基盤に米代川流域を分かつ形で競い、戦国期を迎えることになる。

その後、最終的には天正十七年（一五八九）の湊合戦で、檜山の安東実季《さねすえ》（父は愛季《ちかすえ》）が勝利し、湊安東道季《みちすえ》を追放したことにより再統合がなされた。愛季の子が実季で、居城を檜山から湊に移し、秋田城介を名乗ったとされる、秋田氏を姓とするのはこれ以降に属す。秋田氏の最盛期はこの愛季・実季父子の時代とされ、周囲の浅利・南部・武藤氏らと戦い、秋田・檜山・比内三郡にまたがる領域を確立した。その後は十七世紀初頭にいたり、常陸佐竹氏の秋田転封にともない、秋田氏は常陸国宍戸《ししど》に移された。

ちなみに、湊安東（藤）氏と檜山安東（藤）氏は、愛季の時代に和解が成立した。彼は系図でもわかるように盛季流の舜季《きよすえ》の子で、湊安東堯季《たかすえ》の娘婿であった。堯季死後に後嗣がなかったことで、愛季によって両家の血脈の統合がなされた。愛季は湊家の断絶を惜しみ、弟の茂季《しげすえ》を湊家の当主に立て再興させた。

＊　秋田は元来「齶田《あぎた》」に由来し、『日本書紀』斉明天皇四年〈六五八〉四月の阿倍比羅夫《あべのひらふ》の東征を伝える記事に登場する。この地域が律令体制に属したのは、奈良の天平期とされる。「出羽柵ハ秋田村ノ高清水ノ岡ニ遷置ス」（『続日本紀』天平五年〈七三三〉十二月二十六日条）とあり、かつて庄内地方にあった出羽柵は対蝦夷政策の北進に対応し、秋田地域へと移された。その後、天平宝字五年（七六一）頃までには国府も移され、秋田城の呼称が定着、軍事・政治の拠点となった。奈良末の宝亀段階に国府の機能は秋田城から南方の河辺郡に移されていた。

秋田城には出羽介を鎮守専当の国司、つまりは「秋田城介」が置かれ、対蝦夷・俘囚の防衛にあてた。その呼称の初見は『日本後紀』天長七年（八三〇）段階の鎮秋田城司介藤原行則とされる。「秋田城介」は単に行政官ではなく、対蝦夷への武官的性格を有す

図61　秋田（安東）氏略系図

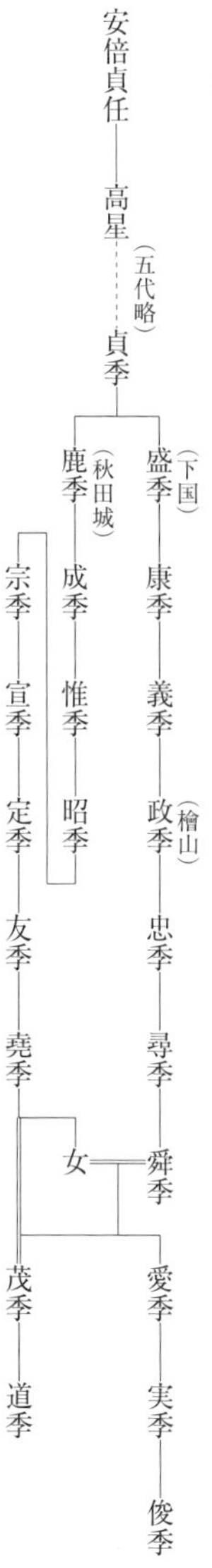

るものとされた。鎌倉期にあっても有力御家人安達景盛《あだちかげもり》に代表されるように、武人が「秋田城介」に任ぜられるのは名誉とされた。当該期、秋田郡の南方に河辺郡があり、東南部は山北郡に接する。秋田郡・檜山郡・河辺郡は、九世紀後半に勃発した元慶の乱の中心地域であった。この反乱で秋田城も占領され、混乱を余儀なくされた。この元慶の乱自体の経過は『三代実録』その他で概要を知り得る。

　元慶の乱が舞台となる秋田郡周辺は、その後十一世紀には清原氏の支配する地域であった。さらに奥州藤原氏の郎従として、頼朝軍に抵抗し滅亡した秋田致文の基盤でもあり、その後は鎌倉御家人の橘（小鹿島）氏が領有した。そして南北朝期以降は秋田（安東）氏の基盤となった。

　幾度か指摘したが、この秋田郡周辺を舞台とした元慶の乱の勃発について「夷俘反乱シ……秋田城ナラビニ郡院ノ屋舎、城辺ノ民家ヲ焼キ損フ。ヨリテ且ツハ鎮兵ヲ以テ防守シ、且ツハ諸郡ノ軍ヲ徴発ス」（『三代実録』元慶二年三月二十九日条）と記されている。俘囚蜂起については秋田城司の苛政が引き金とされた。乱の地域は同じく『三代実録』（同年七月十日条）から上津野（米代川流域の陸奥・出羽両国の境界）以下十二村が反乱勢力に従い、添川《そえかわ》（旭川の中流域）以下三村が政府側についたとある。俘囚勢力は「秋田河以北」の自治を要求、五月下旬に戦闘が再開された。政府側の追討の敗北・劣勢が伝えられるなかで、中央政府の出羽権介に藤原保則を起用、出羽権掾に清原令望を任じた。その後、鎮守府将軍に小野春風らを任じ反乱に対処しようとした。

　保則は七月初旬に着任、その後、俘囚勢力の「説諭」につとめ、八月末には三百余が投降、終息の見通しを得たという。『藤原保則伝』でも知られるように、良吏の典型とされるこの人物の登用以降、乱は急速に鎮静化される。そこには清原令望や小野春風等々の軍事エキスパートの登用も大きかった。

　彼らは当該期の新羅海賊問題でもそれなりの実績を挙げた人物たちであり、律令軍団制の機能と相まって、人材活用が鎮圧に寄与した例といえる。少なくとも九世紀段階は元慶の乱や新羅海賊問題のように、律令軍制システムがそれなりに機能していたことが重要だった。その限りでは、王朝軍制以前の武力発動の一つの雛型を提供するものといえる。

　長期のタイムスパンで見れば、前述したようにこの秋田地域でのその後は、王朝軍制の発動を語る後三年合戦の清原氏の武力発動、さらにその後の鎌倉段階での御家人体制下での武力発動の相違を鳥瞰するための参考となろう（これらの点については、拙著『刀伊の入寇』も併せ参照のこと）。

＊＊　中世の段階では檜山郡とされた地域は、現在の山本郡にあたる。近世以降に秋田郡の北部は山本郡と称した。仙北三郡に位置し

た山本郡とは異なる。檜山郡の呼称は津軽安東（藤）氏の一族が、能代市の檜山に拠点を有するようになってからの呼称とされる。

＊＊＊　南北朝期での安東（藤）氏の秋田方面への勢力伸長については、たとえば、延文二年（一三五七）、安東一族の孫五郎入道が出羽の小鹿島の地を足場にしようとした。これは足利体制が出羽に浸透する以前のことで、前記の孫五郎入道は吉野側に与し、小鹿島に何らかの権利を与えられた。その後、足利氏の石橋和義《かずよし》の命で曽我《そが》氏に与えられるところとなった。安東孫五郎は関係系図には登場しないが、男鹿半島から秋田方面への同一族の進出の様子がわかるという（これら詳細は『秋田県の歴史』さらに『秋田県の地名』等々に指摘されているので参照されたい）。

参考文献

※参考文献では県別に代表的なもの、入手しやすいものを中心に、出版年次別に列挙した。
※近世の編纂物は隣接諸県で重なるものが多く、重複するものも少なくない。
※作成にあたり、稲川裕己氏（日本大学助手）の協力を得た。

〔奥州ブロック〕

◎福島県

自治体史・通史

豊田武編『東北の歴史』上・中・下巻、吉川弘文館、一九六七・七三・七九年
福島県編『福島県史』第一巻 通史編 第一 原始・古代・中世、福島県、一九六九年
小林清治・山田舜『福島県の歴史』山川出版社、一九七〇年
小林清治編『福島の研究』全五巻、清文堂、一九八六〜八九年
吉村仁作・工藤雅樹・丸井佳寿子・伊藤喜良『新版県史七　福島県の歴史』山川出版社、二〇〇九年
柳原敏昭・熊谷公男編『東北の中世史』全五巻、吉川弘文館、二〇一五・一六年

著書

高橋富雄『奥州藤原氏四代』（人物叢書）吉川弘文館、一九五八年
小林宏『伊達塵芥集の研究』創文社、一九七〇年

藤木久志『豊臣平和令と戦国社会』東京大学出版会、一九八五年
佐々木慶市『中世東北の武士団』名著出版、一九八九年
羽下徳彦編『北日本中世史の研究』吉川弘文館、一九九〇年
伊藤喜良『南北朝の動乱』（日本の歴史八）集英社、一九九二年
小林清治『奥羽仕置の構造―破城・刀狩・検地―』吉川弘文館、二〇〇三年
佐藤進一『南北朝の動乱』（日本の歴史九）中央公論新社、二〇〇五年
岡野友彦『北畠親房―大日本は神国なり―』ミネルヴァ書房、二〇〇九年
藤木久志・伊藤喜良編『奥羽から中世をみる』吉川弘文館、二〇〇九年
大島延次郎『北畠顕家―奥州を席捲した南朝の貴族将軍―』（中世武士選書二二）戎光祥出版、二〇一四年
岡田清一『相馬氏の成立と発展―名門千葉一族の雄―』（中世武士選書三〇）戎光祥出版、二〇一五年
高橋富雄『陸奥伊達一族』（読みなおす日本史）吉川弘文館、二〇一八年
伊藤喜良『伊達一族の中世』吉川弘文館、二〇二〇年
小林清治・大石直正編『中世奥羽の世界（新装版）』吉川弘文館、二〇二二年（※一九七八年に東京大学出版会より刊行）

近世の主要編纂史料

『奥羽永慶軍記』……国立国会図書館、静嘉堂文庫、東京大学史料編纂所、筑波大学附属図書館、東北大学附属図書館所蔵。久保田藩の医師戸部正直（一憨斎）著。十六世紀後半から十七世紀にかけての東北地方の戦乱を描く軍記物語。元禄十一年（一六九八）に藩主の佐竹義処《よしずみ》（第三代藩主）に献上された。古老の見聞などをもとに作成された。

『奥相志』……相馬市歴史資料収蔵館所蔵。相馬中村藩主の相馬充胤の命で、斎藤完隆が幕末の安政四年（一八五七）から十五年かけて編纂した地誌。相馬氏とその所領や、各郷・村ごとの沿革などが叙述される。

『鎌倉大草紙』……十五世紀の関東やその周辺について知るうえでの重要史料。康暦二年（一三八〇）の関東管領上杉憲春の諫死から文明十一年（一四七九）の臼井城合戦までを描く軍記物語。成立年代については未詳。ただ十六世紀以降の成

立は確実とされ、一六七九年書写の写本が最古であることから、十七世紀成立の可能性も最近示されている。また写本は、二巻本と三巻本があるが、前者の方がより古態に近いことが指摘されている。

南奥関係では、田村庄司の乱、足利満直・満貞の篠川・稲村への下向や伊達政宗（九代当主）の乱の記述がみられる。

『喜連川判鑑』……下野国喜連川（栃木県さくら市）の喜連川氏が作成した系図で、足利尊氏と義詮（一三三六年から四九年まで関東を統治していた）からはじまり歴代の鎌倉公方・古河公方、足利国朝から昭氏までの喜連川氏の当主の事跡と花押を載せている。南奥関係では、篠川・稲村公方の足利満直・満貞の下向や伊達政宗（九代当主）の乱に関する記述がみられる。

『白河古事考』……岩瀬文庫所蔵。作者は白河藩の儒者広瀬典（蒙斎）。藩主松平定信の命で『白河風土記』を編纂。『白河古事考』の内容は、白河の郡名やその沿革、白河結城氏の系図、結城朝光からはじまり、南北朝期の宗弘、戦国期の義親に至るまでの当主の来歴、蒲生氏郷から松平義知（明矩）までの白河を治めた人物などを記す。古文書・古記録を多用している。また編纂の過程で得た古文書をまとめたのが、「白河証古文書」である。

『新編会津風土記』……会津若松市立会津図書館、福島県立図書館、内閣文庫、京都大学所蔵。会津藩によって編纂された地誌。五代藩主松平容頌《かたのぶ》の命で編纂された。全一二〇巻。内容は一〜九七巻が会津領内に関するもの、九八〜一二〇巻が越後国蒲原郡・魚沼郡、下野国塩谷郡のほか、藩内の山川から寺社、人物にいたるまで、一六部門に分け、叙述。

『伊達治家記録』……仙台市博物館、宮城県立図書館所蔵。『伊達出自次考』『伊達正統世次考』などとともに四代藩主伊達綱村が編纂させた。歴代藩主の国政・雑事などを編年体に記す。全五二九巻。元禄期に完成した。その後、綱村以降の歴代の藩主の記録が編纂され、十三代藩主慶邦の記録が編纂されたのが明治初期とされる。

なお延宝八年（一六八〇）に村田親重から綱村に献上されたのが、伊達稙宗（一四八八—一五六五）の制定にかかる『塵芥集』（仙台市博物館所蔵）で、「村田本」と称され、『塵芥集』の写本のなかでもっとも原本に近いとされる。

『伊達正統世次考』……仙台市博物館、宮城県立図書館所蔵。四代藩主伊達綱村が編纂にかかる中世伊達氏の正史。初代の朝宗から十五代晴宗までを記す。歴代の事績について文書をもとに記されている。翻刻としては、『仙台市史』、『梁川町史五　資料編Ⅱ古代・中世』がある。

◎宮城県

自治体史・通史

豊田武編『東北の歴史』上・中・下巻、吉川弘文館、一九六七・七三・七九年
高橋富雄『宮城県の歴史』山川出版社、一九六九年
渡辺信夫編『宮城の研究』全八巻、清文堂、一九八三〜八七年
渡辺信夫・今泉隆雄・大石直正・難波信雄『新版県史四　宮城県の歴史』山川出版社、二〇一〇年
仙台市史編纂委員会編『仙台市史』通史編二　原始・古代・中世、仙台市、二〇〇〇年
柳原敏昭・熊谷公男編『東北の中世史』全五巻、吉川弘文館、二〇一五・一六年

著書

高橋富雄『奥州藤原氏四代』(人物叢書)吉川弘文館、一九五八年
小林清治『伊達政宗』(人物叢書)吉川弘文館、一九五九年
小林宏『伊達塵芥集の研究』創文社、一九七〇年
藤木久志『豊臣平和令と戦国社会』東京大学出版会、一九八五年
佐々木慶市『中世東北の武士団』名著出版、一九八九年
羽下徳彦編『北日本中世史の研究』吉川弘文館、一九九〇年
伊藤喜良『南北朝の動乱』(日本の歴史八)集英社、一九九二年
小林清治『奥羽仕置の構造―破城・刀狩・検地―』吉川弘文館、二〇〇三年
垣内和孝『室町期南奥の政治秩序と抗争』岩田書院、二〇〇六年
関幸彦『東北の争乱と奥州合戦』(戦争の日本史五)吉川弘文館、二〇〇六年

藤木久志・伊藤喜良編『奥羽から中世をみる』吉川弘文館、二〇〇九年
小林清治『伊達政宗の研究（新装版）』吉川弘文館、二〇一七年
伊藤喜良『伊達一族の中世』吉川弘文館、二〇二〇年
小林清治・大石直正編『中世奥羽の世界（新装版）』吉川弘文館、二〇二二年（※一九七八年に東京大学出版会より刊行）

近世の主要編纂史料

『奥羽永慶軍記』……前掲。

『余目記録』……永正十一年（一五一四）成立とされるが、原型はそれよりもさかのぼる文明年間（一四六九―八七）には形成されたとされる。作者は留守一族の村岡氏または留守氏被官佐藤氏の二説あり、いずれかが余目尚家に「所望」されたため記した。伊沢家景の奥州合戦後の入部から室町期にいたるまでの留守氏の来歴などが記載、奥州探題や篠川・稲村両公方をめぐる奥州の国人の動向、書札礼も記されており、室町期の奥州の重要資料である。明治二十年（一八八七）、国語学者の大槻文彦によって水沢の余目氏の子孫宅から偶然発見された。現存するのは江戸時代前期（慶安三年〈一六五〇〉）の写本。本書では『余目記録』と呼称しているが、『余目氏旧記』『奥州余目記録』などの呼称がある。

『伊達治家記録』……前掲。

『伊達正統世次考』……前掲。

◎岩手県

自治体史・通史

岩手県編『岩手県史』二・三　中世編、岩手県、一九六一年
森嘉兵衛『岩手県の歴史』山川出版社、一九七二年
角川日本地名大辞典編纂委員会編『角川日本地名大辞典・岩手県』角川書店、一九八五年

細井計・伊藤博幸・菅野文夫・鈴木宏『新版県史三　岩手県の歴史』山川出版社、二〇〇九年
柳原敏昭・熊谷公男編『東北の中世史』全五巻、吉川弘文館、二〇一五・一六年

著書

高橋富雄『奥州藤原氏四代』（人物叢書）吉川弘文館、一九五八年
高橋富雄編『東北古代史の研究』吉川弘文館、一九八六年
伊藤喜良『南北朝の動乱』（日本の歴史八）集英社、一九九二年
佐々木慶市『中世東北の武士団』名著出版、一九八九年
羽下徳彦編『北日本中世史の研究』吉川弘文館、一九九〇年
藤木久志・伊藤喜良編『奥羽から中世をみる』吉川弘文館、二〇〇九年
斉藤利男『奥州藤原三代―北方の覇者から平泉幕府構想へ―』山川出版社、二〇一一年
高橋富雄『平泉の世紀―古代と中世の間―』講談社学術文庫、講談社、二〇一二年（※一九九九年に日本放送出版協会より刊行）
入間田宣夫『藤原秀衡―義経を大将軍として国務せしむべし―』ミネルヴァ書房、二〇一六年
樋口知志編『前九年・後三年合戦と兵の時代』（東北の古代史五）吉川弘文館、二〇一六年
森嘉兵衛『南部信直―戦国の北奥羽を制した計略家―』（中世武士選書三五）戎光祥出版、二〇一六年
小林清治・大石直正編『中世奥羽の世界（新装版）』吉川弘文館、二〇二二年（※一九七八年に東京大学出版会より刊行）

近世の主要編纂史料

『奥羽永慶軍記』……前掲。

『南部根元記』……もりおか歴史文化館所蔵。作者は未詳。南部信直の家督継承から起筆し、始祖である南部光行の奥州合戦後の糠部拝領以降、歴代の当主の来歴を叙述。中心は信直の事績で、奥州再仕置後までを記す。原本は『信直記』とよ

ばれる軍記作品で、本史料はその流布本の一つとされ、九戸政実の乱を記した『九戸軍記』の内容が加えられ、増補改訂版である旨が『青森県史　資料編中世　一』の「解題」(斉藤利男氏執筆) で指摘されている。

◎青森県

県史・通史

豊田武編『東北の歴史』上・中・下巻、吉川弘文館、一九六七・七三・七九年
角川日本地名大辞典編纂委員会編『角川日本地名大辞典・青森県』角川書店、一九八五年
宮崎道生『青森県の歴史』山川出版社、一九七〇年
小口雅史・小岩信竹・斉藤利男・村越潔・長谷川成一『新版県史二　青森県の歴史』山川出版社、二〇一二年
柳原敏昭・熊谷公男編『東北の中世史』全五巻、吉川弘文館、二〇一五・一六年
青森県史編さん通史部会編『青森県史』通史編一　原始・古代・中世、青森県、二〇一八年

著書

高橋富雄編『東北古代史の研究』吉川弘文館、一九八六年
佐々木慶市『中世東北の武士団』名著出版、一九八九年
羽下徳彦編『北日本中世史の研究』吉川弘文館、一九九〇年
入間田宣夫『武者の世に』(日本の歴史七) 集英社、一九九一年
国立歴史民俗博物館編『中世都市十三湊と安藤氏』新人物往来社、一九九四年
小口雅史編『津軽安藤氏と北方世界』河出書房新社、一九九五年
入間田宣夫・小林真人・斉藤利男編『北の内海世界』山川出版社、一九九九年
村井章介・斉藤利男・小口雅史編『北の環日本海世界―書きかえられる津軽安藤氏―』山川出版社、二〇〇二年

関幸彦『東北の争乱と奥州合戦』（戦争の日本史五）吉川弘文館、二〇〇六年
藤木久志・伊藤喜良『奥羽から中世をみる』吉川弘文館、二〇〇九年
樋口知志編『前九年・後三年合戦と兵の時代』（東北の古代史五）吉川弘文館、二〇一六年
森嘉兵衛『南部信直―戦国の北奥羽を制した計略家―』（中世武士選書三五）戎光祥出版、二〇一六年
竹井英文『東国の統合と織豊政権』（列島の戦国史七）吉川弘文館、二〇二〇年

近世の主要編纂史料

『新羅之記録』……寛永二十年（一六四三）に編纂された松前家系図を松前景廣（初代藩主松前慶広の子）が補筆、作成。新羅は源義光（新羅三郎）を指し、松前家が義光を祖とする若狭武田氏の出身であることによる。義光以来の甲斐源氏や武田信広（松前氏の始祖）に関する事績などが記述。安東（藤）氏に関して、下国氏（檜山安東氏）の先祖が安日長髄で、彼が神武天皇に敗れて津軽へ配流され、その子孫の十三湊支配が記される。

『津軽一統志』……弘前市立図書館所蔵。弘前藩家老の津軽政方が享保十二年（一七二七）に藩主津軽信寿の命を受けて編纂を開始。弘前藩の正史。全十二巻。内容は、津軽氏の来歴や、寺社の由緒、風土を叙述。中世～織豊期は一～七巻で、一巻では南部光信から大浦為則、二～七巻で津軽為信の事蹟を記す。また、津軽信政（四代藩主）の弟可足が記した「古代系譜」なる史料が記す津軽氏の自己認識がそのまま引用され、弘前藩の出自や系譜への苦慮を窺わせる。

『東日流記』……弘前市立図書館所蔵。作者は高屋浄久。弘前藩主津軽信政（四代藩主）の命で寛文四年（一六六四）に記した藩祖津軽為信の伝記。原本は存在せず、弘前市立図書館に複数の写本が現存。この他、現存する「原東日流記」ともいうべき写本に大幅な落丁が存在している点は『青森県史　資料編中世　二』の「解題」（斉藤利男氏執筆）を参照。翻刻は、『青森県史』に全文が掲載。内容は南部光信から為信までの来歴、為信・信牧（二代藩主）の事跡、津軽氏の系図が記されている。

〔出羽ブロック〕

◎山形県

自治体史

豊田武編『東北の歴史』上・中・下巻、吉川弘文館、一九六七・七三・七九年
誉田慶恩・横山昭男編『山形県の歴史』山川出版社、一九七〇年
山形県史編纂委員会編『山形県史』通史編　一　原始古代中世、山形県、一九八二年
横山昭男・渡辺信・誉田慶信・伊藤清郎『新版県史六　山形県の歴史』山川出版社、二〇一一年
柳原敏昭・熊谷公男編『東北の中世史』全五巻、吉川弘文館、二〇一五・一六年

著書

高橋富雄編『東北古代史の研究』吉川弘文館、一九八六年
羽下徳彦編『北日本中世史の研究』吉川弘文館、一九九〇年
小林清治『奥羽仕置と豊臣政権』吉川弘文館、二〇〇三年
伊藤清郎『最上義光』（人物叢書）吉川弘文館、二〇一六年
竹井英文編『最上義光』（シリーズ織豊大名の研究６）戎光祥出版、二〇一七年
高橋富雄『陸奥伊達一族』（読みなおす日本史）吉川弘文館、二〇一八年
松尾剛次『最上氏三代―民のくたびれに罷り成り候―』ミネルヴァ書房、二〇二一年
小林清治・大石直正編『中世奥羽の世界（新装版）』吉川弘文館、二〇二二年（※一九七八年に東京大学出版会より刊行）

近世の主要編纂史料

『奥羽永慶軍記』……前掲。
『伊達治家記録』……前掲。
『伊達正統世次考』……前掲。

◎秋田県

自治体史・通史

岩手県編『岩手県史』二・三　中世編上下、岩手県、一九六一年
秋田県編『秋田県史』通史編一　古代中世編、秋田県、一九六二年
今村義孝『秋田県の歴史』山川出版社、一九六九年
豊田武編『東北の歴史』上・中・下巻、吉川弘文館、一九六七・七三・七九年
角川日本地名大辞典編纂委員会編『角川日本地名大辞典五　秋田県』角川書店、一九八〇年
塩谷順耳・冨樫泰時・熊田亮介・渡辺英夫・古内龍夫『新版県史五　秋田県の歴史』山川出版社、二〇一〇年
柳原敏昭・熊谷公男編『東北の中世史』全五巻、吉川弘文館、二〇一五・一六年

著書

姉崎岩蔵『由利郡中世史考』矢嶋町公民館、一九七〇年
秋田県教育委員会編『秋田の中世城館』秋田県、一九八一年
高橋富雄編『東北古代史の研究』吉川弘文館、一九八六年
羽下徳彦編『北日本中世史の研究』吉川弘文館、一九九〇年
入間田宣夫『武者の世に』（日本の歴史七）集英社、一九九一年
小口雅史編『津軽安藤氏と北方世界』河出書房新社、一九九五年

樋口知志編『前九年・後三年合戦と兵の時代』（東北の古代史五）吉川弘文館、二〇一六年
竹井英文『東国の統合と織豊政権』（列島の戦国史七）吉川弘文館、二〇二〇年

近世の主要編纂史料

『奥羽永慶軍記』……前掲。

『新羅之記録』……前掲。

『由利十二頭記』……国立公文書館、秋田県立公文書館所蔵。『矢島十二頭記』とも。作者は不詳であるが、近世初頭の成立とみられる。「由利十二頭（党）」と呼ばれた戦国末期由利郡の国衆の動向を記す。刊本としては、『続群書類従』合戦部、『続史籍集覧』、『秋田叢書』などがある。

『秋田藩採集古文書』……秋田県立公文書館所蔵。秋田藩主佐竹義処の命により、元禄期に採集された文書群。明和年間（一七六四—七二）と文化年間（一八〇四—一八）に追補された。藩主の佐竹氏や茂木氏（佐竹氏家臣）等に関わる文書が載せられ、中世から近世にかけての諸家の来歴を知るうえで重要な史料である。刊本は、『秋田県史』のほか、『茨城県史料』や『栃木県史』がある。

あとがき

かつて『武士団研究の歩み』（Ⅰ・Ⅱ、新人物往来社、一九八八年。このうちⅠは『戦前 武士団研究史』として復刊、教育評論社、二〇二二年）と題する拙著を出版した。三十余年がそれから経過した。一九八〇年代までの研究史・学説史の潮流を俯瞰したものだ。本書をふくめ諸国武士団の大局を論ずることは、自身の仕事の最終章に属するものと自覚している。本書はその研究史的作業に対応させるべく、総括的な意味から書き上げたものである。それにしても、筆者の限定された知量にあって、溢れ出る研究成果を反映させるのは困難があり、個人の仕事としても厳しいものがあった。『奥羽武士団』と題したものの、東北地域史の自治体の研究成果は豊かであり、結局は自治体史の上澄の液を吸収する程度で終始したのかもしれない。そのことを自覚しつつも武士・武士団という中世史分野の裾野に多少でも鍬入れをできればと考え、筆を執った。

本書は数年前に雑誌『本郷』に連載した「武士の肖像」を直接の契機としている。この時期、『その後の東国武士団』（吉川弘文館、二〇一一年）を上梓し、関東地域の武士の盛衰について検討する機会を得た。その「あとがき」には「おもしろくないが役に立つ」との文言も記した。その表現は、あるいは本書でも共通しているかもしれない。要は中世武士の足跡を知りたい、知ってほしい。こんなことが動機だった。「知ってほしい」は、いささか痴《おこ》がましいかもしれない。まずは自身が知りたかったからだ。武士や武士団研究に携わってきたことで、それを「整理ダンス」の引き出しに収納したかった。東北地方の専門研究者からすれば、諸種の注文もあるだろう。本書の成り立ちについては、大学での講義にくわえて、朝日カルチャーセンターで「中世武士団の一所懸命」と題して、約十年余にわたり一国ごとの武士団の諸相を論じたことも肥やしとなっている。

本書の記述を通して一貫して心がけたことは、専門レベルの成果の共有化と普遍化だ。随所に生硬さが目立つことは自覚してもいるが、目標のたて方はそうだった。中世史の分野に足を踏み入れれば、必ずや武士や武士団の問題は避けられない。そのため初学者にもわかり易く現今の研究成果を解説することにも努めた。詳細と思われる補注もそうしたことにもとづく。

本書は「陸奥」「出羽」の分冊も検討したが、最終的には一冊に凝縮した形とした。そのため活字のポイントを落とし、いささか窮屈な中身となった。多くの史跡写真・図表・地図等々も用意すべきだったが、紙数の関係で必要最小限とさせて頂いたことをお許し願いたい。

それにしても、『奥羽武士団』なるテーマのもとで、〝他者《よそもの》〟の立場で、当該地域の中世史に物申すことに多少の負い目もあった。とはいえ、いずれは中世武士団の盛衰を諸国に広げたいとの〝野心〟もあり、開き直りの蛮勇も必要かと思っている。現地を知悉している方々からは舌足らずの内容だろうが、枝葉を排しての奥羽武士団のメインストリームをどう描くのかが、ここでの眼目だった。その点に関しては正鵠を外していないと考えている。

「はしがき」にも記したように、中世日本が経験した二つの内乱を通じ、地域武士団は新たなる局面をむかえた。十二世紀末と十四世紀半ばの二つの内乱はこの奥羽の地にあっても陰に陽に作動した。というよりも、最も尖鋭化した形で表面化したことも了解されるであろう。その点でも奥羽両国の武士団の足跡・諸相を語ることは、京都あるいは鎌倉という政治権力の変遷と深くかかわっていたことを、改めて確認できるはずだ。

筆者はこれまで、少なからずの書物を世に出してきた。〝若いつもり〟を自認した自身も齢七十に至り、大学人としての定年も目前となった。それにしても、考え為すべき仕事はまだ残っている。〝無限にある〟と思い込んでいた時間にも限りがある。当然ながら自身のエネルギーの残量とも対応しているようだ。そのことを自覚しつつ、残された課題に向かって精進を続けてゆくつもりである。

最後になったが、膨大な分量の原稿を適宜整理し、適切な助言をいただいた編集部の岡庭由佳氏にあらためてお礼を申し上げたい。

二〇二二年五月

関　幸　彦

著者略歴
一九五二年生まれ
一九八五年、学習院大学大学院人文科学研究科博士後期課程満期退学
現在、日本大学文理学部教授（特任）
〔主要著書〕
『武士の誕生』（日本放送出版協会、一九九九年。のち、講談社、二〇一三年）
『東北の争乱と奥州合戦』（吉川弘文館、二〇〇六年）
『恋する武士　闘う貴族』（山川出版社、二〇一五年）
『敗者たちの中世争乱』（吉川弘文館、二〇二〇年）
『刀伊の入寇』（中央公論新社、二〇二一年）

奥羽武士団

二〇二二年（令和四）九月十日　第一刷発行
二〇二三年（令和五）二月二十日　第二刷発行

著者　関《せき》幸《ゆき》彦《ひこ》

発行者　吉川道郎

発行所　株式会社 吉川弘文館
郵便番号一一三―〇〇三三
東京都文京区本郷七丁目二番八号
電話〇三―三八一三―九一五一〈代〉
振替口座〇〇一〇〇―五―二四四番
http://www.yoshikawa-k.co.jp/

印刷＝株式会社 三秀舎
製本＝株式会社 ブックアート
装幀＝河村　誠

ISBN978-4-642-08417-8

関　幸彦編

武蔵武士団

A5判・三〇四頁
二五〇〇円

中世武士団の典型とされる武蔵武士を、『平家物語』『太平記』を素材に描く。東北や西国へ移住し足跡を残した彼らのその後にも迫り、古戦場や館・街道など、活躍した舞台を訪ねる。コラムでは注目の武蔵武士らを紹介する。

相模武士団

A5判・三二八頁
二五〇〇円

武士の都「鎌倉」を有し、中世における権力の中枢だった相模国。その地域に根ざした武士団の興亡を、源平の争乱や南北朝の動乱に射程を据え描く。古戦場・街道など、武士団の活躍した舞台を訪ねて、その実像に迫る。

関　幸彦著

武士の原像　都大路の暗殺者たち

四六判・二四〇頁

二二〇〇円

地方で闘争を繰り返し、あるいは都の治安維持のため活躍した平安時代の武者たち。武士成立以前の「兵《つわもの》」とよばれた彼らの成長と実像を、お伽草子をはじめ虚実が混入する説話や軍記を駆使しながら生き生きと描き出す。

（読みなおす日本史）

東北の争乱と奥州合戦　「日本国」の成立

四六判・二八〇頁・原色口絵四頁

二五〇〇円

説話や伝説を交えて、前九年・後三年・奥州合戦の実態を探り、鎌倉幕府誕生へと繋がる時代の流れを追求。幕府の首長がなぜ常に征夷大将軍なのかを考え、征夷の対象とされた東北と、源氏との戦争の歴史的背景を問う。

（戦争の日本史）

関　幸彦著

百人一首の歴史学

四六判・二三八頁

二二〇〇円

鎌倉時代に藤原定家が選定し、今ではカルタで親しまれる「百人一首」。そこに登場する七～十三世紀の歌人たちの足跡を辿りながら、古代から中世へと移りゆく時代の諸相を、王朝の記憶と文化を伝える歌の中から読み解く。

（読みなおす日本史）

その後の東国武士団　源平合戦以後

（歴史文化ライブラリー）

四六判・二四〇頁

一七〇〇円

坂東八ヵ国と伊豆・甲斐の国々に蟠踞した東国武士団。彼らは、源平争乱後の時代をどのようにして生き抜いていったのか。佐竹・小山・宇都宮・新田・足利・武田・伊東・千葉氏など、室町・戦国期における消長を辿る。